Chinese History

彩圖版

You never know these Interesting Stories about Chinese History

老師沒教的中國史

細數元明繁華

從元代到明朝1271A.D.—1643A.D.

放縱想像力，
讓歷史活現起來

李默—【主編】 好讀出版

目錄

CONTENTS

元朝 008

目錄

CONTENTS

目錄

CONTENTS

1291 A.D. 元至元二十八年

・頒至元新格。

1292 A.D. 元至元二十九年

・八月，浚通州至大都漕河。

・關漢卿此年左右作《竇娥冤》。

1293 A.D. 元至元三十年

・四月，上海、澉浦、慶元、廣東等置市舶司，准泉州抽分法。三十取一。

・七月，通州至大都漕河成，賜名通惠河，凡役工285萬。

1295 A.D. 元（成宗）元貞元年

・白蓮教得到承認，廬山東林寺住持被封為白蓮宗主。

1298 A.D. 元（成宗）大德二年

・王禎作木活字。

1299 A.D. 元大德三年

・十一月，浚大湖、淀山湖。十二月，荊湖等地無公田處，昔皆責民出公田租，至是免之。

1314 A.D. 元（仁宗）延祐元年

・四月，立回回國子監。

1315 A.D. 元延祐二年

・三月，初行科舉，蒙古、色目人為右榜，漢人、南人為左榜。

・印《農桑輯要》萬部，頒之有司。

1317 A.D. 元延祐四年

・一山派禪學成立於日本。程朱理學傳入日本。

1291~1300A.D. 1301~1310A.D. 1311~1320A.D.

1302 A.D. 元大德六年

・數學家朱世傑著成《四元玉鑑》。

1303 A.D. 元大德七年

・三月，遣使宣撫諸道，黜劾罷汙吏18473人，平冤獄5171件。

1304 A.D. 元大德八年

・封張陵38代孫為正一教主。北天師道與上清等派合流。

1307 A.D. 元大德十一年

・羅馬教皇在汗八里（大都）設立主教區。

・馬端臨完成《文獻通考》。

1308 A.D. 元（武宗）至大元年

・二月，立鷹坊為仁虞院，秩正一品，右左丞相並為仁虞院使。

・五月，禁白蓮社，毀其祠宇，以其人還隸民籍。

1309 A.D. 元至大二年

・九月，行至大銀鈔，一兩准金一錢，銀一兩、至元鈔五貫。

・初鑄錢，於大都立資國院，山東等地立泉貨監六，產銅地立提舉司十九。

元朝

元朝年表 1271 A.D.~1367 A.D.

1271 A.D. 宋（度宗）咸淳七年　元（世祖）至元八年
・五月，蒙古分圍襄陽之兵以攻四川宋地。六月，宋兵救襄陽，為蒙古所敗。十一月，蒙古改國號為元。

1273 A.D. 宋咸淳九年　元至元十年
・二月，宋將呂文煥以襄陽叛降於元。

1274 A.D. 宋咸淳十年　元至元十一年
・六月，命伯顏帥以伐宋。七月，宋度宗死，恭帝即位。

1276 A.D. 宋德祐二年　宋（端宗）景炎元年　元至元十三年
・宋帝奉表請降，遣右丞相文天祥等詣元軍，天祥被留，尋脫歸。三月，元以宋帝、太后等北行。五月，益王即帝位於福州，是為端宗。宋帝至惠州，奉表請降。

1277 A.D. 宋景炎二年　元至元十四年
・正月，元以天師張宗演領江西諸路道教。八月，文天祥敗走循州。十二月，文天祥兵敗被俘。

1279 A.D. 宋祥興二年　元至元十六年
・元將張弘範攻崖山，二月宋兵大潰，陸秀夫負宋帝蹈海死，大將張世傑溺死，宋亡。

1280 A.D. 元至元十七年
・與高麗征日本，遇颱風船壞無功。
・十一月，頒郭守敬等所制授時曆。
・元帝師八思巴去世。

1271~1280A.D.　　1281~1290A.D.

1281 A.D. 元至元十八年
・八月，攻日本軍遭風，十餘萬人僅三人生還。十二月，開河於膠萊以通海運。
・回回大師阿老丁在杭州建真教寺，還在廣州建懷聖寺。

1282 A.D. 元至元十九年
・十二月，文天祥殉宋。

1284 A.D. 元至元二十一年
・六月，遣人分道測晷影、日月交食。

1285 A.D. 元至元二十二年
・四川趙和尚詐稱宋王子，真定民劉驢兒自以有異相，皆謀起事，不成，死。
・六月，命女真、水達達造船備攻日本。

1286 A.D. 元至元二十三年
・頒行《農桑輯要》。

1287 A.D. 元至元二十四年
・正月，大發水陸軍攻安南。
・三月，更造元至元鈔，一抵中統鈔五。

1289 A.D. 元至元二十六年
・三月，渾天儀成。
・六月，開安山渠成，賜名會通河，凡250里，役工250餘萬。

1353 A.D. 元至正十三年

・五月，泰州民張士誠等起義，據州城，下高郵。自稱誠王。

1354 A.D. 元至正十四年

・十一月，右丞相脫脫大敗張士誠於高郵。

1355 A.D. 元至正十五年

・二月，劉福通等迎韓山童之子林兒為帝，號小明王，國號宋，都亳州。五月，朱元璋附於韓林兒。

1356A.D. 元至正十六年

・二月，張士誠下平江，據之，改為隆平府，稱周王。

・七月，朱元璋稱吳國公。

1357 A.D. 元至正十七年

・八月，張士誠屢敗於朱元璋，請降於元。

1358 A.D. 元至正十八年

・五月，劉福通下汴梁，迎韓林兒居之，以為都，其部將取晉寧。

1359 A.D. 元至正十九年

・正月，朱元璋部取諸暨，方國珍附之。

・十二月，徐壽輝部將陳友諒自稱漢王，居壽輝於江州。

1360 A.D. 元至正二十年

・閏五月，陳友諒破太平，殺徐壽輝，自為皇帝，國號漢。

1351~1360A.D. 1361~1367A.D.

1361 A.D. 元至正二十一年

・二月，朱元璋立鹽法、茶法，又置寶源局，鑄大中通寶錢。

・八月，朱元璋大舉攻陳友諒。

1362 A.D. 元至正二十二年

・三月，明玉珍稱帝，國號夏。

・四月，大興工修大都宮闕。

1363 A.D. 元至正二十三年

・二月，張士誠遣將攻安豐，三月破之，殺劉福通。朱元璋至安豐，破張士誠兵。

・八月，陳友諒中流矢死，其子理奔還武昌嗣位。

1364 A.D. 元至正二十四年

・正月，朱元璋稱吳王，置百官，仍用韓林兒龍鳳年號。

1365 A.D. 元至正二十五年

・七月，右丞相孛羅帖木兒被殺，皇太子還大都。

1366 A.D. 元至正二十六年

・二月，明玉珍死，子明升嗣。

・八月，朱元璋大舉攻張士誠。

・十二月，朱元璋命人迎韓林兒於滁州，至瓜步，韓林兒被沉於江。

1367 A.D. 元至正二十七年

・正月，朱元璋始稱吳元年。

・九月，朱元璋部破蘇州，俘張士誠，士誠自縊死。朱元璋遣徐達等北取中原，傳檄遠近。

・十一月，朱元璋部取慶元，方國珍入海島。

1321 A.D. 元（英宗）至治元年

・九月，用50萬個銅鑄大都昭孝寺臥佛。

1324 A.D. 元（晉宗）泰定元年

・周德清編成《中原音韻》。

1328 A.D. 元泰定五年　元（晉宗）致和元年　元天順元年　元（文宗）天歷元年

・七月，泰定帝死於上都，內亂起。

・九月，上都諸王大臣立泰定帝子阿速吉入為皇帝，改元天順，發兵攻大都。懷王至大都即位，改元天歷，是為文宗。

1329 A.D. 元（明宗）和世球　元天歷二年

・正月．周王即位於和寧之北，以文宗為皇大子。八月，明宗暴死．文宗復即位。

・九月，修經世大典。

・十月，改訂內外官遷調製。

1330 A.D. 元天歷三年　元（文宗）至順元年

・李澤民繪成中國最早的世界地圖《聲教廣被圖》。

・忽思慧著營養學專著《飲膳正要》。

1336 A.D. 元（惠宗）至元二年

・劉鑑著成《經史正音切韻指南》。

1337 A.D. 元至元三年

・正月，增城縣民朱光卿等起事，七月敗死。

・二月，陳州民棒胡（胡閏兒）以拜李老君、彌勒佛聚衆起事於信陽。

・四月，命省院至路府幕官之長並用蒙古、色目人，禁漢人和南人學蒙古、色目文字。

1321~1340A.D.　　1341~1350A.D.

1343 A.D. 元（惠宗）至正三年

・三月，命修遼、金、宋三史（兩年後告成）。

1346 A.D. 元至正六年

・六月，汀州連城縣民羅天麟、陳積萬等起事。

1347 A.D. 元至正七年

・二月，瑤人吳天保攻沅州，陷武岡；十一月，攻沅州敗，復陷武岡、靖州。

1348 A.D. 元至正八年

・三月，遼東鎖火奴自稱金後．起事，尋敗死。

1350 A.D. 元至正十年

・十月，改鈔法，以中統交鈔一貫省權銅錢一千文，准至元寶鈔二貫，仍鑄至正通寶錢，與歷代錢並用。

・十二月，方國珍攻溫州。

1351 A.D. 元至正十一年

・四月，用賈魯言，開黃河故道，設總治河防使。

・五月，劉福通等擁白蓮會首領韓山童起義，拔穎州，其衆以紅巾為號，燒香聚衆，因有紅軍或香軍之號。

・十月，徐壽輝以蘄水為都，稱皇帝，國號天完。

1352 A.D. 元至正十二年

・二月，定遠民郭子興等起義，據濠州，自稱節制元帥。

・閏三月，朱元璋從郭子興於濠州。

元行帝師制

元代之前有國師而無帝師，元亡帝師制度隨即中止，故帝師制度便成了佛教史上的一項特例。元代帝師之號並非僅出於對藏僧大德的尊敬，而是基於治藏的政治需要，帝師制度開啓西藏地方政教合一體制的先河。元朝政府任命的帝師既是全國最高的宗教領袖，又是藏區軍政首腦，統管藏區一切事務。

元世祖忽必烈像

元代第一位帝師八思巴，是藏傳佛教薩斯迦派的重要領袖。西元一二五八年，忽必烈召集僧、道兩教高士辯論《老子化胡經》眞僞，十八歲的八思巴作爲釋教首席代表，舌戰眾道士，迫使十七名道士服輸削髮爲僧，一些道觀改爲佛寺。中統元年（西元一二六〇年），忽必烈即大汗位，其時蒙古境內「釋教大盛」，於是封八思巴爲國師，賜玉印，統管蒙藏地區的佛教事務。至元元年（西元一二六四年），忽必烈遷都北京，設立全國性宗教管理機構——總制院，八思巴以國師的身分兼領總制院事。此後，八思巴還受命創制蒙古新文字。至元六年新文字製成，八思巴因功被升爲帝師，封大寶法王，賜玉印，受到極

西藏薩迦寺壁畫，顯示了八思巴會見元廷使臣時的情況。

刺繡密集金剛像

高的禮遇。至元十一年八思巴西還，其弟亦憐眞接帝師位。八思巴去世後，翰林學士王磐奉命撰《帝師行狀》頌其功德，京城還建有「八思巴寺」以爲紀念。

八思巴以後，元代還任命了十三位帝師，歷代帝師都出於薩斯迦昆氏家族，採用叔侄相承，兄終弟及的傳承制度。八思巴一家出了其中大半的帝師，有的成爲帝師時年僅十二歲。唯一的例外是薩迦系非昆氏家族的膽巴（西元一二三〇～一三〇三年），生前受世祖、成宗、仁宗的賞識和重用，死後被追謚帝師號。

帝師不僅在元朝宮廷中享有極高的地位，而且以全國佛教領袖的身分備受崇奉。忽必烈曾把烏思藏十三萬戶封給第一任帝師八思巴作爲供養地，八思巴成爲吐蕃地區最高統治者。帝師往來於京師與吐蕃之間，百官均隆重迎送。帝師們生前死後所受封賞十分優厚，弟子門徒也大多被授官封號，享有極大特權。

八思巴字創制

忽必烈於至元六年（西元一二六九年）頒詔正式推行國師八思巴創制的文字，把它名作「蒙古新字」，但第二年即改稱爲「蒙古字」。實際上，這種文字就是元朝的國字，後世有人直稱「元國字」或「元國書」，在元王朝滅亡後逐漸被廢棄。字母表主要由藏文字母組成，也有少數梵文字母，還有幾個新造字母。字母多呈方形，數目最初爲四十一個，後陸續增加；據現存資料歸納，包括各種變體有五十七個。

字母有正體和篆體兩種，篆體多用於官方印章。行款從左至右直寫，與藏文自左至右橫寫不同。書寫單位是音節，由於書寫單位不是詞，加上不使用標點符號，所以閱讀時只能靠上下文判斷詞的界限和句子的界限。拼寫漢語時不標聲調，因此如果原文無漢字對照或沒有其他參考材料，往往難以確定所代表的漢字。

八思巴字作爲元朝官方文字，是

八思巴字百家姓，載於《事林廣記》。

用來「譯寫一切文字」（至元六年頒行詔書語）的。據現存資料記載，它所譯寫的語言不僅有蒙古語，還有漢、藏、梵、維等多種語言。因此，這種文字具有不同於其他文字的一些特點。例如，八思巴字的字母數目比起譯寫的每種語言所需用的都要多，其中多數字母通用於各種語言，部分字母則是爲個別語言所設。八思巴字行款的制訂，顯然也考慮了不同的語言的對象，並且在各語言之間進行了平衡、折衷。它採用自左往右、自上而下的行款格式，是接受了蒙文的習慣，而以音節爲書寫單位則繼承了藏文的傳統。寫法問題，也是這種文字的獨特之處。它之所以沒能競爭過任何一種原行文字，是因爲當時蒙、漢、藏等民族都已有自己的文字，沒有創制新文字的需要。

八思巴字蒙古語資料和漢語資料，足探討元代蒙古語和漢語的可靠依據，尤其是研究這兩種語言的語音方面，八思巴字資料優越於其他任何可利用的同類資料，因爲它對語音的記錄準確而細微。

八思巴字資料也是寶貴的歷史文獻，其內容涉及整個元代社會政治、經濟、文化、日常生活等各領域，反映出元朝宗教政策、民族關係、典章制度、歷史人物、行政區劃等社會情況，因此，這些資料對於研究元史提供了直接的證據。

元驛站體系建立

元代統一以後，疆域十分遼闊，爲了加強各地之間的聯繫，元大力發展了交通運輸業，建立了四通八達的驛道驛站體系。

驛站的設置，始於成吉思汗時期。西元一二一九年，成吉思汗派遣劉仲祿到山東邀請長春眞人丘處機，就曾利用過驛騎；借助驛站，丘處機順利地到達中亞又返回燕京（今北京）。太宗窩闊台時期，驛站規模進一步擴大，在從蒙古本土經察合台汗國到歐洲欽察汗國的漫長道路上，設有驛道、驛站便利通行；窩闊台本人

也把建立驛站作爲自己的一項功績，足見其重視。忽必烈建元後，逐步建立起了以大都爲中心的四通八達的驛站網，東北至黑龍江江口的奴兒干，北通葉尼塞河上游的吉利吉思，西達伊兒汗國和欽察汗國，西南抵雲南、西藏，這一大規模的驛站系統可謂空前絕後。資料顯示，全國各類驛站有一千五百多處，在驛站服役的驛戶超過二、三十萬。

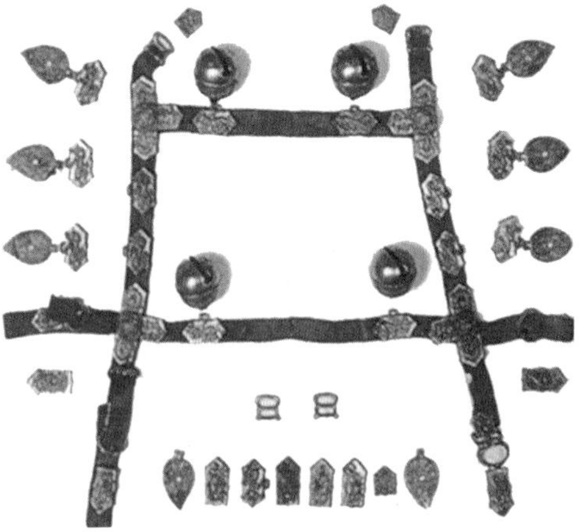
馬籠頭。

驛站分陸站、水站。陸站的交通工具主要是馬，有的地方用牛、車、轎，也有人力搬運，所以有馬站、牛站、車站、轎站、步站之別。東北遼東還有狗站。水站的工具是船。

在驛站服役的驛戶由民間簽發而來，每個驛站都有若干站戶，少者數十或一、二百，多的達二、三千戶，甚至更多。驛戶家庭一般較富裕，大多是中等或中等以上的民戶，一旦進入驛站體系即世代相承，不得更易。他們負責管理驛站的交通工具，工具有些是驛戶提供的，有些是國家購置的；若有損壞，須由驛戶賠償。驛戶輪流充當馭手或水手，並爲過往的使臣提供合乎規定標準的飲食。

上圖為急遞鋪令牌，下圖為驛站乘馬銅牌。

如此完善便利的驛站體系，成爲元政府加強管理、鞏固政權的重要環節。爲了保證其正常運作，元統治者建立起一整套管理制度。最初屬兵部管理，後設通政院，專門管理這項事務；地方上則由各路長官負責，每個驛站設有驛令或提領，負責站上的日常事務，還對提供服務的對象和範圍設下嚴格的控管。但濫用驛站的情況卻沒能得到制止，王公貴族官僚、上層僧侶等都千方百計地謀取驛站的使用特權，使得元後期驛站制度基本廢弛。

與驛站相輔而行的還有「急遞鋪」，專門負責朝廷和官府緊急文書的傳送，一般間距爲十里、十五里、二十五里，鋪卒五至十六人不等。按規定，文書一晝夜要傳遞四百里，路上行人必須避讓。

驛站和急遞鋪的建立乃出於軍事和政治目的，客觀上對鞏固政權、維護中央集權統治發揮了積極的作用，加強了各地區民族之間政治、經濟、文化的聯繫，在一定程度上促進了元代的商品經濟繁榮，保障了各方人士的行旅安全和道路暢通。這一範圍廣泛的便利驛站體系之建立，在中國交通史、民族融合及中外關係史上均具有十分重要的意義。

文化小事典

行省制確立

至元二十八年（西元一二九一年）五月，元行省制確立。行省制即在中央設中書省總理全國政務，樞密院掌管軍事，御史台負責監察；在地方上設行中書省（即行省）。行省設丞相一人，掌管全省軍政大事。行省下設路、府、州、縣。元朝在全國共設十個行省，即嶺北、遼陽、河南、陝西、四川、甘肅、雲南、江浙、江西、湖廣；至於山東、山西、河北和內蒙等地則稱為「腹裡」，作為中央特區，由中書省直轄。行省制的確立，從政治上鞏固了國家統一，使中央集權在行政體制上得到保證。這是中國政治制度史上的一項重大變革，對後世影響深遠。

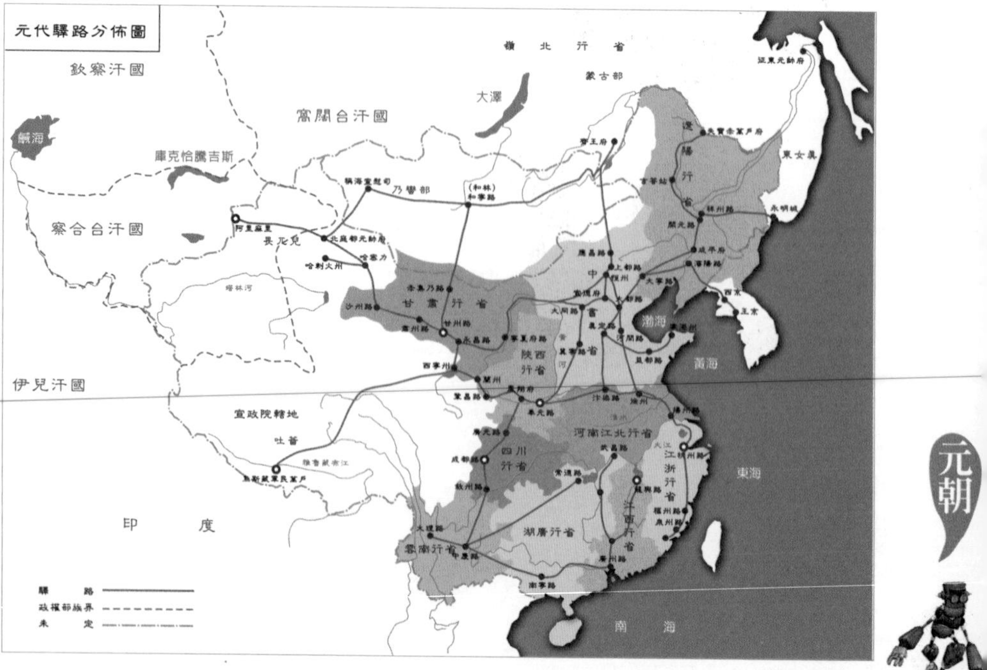

元朝

元設砲兵

蒙金戰爭開始後，成吉思汗便注意到「砲」的威力，並在西元一二一四年命令大將唵木海爲隨路砲手達魯花赤，挑選五百餘人進行砲技訓練，組建蒙古軍第一支砲隊；其後每次大戰役均可見砲兵的參與。但這一時期，蒙古兵的砲主要靠與西夏、宋、金作戰中繳獲而來，尚無自行製造的能力，因此其砲兵規模受到限制。

元世祖即位後，下令徵調回回砲匠，成批製造回回砲（亦稱「襄陽砲」和「西域砲」）。此砲名爲「巨石砲」，能發射一五〇斤重的石彈，且操作方便。新式大砲的使用，很快讓蒙古軍攻破圍困六年之久的樊城，並迫使襄陽南宋守將呂文煥投降。襄樊大戰後，忽必烈又大規模徵調砲匠，組織開礦冶煉，加強兵器製造。除了大量製造回回砲外，還製有十五梢、九梢、七梢、五梢、三梢砲；並進一步擴充砲手軍，設置砲手總管府、回回砲手都元帥府（後改稱回回砲手軍匠上萬戶府）等機構管轄砲兵。

元代砲兵建立與發展，使蒙古軍隊改變了單一騎兵的軍制，發展成多軍隊、多兵種的武裝力量，且引發元軍作戰方法和戰略戰術的變革，諸兵種聯合協同作戰始現。

元軍大量使用火器

蒙金戰爭開始後，蒙古軍隊約在西元一二一一年至一二一五年之間便擁有了火器。他們在擄獲金的火藥、火器和工匠後，便開始自行生產。元軍使用的火器，可分爲燃燒性與爆炸性兩種。

燃燒性火器有火箭、火槍、毒藥煙球等，爆炸性火器有鐵火砲及金屬管形火器「火銃」。這些火器兼有燃燒、煙幕、毒氣、障礙、殺傷等不同的作用，不僅廣泛用於對金、宋作戰的中原戰場，還用於歐亞戰場；如一二三五年成吉思汗之孫向西進攻歐洲時，就攜有火砲、火藥箭。正是在這時，火器傳到了阿拉伯，被稱爲「契丹火槍」和「契丹火箭」，並從此地傳入歐洲。一二四〇年，西征蒙古軍至華沙，用毒藥煙球攻城，波蘭人還以爲蒙古軍在驅怪噴毒。至元十一年（西元一二七四年）和至元十八年，元世祖忽必烈以高麗爲基地，兩度派遣元軍向東進攻日本時，也大量使用過火器。據坂詔藏《兵器考・火砲篇》記載，元軍第一次登陸與日兵作戰時，使用的「飛鐵砲火光閃閃，聲震如雷，使人肝膽俱裂，眼昏耳聾，茫然不知所措」。《太平記》一書中也有對元軍使用鐵火砲與日兵作戰的描寫：球形鐵砲拋出來後，一次可發射二、三個彈丸，日本兵被燒害者多人。

元代銅銃，上有「射穿百札，聲動九天」、「神飛」等銘文。

元代中後期，元人在南宋突火槍和火筒的基礎上，創製了金屬管形火器——火銃，還有金屬管火砲。到元代末期，這兩種新式火器已在元軍中普遍使用。

目前可知中國最早的火銃是一件元代銅鑄盞口銃，口徑一〇五毫米，身管直徑七十五毫米，全長三五．三公分，重六．九四公斤，銃身刻有元「至順三年」等字樣。文獻記載火銃之名最早見於《元史．達禮麻識理傳》。

火銃又稱「火筒」，是一種金屬管形射擊火器，以火藥發射石彈、鉛彈和鐵彈。火銃用鋼或鐵鑄成，銅鑄較多，由前膛、藥室和尾銎構成。通常分為單兵用的手銃，城防和水戰用的大碗口銃、盞口銃和多管銃等。

手銃輕巧靈便，銃身細長，前膛呈圓筒形，內放彈丸；藥室呈球形隆起，室壁有火門，供安放引線點火用；尾銎中空，可安木柄，便於發射者操持。有的手銃從銃口至銃尾有幾道加強箍。

大碗口銃和盞口銃都因銃口的形狀而得名，基本構造與手銃類似，只

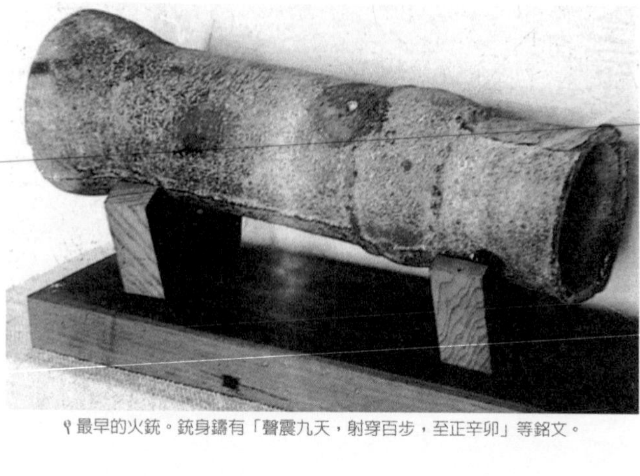
最早的火銃。銃身鑄有「聲震九天，射穿百步，至正辛卯」等銘文。

是形體短粗，銃口呈碗（盞）形，可容較多的彈丸。有的碗（盞）口銃尾銎較寬大，銎壁兩側有孔，可橫穿木棍，將銃身置於木架上。發射時，可在銃身下墊木塊調整俯仰角。用於水戰的碗口銃，多安於戰船的固定木架，從舷側射擊敵船。

三眼銃也是一種常見的多管銃，銃身由三個銃管平行鏈合成「品」形，尾部爲一尾銎，安裝木柄。每個銃管各有一個藥室火門，點火後可連射或齊射，射畢可用銃頭作錘擊敵，多用於騎兵。

元代火銃是在宋代火器發展的基礎上，依據南宋火槍，尤其是突火槍的發射原理製成的，它的創製和使用，使中國管形射擊火器出現了由竹火槍向金屬火槍的飛躍性發展。從出土的元代火銃來看，與宋代突火槍相比，元火銃的製造規格相對統一，構造較先進，且射速較快、射程較遠、殺傷力更大。火銃的發明與運用，使蒙古軍隊戰鬥力大增。據《元史》記載，至正二十四年（西元一三六四年），達禮麻識理曾指揮一支「火銃什伍相聯」的軍隊，屢建奇功。元末農民起義軍使用火銃作戰的情況更爲普通。

火銃、火砲的出現，是世界兵器發展史上劃時代的變革，從此火器逐步取代冷兵器，向近代槍砲方向發展，爲西方製造的「佛朗機」及西洋大砲奠定了基礎。

元軍東征日本失敗

至元十一年（西元一二七四年）和至元十八年，忽必烈兩次發兵東征日本，均失敗而歸。高麗臣附元朝後，東夷之國僅存日本未受元朝控制。忽必烈幾次派使節到日本要求兩國通使，均交涉無果。至元十一年三月，忽必烈因日本拒絕通使，決定用武力征服，派駐高麗的忻都率領蒙、漢、高麗混編的軍隊二萬五千人東征日本。元軍在日本登陸後，大肆搶掠，日本守軍頑強抵抗，元軍雖小勝卻不能深入。後來等不到援軍，元軍只好撤退，歸途中遇到颱風，船隻大多毀壞，損失慘重。

至元十八年，忽必烈再次下令東征日本，元軍兵分兩路向日本進發。兩支元軍在日本平壺島會師後，又遇到罕見的颶風，兵折船毀，除了一部分將領爭先坐船逃回外，十多萬名元軍被遺棄在海島上。幾天後，日軍大舉進攻，元軍在又氣又餓的劣況下大半戰死，剩存者都被俘去做奴隸。元軍第二次東征日本幾乎遭受全軍覆沒的損失。但忽必烈還是不死心。

至元二十二年，忽必烈試圖再征日本，在江南大造海船，抽調兵馬。但由於人民紛紛起來反抗，他被迫放棄了征伐日本的計畫。

出土自對馬海峽的元軍頭盔

登封觀星台建成

元朝初年（距今約七百年前），位於今河南省登封縣城東南十五公里的告城鎮北的登封觀星台建成。

中國很早就有天文觀測台，歷代史書對此多有記載。在元登封台建成前，中國歷代許多天文學家曾在此觀測天文。《周禮》載有周公在此「正日景」（「景」通「影」）。今觀星台南二十公尺處，尚存唐開元十一年（西元七二三年）天文官南宮說刻立的紀念石表一座，刻有「周公測景台」五字。

觀星台爲磚石混合建築結構，由盤旋踏道環繞的台體和自台北壁凹槽內向北平鋪的石圭兩個部分組成。台體四壁用水磨磚砌成，呈方形覆斗狀。台統高一二．六二公尺，其中台主體高九．四六公尺，台頂小室高三．一六公尺。此小室爲明嘉靖七年（西元一五二八年）修葺時所建。台

登封觀星台

四壁明顯向中心內傾，其收分比例表現出中國早期建築的特徵。台下北壁設有對稱的兩個踏道口，人們可由此登臨台頂。踏道以石條築成，四隅各有水道小孔，用以導洩台頂和踏道上的雨水，水道出水口雕成石龍頭狀。石圭又稱「量天尺」，用來度量日影長短。它的表面用三十六方青石板接建平鋪而成，下部爲磚砌基座。石圭長三一．一九六公尺，寬○．五三公尺，南端高○．五六公尺，北端高○．六二公尺。石圭居子午方向，圭面刻有兩股水道，水道南端有注水池，北端有洩水池。

《元史》載天文學家郭守敬曾對古代的圭表進行改革，新創比傳統「八尺之表」高出五倍的高表。登封台的直壁和石圭足以印證《元史》所載，且爲目前僅存的實物例證。所不同者，觀星台以磚砌凹槽直壁代替了銅表。透過實測，證明觀星台的測量誤差相當於太陽天頂距誤差三分之一角分。另據史料記載，觀星台上曾有滴水壺，並在此觀測北極星。由此可推知登封觀星台是一座具有測影、觀星和記時等多種功能的天文台。

中國阿拉伯數學交流

中國與「西域」各國的接觸始於漢代，宋元時得到了進一步發展，尤其是元代蒙古族政權的範圍達到中亞、西亞，直通阿拉伯和東歐，打破了以往地域界限，形成中西交通的空前盛況，使中國與阿拉伯等國的數學進一步得以交流發展。

中國數學西傳中最突出的是「盈不足術」的西傳，九世紀阿拉伯數學家花拉子米的著作中已有關於「盈不足」問題的敘述，在十世紀至十三世紀一些阿拉伯數學家的著作中，盈不足術被稱爲「天秤術」或「契丹（即中國）演算法」。中國數學中的一些著名問題如《九章算術》中的「持米出關」、「折竹問題」、「池中之葭」，及《孫子算經》中的「物不知數」、《張邱建算經》中的「百雞問題」等，都多次出現在十世紀至十五世紀的阿拉伯數學書中。

阿拉伯數字幻方鐵板

西元一二五八年，成吉思汗之孫

旭烈兀攻陷巴格達，創立了伊兒汗國。一二五九年，根據阿拉伯數學家及天文學家納速拉丁・徒思的建議，建立巨大的天文台，經精密觀測後編成著名的《伊兒漢曆》。據《多桑蒙古史》記載，「旭烈兀自中國攜有中國天文學家數人至波斯……納速拉丁之能知中國紀元及其天文曆數者，蓋得之於是人也」。隨著中國天文曆法的西傳，中國傳統的數學知識自然也傳入西方各國。

在數學西傳的同時，正處於蓬勃發展時期的阿拉伯數學也有許多內容傳入中國；如西域人札馬魯丁撰的《萬年曆》，「元世祖稍頒行之」；另西域人馬哈麻所作《回回曆法》還與《大統曆》（即《授時曆》）參互使用。阿拉伯幻方也在這時傳入中國。此外，阿拉伯人計算乘法的「格子算」也在這一時期傳入，後被明代數學家稱爲「寫算」、「鋪地錦」。

人物小事典

馬可・波羅入華

中統元年（西元一二六〇年），威尼斯商人尼柯羅、馬菲奧兩兄弟到東方做生意。他們首先到達了欽察汗國的都城薩萊。接著，因欽察汗國和伊兒汗國交戰，回國的路途險惡，尼柯羅兩兄弟繼續向東行進，在不花剌住了三年，於至元二年（西元一二六五年）夏天到達大都。忽必烈向他們詢問歐洲的情況，並且委派他們作蒙古大使的副手出使羅馬教廷，要教皇選派一百名懂法律、精通七藝的傳教士來中國。在途中，蒙古使者因為有病留下，尼柯羅兄弟倆繼續忽必烈指派的任務，在至元六年到達地中海東岸，向羅馬教廷遞交了國書，隨後返回故鄉威尼斯。

兩年後，尼柯羅兄弟帶著尼柯羅的兒子馬可・波羅，陪同新任教皇派遣的兩名傳教士到蒙古覆命。途中兩位傳教士怕苦放棄，把教皇的書信及出使證交給尼柯羅，要他們轉交。三人沿著古代絲綢之路，越過帕米爾高原，穿過河西走廊，於至元十二年（西元一二七五年）達到大都。從此馬可・波羅跟著他父親、叔父在中國居住了十七年。

馬可・波羅聰明謹慎，口才也好，他在中國很快學會了騎馬、射箭和蒙古話，受到忽必烈的信任。馬可・波羅曾被忽必烈派到雲南、江南各地去視察，又在揚州做了三年地方官，並以元朝使者身分去過占城、印度等國家。

至元二十六年，馬可・波羅和他的父親、叔父欲返回故鄉，得到了忽必烈的恩准。至元二十八年（西元一二九一年）的春天，馬可・波羅一行帶著忽必烈給教皇及英、法各國國王的書信，與伊兒汗國的使者一道從泉州坐船向西，打道回國。

馬可・波羅於一二九五年回到威尼斯以後，在參加威尼斯和熱那亞的海戰中被俘。根據他於獄中所述而撰成的《馬可・波羅遊記》，對東方中國的情況作了詳細的介紹，在西方社會引起了很大的轟動。

馬可・波羅肖像

元置市舶司

至元十四年（西元一二七七年），元廷在泉州、慶元、上海、澉浦四個口岸設立市舶司，管理海外貿易。後來又陸續在廣州、溫州、杭州設置了市舶司。

市舶司初建立時，仍按照南宋的方法進行管理，存在著許多弊端，市舶官員貪贓枉法，敲詐勒索，中飽私囊，直接影響了國家的市舶收入。至元二十八年，元朝政府著手制定了市舶法則，兩年後又頒布《整治市舶司勾當》二十二條。市舶法明確規定了市舶司的職責，包括辦理船舶出入港的手續、舶貨的檢驗和收存、舶貨的抽分和納稅等等。市舶司由行省管轄，每司設提舉兩人。徵收舶稅和市舶抽分時，往往有行省高官在旁監督。元政府原定市舶抽分爲舶貨精品中十中取一，一般舶貨十五取一；後來又在抽分之外規定了三十取一的船稅。延祐元年（西元一三一四年），元朝政府提高了抽分額，精品和一般舶貨都翻了一番。

元代與中國建立海上貿易關係的國家和地區數以百計，市舶抽分和徵收舶稅成爲元廷的重要財源之一。出口的商品主要是紡織品、陶瓷等日常生活用品。

元代銅權。圖中右刻有「至元元年校勘相同」等銘文，左為「大都路」造銅權。

蹴鞠、馬球持續流行

元代承繼發展了宋代的蹴鞠、擊鞠（馬球）等體育活動，使這些活動持續流行。元代蹴鞠多是市民在時令節日的慶祝活動中舉行，不僅一般市民喜愛蹴鞠，連女子們也喜歡此類活動。元代戲劇家及詩人筆下對此多有描述，如郭翼的《蹴鞠篇》寫道：「倡園小奴花個個，蹋鞠朝朝花裡過。釵墜蜻蜓髻倭墜，髻倭墜，玉瓏璁，倚嬌樹，雙臉紅。」「綠雲單色光如苔，彩樓紅扇相當開。美人凌波蹴月來，蹴月來，不墜地，袖回風，動羅袂。」元代知識分子也對蹴鞠樂之不倦，宮廷之中也有蹴鞠活動，如武宗就曾觀「近臣蹴鞠」，可見蹴鞠在元代十分盛行。

元代蹴鞠的踢法沿襲宋代，分爲兩種：一種是設球門的競賽；一種是不設球門的競賽。

設球門的參賽兩隊各六人。站在網前的是守網人，對著守網人的左右兩邊各四人，是正副色挾，後面中間一人是球頭。踢法上，四個色挾擔任接球，接得球的色挾傳給球頭，由球頭用膝射過球門；如未射過球門，撞在網子落下來，守網人要踢給色挾，色挾復挾往前，頓在球頭膝上再射門。比賽或二籌，或三籌，以踢過數多者爲勝。勝者，「衆以花紅、利物、酒果、鼓樂賞賀焉」。

不用球門的競賽方法分兩類：不用絲圍子和不分班踢的爲一類；用絲圍子和分兩班踢的爲一類。第一類不分班的競賽有一至十人場。元代市民中不分班的競賽活動較興盛。同時，各種「解數」在沿襲宋朝的基礎上進一步多元發展。到明代，終於把花式加以固定。因此，元朝的蹴鞠藝人對解數的豐富和發展做出了貢獻。

元上都宮殿建築遺物「白石螭首」，內蒙古錫林郭勒盟正藍旗

擊鞠是蒙古族的傳統體育活動，蒙古人在酌酒宴聚之時，常以此爲助興的娛樂活動。在擅長騎射的蒙古族中，打球和射獵往往是分不開的。元代軍隊中的武將也多擅擊鞠，武將王珣、陳伯將即以此聞名，可見擊鞠作爲演武手段，頗受軍中將領的重視。此外，民間也多有開展此類的活動。

擊球活動作爲元代風俗，沿襲不絕。據熊夢祥《析津志》的記載，每逢五月九日、九月九日，太子、諸王以及各衙萬戶、千戶、怯薛（禁衛軍）中能擊球者，在西華門內寬廣的場地上行擊球的娛樂活動。一九八三年七月在山西襄汾曲裡村一座金元墓葬中發現了四塊馬球雕磚，栩栩如生地刻劃了當年擊球者頭紮軟巾、身著長袍、足蹬馬靴、執杖擊球的眞實形象。

文化小事典

《真臘風土記》

元代，對外貿易十分發達，除了通往西域及中亞地區的陸上貿易外，海上貿易也發展起來。海上貿易的發展帶動了海上運輸交通的發展，在此基礎上，出現了一批海上旅遊家，周達觀便是其中一個。

周達觀自號草庭逸民，浙江溫州路永嘉縣人，元成宗元貞元年（西元一二九五年），被朝廷派遣出使真臘（今柬埔寨），於大德元年（西元一二九七年）回國，並著成《真臘風土記》一書。

《真臘風土記》全書共八千五百字，全面反映了當時柬埔寨的政治經濟、風土人情、氣候物產等各方面情況，內容包含建築、語言、文字、草木、山水、村落、貿易、耕種等四十多項目。全書文字雖少，但語句真練，如描寫湄公河三角洲一章中，短短百言就將這一帶的地理環境、動物生態、耕種景況描寫得淋漓盡致。

《真臘風土記》一書包括很多連柬埔寨國內都無記載的內容，是現存當時人記載柬埔寨情況的唯一著作，因此具有很高的學術價值。除中文刊本外，還有法文、英文、日文等多種譯本。

吳哥窟是柬埔寨宗教藝術遺跡的總稱，共四百多處。始建於真臘帝國全盛時期的西元九世紀末，其圓雕作品以「吳哥式微笑」的風格著稱。圖爲吳哥遺跡浮雕。

朱學立爲官學

十三世紀，崛起於漠北的蒙古族人在入主中原的同時，也開始進入了封建化的過程。爲加速封建化的進程，他們汲取了以儒學爲主體的漢族思想文化。元朝建立後，朝廷進一步推行尊儒禮士的政策，儒士繼續得到重視，使南宋僅傳播於王朝所在的東南一隅的理學傳播到了北方，而且成爲欽定的官學。

朱熹是南宋的大理學家，他的理學到南宋理宗時在思想界已取得了正宗地位，影響力很大。他的追隨者在南宋滅亡後，把他的思想迅速傳播到了北方。

元代的統治是建立在民族壓迫和階級壓迫的雙重基礎之上的。朝廷除了依靠武力統治之外，還迫切需要一種能維護其統治的精神力量，理學中道德倫理思想的消極部分正迎合其需要。因而程朱理學被元朝統治者所獨尊，也導致了理學中的蒙昧主義的傾向日益增長，反映了理學發展的趨勢。

趙復是理學的碩儒，被元軍俘獲後在燕京（今北京）開辦太報學院，在學院講授「程、朱二氏性理之書」，「遊其門者百餘人」（姚燧《牧庵集》卷十五）。趙復將帶來的《程朱傳注》送給姚樞，姚樞又將程朱之書授予儒士許衡。趙復和姚樞、許衡、竇默等一起講習性理之學。自此，理學始在北方廣泛傳播。

被任命爲國子祭酒的許衡，將程、朱的著作作爲國子學的基本教材，擴大了理學的影響。朝廷禮請「遺逸」，一些理學儒生便應詔出仕。元仁宗皇慶二年（西元一三一三年）十一月，朝廷宣布恢復科舉制度，考試辦法以朱熹的《學校貢舉私議》爲藍本，考試內容確定爲四書，以朱熹的注釋爲準；以及「五經」，以朱熹及其門人的注釋爲準。由此，朱學便取得了官學的地位。

這時，許多理學家的著作，都由政府雕版刊行。由於官方的大力提倡，「我國家（元朝）尊信其學，而講誦授，受必以是爲則，而天下之學皆采子之書」（虞集《道園學古錄》卷三十六），以至於「海內之士非程朱之書不讀」（歐陽玄《圭齋集》卷九）。這說明在元代思想文化界，程朱理學已確立了獨尊地位。

關漢卿作《竇娥冤》

關漢卿是著名的元代雜劇作家，名不詳，號己齋叟，大都（今北京市）人。

關漢卿約生於金末或元太宗時（西元一二一〇年前後），元鍾嗣成《錄鬼簿》說他曾任太醫院尹，《析津志》也說他「生性倜儻，博學能文，詼諧多智，蘊藉風流，爲一時之冠」。在元代雜劇四大家中，關漢卿爲四人之首，享有很高的藝術成就地位。關漢卿生平多與當時大都一帶的著名雜劇、散曲家及藝人來往，商酌文辭，評改作品，並有時親自登台演出，於創作之餘，過著「射踐排場、面敷粉墨」的書會才人生活。

關漢卿著有雜劇六十七部，在現僅存的十八部雜劇中，《竇娥冤》爲其最重要的代表作。《竇娥冤》是關漢卿晚年的作品，其題材源於《漢書．于定國傳》和干寶《搜神記》的「東海孝婦」故事。關漢卿在編撰時結合元代生活的實況，成功地塑造了竇娥的形象，描寫她一生的悲慘遭遇。竇娥年幼時因家貧被賣給蔡家做童養媳，婚後丈夫身亡，婆媳相依爲命，蔡婆婆出門索債，被賽盧醫騙到城外，企圖謀財害命。恰值張驢兒及其父路過，救活蔡婆婆並藉此佔住蔡家，強迫她們婆媳與張驢兒父子結成夫妻，竇娥堅決拒絕。張驢兒陰謀毒死蔡婆婆，反毒死了父親，他轉而誣

關漢卿像

陷竇娥。官府嚴刑逼供，竇娥爲救護婆婆而受屈打成招，被判處斬刑。臨刑之前，竇娥發下三樁誓願：一是刀過頭落後，一腔熱血飛灑在丈二白練之上；二要六月降雪，掩蓋她的屍體；三是要當地大旱三年。後來誓願一一應驗。三年後，朝廷派其父竇天章任兩淮提刑肅政廉訪使，去審查案卷，竇娥鬼魂向父訴說冤情，終於申雪了冤枉。《竇娥冤》有力地抨擊了當時的社會現實，抒發了那些長期受迫人民無可訴苦的反抗情緒。

在關漢卿筆下，竇娥的形象有血有肉，個性十分突出。她心地善良，捨己爲人。爲了救護婆婆，寧願身受斬刑，在綁赴法場的途中，她還囑咐劊子手不要從前街走，不願讓婆婆看見她無辜被斬而痛心。她秉性正直剛強，一口拒絕了張驢兒的逼婚，她滿懷孝順、貞節等封建倫理觀念，然而在實際生活中卻一步一步被逼到劊子手的刀下。她對天地的懷疑和責難，實質上就是對世道的責難和控訴。

關漢卿的雜劇深刻地再現了元代的社會現實，具有濃郁的時代氣息。在關漢卿的雜劇中，情節的進展自然而有層次，人物和事件的安排都符合舞台演出的要求，甚至劇中次要人物的出場都是不可或缺的，足見關漢卿的戲劇功力之深。關漢卿熟悉百姓語言，努力吸收百姓口語，豐富自己的藝術展現力，在文學語言方面開一代風氣之先。

《授時曆》完成

至元十七年（西元一二八〇年），許衡、郭守敬、王恂奉詔編成新的曆法《授時曆》。第二年元世祖忽必烈詔令頒行全國。這是當時世界上最精確的曆法之一。

元朝建立初期，雖頒行使用札馬魯丁的《萬年曆》作爲曆法，但並未廣泛使用，北方一般仍以金代《大明曆》爲曆法，南北不一。忽必烈深受

郭守敬設計的簡儀，是世界上第一台用一高一低兩個支架支撐起極軸的赤道儀，也是世界上第一台集測赤道座標和地平座標於一儀的多功能綜合測量儀，儀器上同時設置使用附加設備的先河，並一改傳統的圓周分割法，將一圓周分成三六〇〇份，使刻度與讀數更加精確和方便。

漢族文化的影響，把西域曆法，西域儀象、上都司天台和《萬年曆》均排斥於「正宗」之外，決心繼承發展傳統的中國天文學，命令制訂新曆法，成立新的治曆機構太史局，由許衡、王恂、郭守敬等負責。王恂、郭守敬等人研究分析漢代以來四十多家曆法，吸收各國精華，力主制曆應「明曆之理」（王恂語）和「曆之本在於測驗，而測驗之器莫先儀錶」（郭守敬語），採取理論和實踐相結合的科學方法，成就斐然。郭守敬為制曆創製了多種天文儀器，如簡儀、高表等十二種。通過新製儀器的觀測驗證，考證了七項天文數字。進行大規模的天體測量，郭守敬主持了二十

郭守敬發明的仰儀。仰儀是一種世界首次出現的新型儀器，可從儀器上讀出太陽的去極度、時角和地方真太陽時，特別是發生日蝕時，日蝕全過程及其各階段的位置和時刻，均可連續記錄下來。仰儀解決了以前觀測太陽時觀測者光芒刺眼的苦惱，使仰視觀測變為俯視觀測，是世界上第一架太陽投影的觀測儀。

七處的日影測量，北極出地高度和二分二至日晝夜時刻的測定。在大都，透過數百次的晷影測量，測定冬至時刻。郭守敬還結合歷史上可靠材料，推算出一回歸年的長度爲三六五・二四二五日，與現在世界上通用的西曆值一樣。王恂、郭守敬還發展了宋元時代的數學方法，創立「招差法」新數學方法，求出五項日月運行的資料。測定新的黃赤大距，與用近代理論推算的十分接近，這些資料爲《授時曆》的推算提供了很好的基本資料。

經過四年努力，《授時曆》終告完成，它考證了七項天文資料；計算出五項日月運行的新資料；採用郭守敬首創的孤矢割圓術來計算太陽黃道與赤道積度；採用百進位制表示小數部分，提高計算精度；廢棄上元積年法，以至元十八年冬至時刻爲曆法曆元；推算回歸年長度爲三六五・二四二五日，與現行西曆相同，比歐洲格里高利曆早三百多年，反映了測量的高水準，也說明《授時曆》有很高的精確度，爲天文學的研究和發展提供了絕佳的材料。

白蓮教全盛

中國民間宗教白蓮教，源於佛教淨土宗。十二世紀中葉南宋紹興年間，吳郡崑山僧人茅子元（法名慈昭）在宋代流行的淨土結社之基礎上，創立了白蓮宗。到了元代，白蓮宗與彌勒信仰相結合，演變發展爲白蓮教。白蓮教的興起，是儒、釋、道三教合流思潮向社會下層擴散，與民間信仰相結合的產物。

白蓮教早期形同白蓮宗，教義上信奉阿彌陀佛，要求信徒念佛，持五戒（不殺生、不偷盜、不邪淫、不妄語、不飲酒），以期往生西方淨土。組織上，白蓮宗一改淨土結社的鬆弛狀態，建立師徒相授、宗門相屬的緊密教團組織，徒眾以「普覺妙道」命名。南宋時，白蓮宗自行結社聚眾方式遭朝廷以「事魔邪黨」罪名加以查禁，但由於其教義、修行貼合下層民眾心理需要，仍得以傳播發展。元朝統一全國後，朝廷承認支持白蓮宗的活動，這時，白蓮宗與彌勒信仰結合，進而演變發展爲白蓮教。白蓮教以「普化在家清信之士」爲號召，形成了一大批在家修行的教徒，稱白蓮道人。

元代由白蓮道人組成的堂庵遍佈南北各地，聚徒數千，規模很大，堂庵供奉阿彌陀佛、觀音、大勢至佛像，上爲皇家祝福祈壽，下爲地方主辦佛事，也做修路等善舉。堂庵因擁有田地資產，主持者往往世襲，家產也跟著世代積累；有的與地方官府相勾結，成為地方之霸。但由於其教義又吸收了摩尼教義，崇尚光明，相信光明定戰勝黑暗，「彌勒出世」可解救世人於苦難，白蓮教逐漸成為下層人民反抗元廷統治的旗幟，紛紛入教，信仰白蓮教者數以萬計。

元朝統治初期，對白蓮教曾採取扶持政策，使之進入空前的全盛時期。後因白蓮教眾以此集眾生事，與元廷對抗，才於一三〇八年下令禁止，仁宗時恢復其地位，英宗即位後又禁斷。元末政治腐敗，在民族精神號召下，大批漢人起來反抗蒙元政權，農民起義風起雲湧，白蓮教及其武裝紅巾軍在推翻腐朽元朝，促進明朝的建立中發揮大用。這番過程顯示出以白蓮教為主的民間宗教所蘊藏的巨大威力。

高利貸「斡脫」盛行

至元二十年（西元一二八三年）五月，元朝設立了「斡脫」總管府。

「斡脫」是蒙古語Ortog的音譯，原意是「合夥」，轉譯為「商帶」，專指經營高利貸的官商。從成吉思汗後期開始，蒙古貴族便提供本銀，委託中亞木速蠻商人（元代對伊斯蘭教徒的通稱）放發高利貸，坐收漁利，發放的錢款就叫做「斡脫錢」，年息高達一〇〇%，次年息轉為本，利滾利式經營。當時有人稱之為「羊羔息」。由於這種高利貸本息相生，因此許多借款的戶民甚至官商都破了產。到了窩闊台時期，朝廷便下令禁止利生息、息轉為本，全部利息不得超過一〇〇%。

元朝成立後，那些持有聖旨、諭旨的貴妃皇室成員繼續經營此業。他們另立戶籍，稱為「斡脫戶」，並有總統府、斡脫所等專門管理機構。這些人每年進貢給朝廷和當官者大量錢財和奇珍異寶，有些良臣指出要加以限制，但元廷反倒給那些斡脫戶許多特權，例如使用驛站、減免課稅等，

銀元寶。銀鑄幣分為銀兩和銀元兩種。隋以前稱銀幣為銀餅、笏、鋌（扁平）或挺（棒形），宋改為銀錠。元將銀錠以外的銀鑄幣統稱元寶，形狀為馬蹄形。明清兩代未改。

斡脫愈加盛行。

追斡脫債，對百姓爲害極大，他們常因還不起錢而傾家蕩產。爲了防止有人逃債，朝廷於元貞元年（西元一二九五年）二月，下令將因還不起債逃跑的人量刑定罪，並用錢獎勵那些告狀的人。因此，斡脫高利貸非但未受到限制，反而氣焰高張，成爲當時社會的一大弊病。

元建海運業

爲順應對遼闊海疆的統治，元政府在建設完善的驛站體制的同時，建立了興盛的海運業。元代海運業的迅速興起和繁榮，亦是中國交通運輸史上的一大里程碑。

秦漢以來，曾多次開拓近海短途航運，但航行距離、貨運量都十分有限。西元一二七六年，元軍攻佔南宋的都城臨安（今杭州）後，大將伯顏就命朱清、張瑄將獲取的南宋府藏圖籍從崇明洲經海上運往京師，這是元朝海運業的開端。

忽必烈統一中國以後，鑑於江南稅糧需大量北運，運河漕送不暢通，

元代戰船在海上實戰的情形

水陸轉運十分不便且勞民傷財，於是採納了伯顏的建議，在西元一二八二年試辦海運，將四萬六千多石糧食由海上運往京師。航行途中遇到信風，避風於山東劉家島（今山東蓬萊縣境內），次年抵達天津直沽。這次首航，是元代海上運糧的開端。這一年，朝廷設立了二個萬戶府，以朱清爲中萬戶，張瑄爲千戶，忙兀解爲萬戶府達魯花赤。一二八七年設立行泉

溪橋銅鏡

府司，專門掌管海運，又增置了二個萬戶府。一二八八年設立二個漕運司，一在直沽河西務，接運南方的糧食和物品；一是京畿都漕運司，負責將直沽的糧食運往大都。一二九一年，在朱清、張瑄的奏請下，朝廷將四府合爲二個都漕運萬戶府，分別由他們兩人掌管。

一二八三年以後，從江南海運到大都的糧食逐年增加，最多時一年達三百五十餘萬石，確保了大都的糧食供應。與陸運、河運相比，海運省時省力、省費用。據估計，河運比陸運節省三、四成的費用，而海運可節省七、八成。

元政府先後開闢了三條海上航線，前兩條是朱清、張瑄開闢的。一二九三年，海運千戶殷明略又開闢了自劉家港（今江蘇太倉瀏河）入海，經黑水洋、蓬萊沙門島，在此進入海河的航運線路，如遇順風，全程僅需十日左右，十分便捷。

在海運業迅速發展的同時，沿海港口也逐漸興起，太倉、密州、登州、上海、直沽的港口都能停泊巨大的船隻。直沽是當時北方最大的港口。

海運的發展和興盛，不僅確保元朝政府的糧食供應，更促進了南北物資流通，加強各地的經濟聯繫，也推動了航海技術的發展，具有劃時代意義。同時，海運的發展還促進了內河航運的長足進步。元代整治後的大運河，進一步提高了五大水系的航運能力，對經濟文化聯繫的加強發揮了不可估量的大用。

元鈔成爲中國最早通用紙幣

元代紙幣的發行並成爲貨幣流通，使中國成爲世界上最早普遍使用紙幣的國家。

和金屬貨幣相比，紙幣具有工本費低的優點，而元廷認識到這一點。在此之前的宋代和金代雖曾發行過紙幣，但都侷限在一定地區流通，其貨幣主體仍是金屬貨幣，紙幣僅爲輔助性貨幣，且在流通過程中出現過嚴重的財政危機和混亂現象。

忽必烈即位後，中央政府開始發行統一的紙幣，元統一後，紙幣成爲貨幣主體通行全國。

元代前後共發行了五種紙幣。中統元年（西元一二六〇年），中書省以絲爲本，各種物價以絲價爲準折算，發行交鈔（又稱絲鈔）。這年十月，中書省又以銀爲本，發行了面值十文至二貫共計十等的中統元寶鈔（簡稱中統寶鈔、中統鈔），二貫與白銀一兩等值；同時還發行了中統銀貨，分一兩至十兩五等，與白銀等值。中統鈔是元朝的主要貨幣種類，通行了整個元代，在支付時常作爲計算標準，頗具地位。此外，政府於一二八七年發行了至元通行寶鈔，一三〇九年又發行至大銀鈔，一三五〇年再發行中統元寶交鈔（又稱至正交鈔）等。

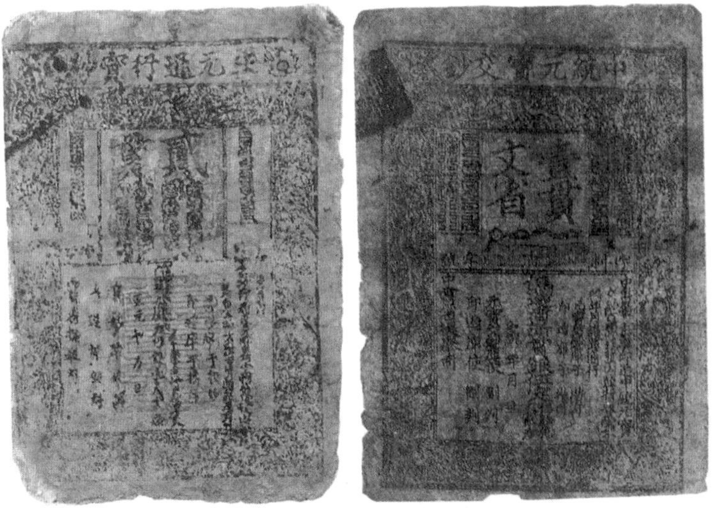

左圖：至元二十四年（西元一二七八年）發行的「至元通行寶鈔」；
右圖：發行於中統元年（西元一二六〇年）的「中統元寶交鈔」。

元代紙幣作爲貨幣主體在全國通行，據文獻記載，嶺北、西北、西藏、雲南等少數民族地區均可通用。舉凡政府賞賜諸王將士，或購置軍需品及各種商品等用途上，均使用紙幣。王惲把中統鈔的優越性歸納爲難得、經費省、銀本常足不動、僞造者少、比金銀更受重視、幣實不虛不貶值、物價平穩等七點，這比較符合中統鈔發行最初十幾年的情況。政府爲了穩定幣值，在投放貨幣的額度上進行控制，盡量避免各種人爲因素的干擾，以使其符合流通的客觀規律。如由中央政府壟斷貨幣的發行權，貨幣用材、形態、印造、投放、管理及幣制的制定，都控制在中央政府的手中，戶部設有專門的機構管理全部事務。從忽必烈以下各級官吏對鈔法的制定和變更採取審愼的態度，並有一些穩定幣值的具體措施，如在保證足夠的準備金方面做的努力、對發行量的嚴格控制等。

從貨幣發展史的角度看，元代紙幣作爲貨幣主體在全國流通，是貨幣發展史的一大進步。但人們對貨幣流通規律還缺乏足夠認識，統治者對財政需求不能有效控制，幣值的長期穩定顯然是不可能的。中統鈔發行之初的幣值穩定局面只維持了十幾年，準備金的嚴重不足、貨幣投放量的失控、統治者的窮奢極欲，都使貨幣貶值日益加劇，國家財政和民眾經濟生活陷入極端的困境之中。嚴重的通貨膨脹使人們視紙幣如廢紙，使其完全喪失了基本職能。但無論如何，元代紙幣的通行，在世界貨幣發展史上佔有一定的地位和意義。

文化小事典

飛來峰元代造像精美

杭州飛來峰元代造像十分精美，堪稱古代江南石窟中的傑出作品。飛來峰位於杭州靈隱寺前，山崖石壁上分佈著包括五代、兩宋至元的造像三八〇餘尊，其中以元代作品最為精美。

元代造像約在西元一二八二年至一二九二年間，是奉敕任江南釋教總統的藏僧楊連真及其僧侶、世俗官吏等所造。元石像多為佛教造像，共有一一七尊造像，以佛、菩薩、度母等題材為多。石刻的題材和藝術風格有漢式和梵式兩種樣式。漢式造像較多，其中臨溪崖壁上雕造的布袋和尚身倚布袋，手執念珠，袒腹而面露嘻笑，兩旁有十八羅漢，造型及佈局均生動而富有變化。梵式造像則有明顯的喇嘛教藝術特色。元代造像中還有大量的密宗佛像，有威武有力的天王，面貌俊秀、姿態活潑的度母；其衣紋流暢，可見出刀法洗練程度。這些雕像佈置在有林壑之美的山岩間，有超凡脫塵之趣，在選擇環境、審地度勢和造型設計上別具匠心。

飛來峰的元代造像有的在風格上尚存有宋遺風，也有的受西藏樣式的影響。其佛教石刻造像在中國雕塑史上具有十分重要的地位。

杭州飛來峰元代造像

漢、蒙、回國子學並立

至元二十六年（西元一二八九年），漢、蒙、回國子學並立。元朝取法遼、金，並根據民族特點發展文化教育事業，設置漢、蒙、回三種國子學，促進了彼此之間的文化交流，共創多元文化發展的繁榮局面。

元朝在建國之初，就有設辦學校教育的規劃。太宗六年（西元一二三四年），元在燕京改樞密院爲宣聖廟，設立國子之學。忽必烈曾下詔提舉學校和教授官。至元二十四年，元朝正式設立國子監，以許衡的學生契丹族學者耶律有尚爲祭酒。至元八年與至元二十六年，元朝在京師分別設蒙古國子學和回回國子學。從此，漢、蒙、回回三種國子學並立。

元朝國子學創建之後，設博士通掌學士，分三齋教授生員。博士講授經書，助教負責一齋教學的具體事宜，正錄專管申明規矩，督習課業。規定凡讀書必須先讀《孝經》、《小學》、《論語》、《孟子》、《大學》、《中庸》，其次《詩》、《書》、《禮記》、《周禮》、《春秋》、《易》。博士、助教親自教授句讀、音訓，正錄伴讀，次日抽籤令學生復說其功課。由博士出題，學生將稿呈給助教，博士審閱後始錄附課簿。學生人數定爲二百人，先准許一百人及伴讀二十人入學，百人中蒙古人居半，色目、漢人共佔一半。之後生員繼續增多。元朝國子之制還規定每年選四十名學生升充高等生員，蒙古、色目各十名，漢人二十名，歲末試貢，惟取實才。

蒙古國子學及回回國子學主要招收隨朝百官子弟之俊秀者入學，以攻習蒙古、回回文字爲主，屬於中央級專門學校。蒙古國子學設生員百人，其中蒙古人五十，色目人二十，漢人三十名。不過百官子弟就學的人數往往不下二、三百人。庶民子弟只能作陪堂生。回回國子學的設立，對元朝開闢西域及擴大版圖非常重要。在各類國子學中，蒙古及西域各族學生中學行卓著者有耶律有尚、孛木魯翀等，此二人後來都曾擔任國子祭酒。人自許衡之後，唯有耶律有尚與孛木魯翀能以師道自任。

元朝漢、蒙、回回三種國子學作爲元朝最高階級的教育機構，其設置規模及教學管理體制都直接吸收宋、遼、金教育的有益經驗，結合民族特點進行教育改革，在某些方面有自己的創新。三種國子學並立發展的局面，反映了元朝開明的文化教育政策。這種文教政策在一定程度上打破了各民族交往的障礙，使元朝的

北京國子監為元明清三代國家的最高學府。圖為成賢街國子監牌坊。

文教事業不斷向前邁進，在教育發展史上留下了光輝的一頁。

伊斯蘭教鼎盛

元朝是中國伊斯蘭教的鼎盛時期，穆斯林人口不斷增加，社會地位也日益提高，他們爲元朝的社會發展做出了空前的貢獻。

成吉思汗及其子孫西征西亞與東歐，建立了橫跨歐、亞的蒙古大帝國。此後中西交通暢達，穆斯林大批歸降或被俘，隨蒙古軍東來參加征服中國的戰爭，被稱爲「西域親軍」。其中阿拉伯人、波斯人和中亞各族人在忽必烈建立元朝統一中國後，與當地漢族、維吾爾族、蒙古族通婚，代代繁衍逐漸形成一個新的民族——回族。與此同時，西域的穆斯林商人、學者、傳教士、達官貴人、旅行者等紛紛來中國定居，與當地人通婚，成爲回族的另一血統來源。

元代將伊斯蘭教徒稱爲「木速蠻」，又稱「答失蠻」，世人往往稱爲「回回」，其教名或稱眞教、清教及回教。中央設「哈的」，即回教法官，掌管教內律法的執行，並負責爲國祈福。該職曾幾置幾罷，反映了國家與教會在執法上的權力之爭，也說明伊斯蘭教勢力已相當強大。至大二年，宣政院奏免僧、道、也里可溫、答失蠻的租稅，其時伊斯蘭教已由沿海外國小教發展成爲政府正式承認的合法大教，可與佛、道、儒及基督教並列，足可見其規模和影響之大。

花剌子模國人努冉薩墓碑，用輝綠石琢成，上有用阿拉伯文鐫刻的碑文。

元朝穆斯林的狀況，與唐、宋時期相比有了明顯的不同。第一，他們多不再自視爲外國僑民，大都以中國爲家，娶妻生子，置產業。第二，他們的分佈不再局限於東南的沿海通商

元大都遺址，薊門煙樹——燕京八景之一。

口岸，而是遍佈全國，形成「大分散小集中」的居住特點。第三，他們的社會地位較高，因爲他們在元朝統一中國的過程中立過汗馬功勞，其政治和社會地位僅次於蒙古貴族。此外，元代穆斯林人口之多也是唐、宋無法相比的。儘管元代忽必烈有過迫害穆斯林的舉措，但整體上說來蒙古貴族還是保護伊斯蘭教的，多數情況下穆斯林頗受政府尊重。政府修葺或重修的著名清眞寺有泉州清眞寺、廣州懷聖寺、杭州眞教寺、昆明禮拜寺二所、哈剌和林禮拜寺二所等。中央更設回回國子監學以獎勵伊斯蘭學問，設回回司天監以掌觀象衍曆，設太醫院廣惠司以掌修製御用回回藥物及和劑，治療諸宿衛士及在京孤零者。此外還設回回砲手軍匠上萬戶府，負責造砲，管理造砲工匠。

元代的穆斯林對中國政經、軍事、文化做出了重大貢獻，湧現出一批第一流的優秀人才。在政治方面，有許多伊斯蘭功臣顯宦，如泉州人蒲壽庚，助元滅南宋有功，官至右丞，子皆高官；紥八兒，助成吉思汗破金中都，封涼國公；還有賽典赤曾，率千騎從成吉思汗西征，太宗憲宗之世拔爲高官，元世祖之時，拜中書平章政事、陝西五路西蜀四川行中書省、雲南中書行省平章政事，爲中央所倚重。在經濟方面，穆斯林在中西商業交往中成爲要角，俗稱「富貴回回」，因其多爲富商。在文化方面，出現了一批著名的學者、藝術家、專門人才，如大學者贍思，學通五經，著述甚豐；大詩人丁鶴年，擅長詩文，對算數、方藥亦有研究；詩人薩都剌，博學能文，尤以山水詩見功力。以上情況表明回族在形成之初即具有了高度的中原文化素質，同時也保留了西域文化的某些特點。在他們身上，體現著中西文化的融合。

文化小事典

基督教再次傳入中國

至元二十六年（西元一二八九年），教皇尼古拉四世派修士來華，基督教再次傳入中國。

成吉思汗統一蒙古諸部後，他和他的後繼者建立了一個橫跨歐亞大陸的帝國，歐洲各國君主因此十分驚慌。教皇英諾森四世派方濟各會教士，義大利人柏郎嘉賓訪問蒙古大汗駐地和林，勸蒙古人信仰天主教。元定宗貴由雖厚待來使，卻以「奉天承運」為由拒絕了教皇的要求。這是蒙古人與羅馬教廷最早的接觸。西元一二六〇年，威尼斯商人馬可．波羅沿伏爾加河進入中國，元世祖忽必烈召見了他。當時元朝處於鼎盛時期，世祖請馬可．波羅帶信給羅馬教皇，正式提出請教皇派通曉「七藝」（文法、論理、修辭、幾何、算學、音樂、天文）的百名傳教士來中國，表示對天主教的重視。

一二八九年，教皇尼古拉四世派義大利人、方濟各會修士約翰．孟高維諾航海來華，受到朝廷禮遇，元成宗鐵穆耳待他極為崇敬，並准許他公開傳教。孟高維諾是第一位進入中國的天主教傳教士。一二九八年，他在北京建立第一座教堂，一三〇五年建成第二座，一三一八年又建成第三座，據說這些教堂修得巍峨壯觀。另外他還招收一五〇名七、八歲男童，成立神職班，教授拉丁文和希臘文，並將《新約》譯成蒙文和維吾爾文。孟高維諾在華傳教近三十年，收信徒六千餘人，連元世祖的母親別吉太后都成了他的教徒。一三〇七年，教皇任命他為中國教區大主教，相繼派傳教士入華協助他傳教。在這些教士的努力下，至一三二八年，信徒已達三萬人，流傳於大江南北，尤以江南沿海一帶為盛。

元朝對基督教設專門的「崇福司」管理，蒙古統治者對基督教採取寬容態度，不僅准許傳教且發給新俸。但基督教地位始終在佛、道以下。

基督教在中國隨元帝國的覆亡而中輟。其消失原因有二：從內部來看，基督信徒多為蒙古人和西域人，基督教始終沒有跨出貴族圈，在廣大黎民之間扎根。從外部看，因為蒙古帝國橫跨歐亞，從歐洲陸路來華十分方便；元滅亡後，中亞交通阻塞，中西陸路交通中斷，明朝又實行海禁。基督教在內無土壤、外無活水的情況下很快枯竭消失了。

元代的基督徒和教士通稱為「也里可溫」，既指聶思托里派，也包括羅馬天主教派。圖為也里可溫教徽章二枚。

元代刻書事業興盛

元代統治者本是遊牧民族，文化教育相對落後，但他們在統一中國後，加強了各民族國家間教育諸方面的相互借鑑，使元代的文化教育事業得到了前所未有的發展。元代刻書事業的興盛便有力地證明了這一點。元代刻書事業的發展可從以下幾方面表現出來：

一是官府刻書與書院刻書。元滅宋後，設立興文署掌管刊刻經史書籍

事務。最早刊行的是《資治通鑑》，於西元一二七三年。至元二十七年（西元一二九〇年），興文署又刻胡三省的《音注資治通鑑》。由於得到官方資助，所以興文署的刻本品質高，流傳甚廣，對傳播文化起了重要作用。地方上，各儒學也刻了不少書。至元二十三年，世祖忽必烈詔曰：「江南學校舊有學田，復給之以養士。」所以各級儒學有一定的資財，其刻印之書，以九路儒學分刻的《漢書》、《後漢書》、《三國志》、《隋書》、《新唐書》、《北史》、《南史》最受人推崇。

二是承宋而興的坊刻書。坊刻書係指書商刻印之書。元代書坊刻書比宋代更爲興盛。爲迎合科舉需要而刊行的經典、正史，史書的節本、纂圖互注子書、字書以及爲應考科舉的模範文章選等，爲數不少。元代書坊分佈以福建建寧府爲中心，這裡是書坊聚集之所，又以建陽、建安兩縣尤爲著名，這裡承接了南宋的刻書業，僅建安一縣，就有崇化鎮余氏勤有堂、麻沙鎮劉氏南澗書堂及劉錦文日新堂、虞氏務本堂、葉日增和葉景逵的廣勤堂、鄭天澤宗文書堂等著名書坊，歷史悠久，甚至綿延到明代。坊刻本雖不及家刻本校勘精細，但其版式、字體均善，成爲清代藏書家珍視之寶。

三是精善的私宅刻書。元代的私宅刻書盛行，據《書林清話》記載有近四十餘家。元代私宅刻書或家塾刻書，既有經史子集之類，又有醫書，還有一些宋末不仕於元的文人，其撰述也多由私宅刊刻，流傳於世。私宅刻書分佈的地區，與宋、金刻書業中心有密切關係。金之刻書中心平陽府，入元後書風亦盛。福建的建安和建陽本是宋代的刻書中心，入元以

《大駕鹵簿圖》卷（局部），曾巽申繪。此圖工筆繪人物車騎，凡儀仗隊伍導領，依鹵簿陣勢，均右向排列，作前進狀。畫幅中有分段說明提記，記載兵官品制、名數並有考證。不同儀仗之近旁題榜標名。

來，這地區的坊刻和家刻都得到繼承和發揚。大部分私家刻書，數量不多，少者僅一二種，但精刻精校，品質很高，甚至超過了宋刻本。元初義興岳氏荊溪家塾刻《春秋經傳集解》，是保存至今的元代私家刻書中的代表。

元代刻書字體多用趙孟頫體。趙體流暢秀麗，士人競相臨寫，刻書字體也不例外。其次，元刻本中多簡體字，元政府將蒙古新字定爲通行國字，對漢字的書寫要求不嚴，刻書中使用簡體字較多。

印刷技術上也有很大改進。由於王禎成功創造了木活字印刷法，所以元代的印刷技術較宋代有了較大的改進，促進了刻書的發展。此外，元代印書在版式、裝訂和用紙上也有一些獨特之處。所有這一切，都顯示了元代刻書事業的興盛。

京杭大運河全線貫通

至元三十年（西元一二九三年），通州至北京的通惠河開通，至此，京杭大運河全線貫通。在此之前，杭州至鎮江的江南運河在春秋時已形成，隋代曾大規模整修，是爲南北大運河之南段。淮河以北，早期利

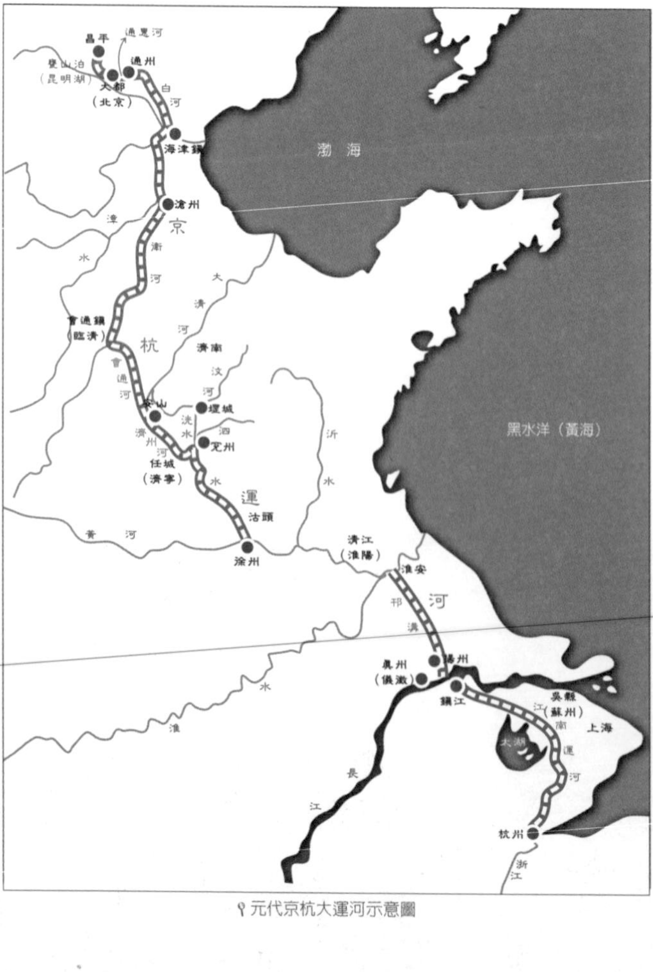

元代京杭大運河示意圖

用泗水通運；南宋時因黃河奪泗入淮入海，改爲徐州東南利用黃河河道行運，徐州向北至濟寧仍利用泗水作運道。元代至元十八年至二十年，首先開通了由濟州（今山東濟寧）到須城安民山（今山東東平西南）長達一五○多里的濟州河。至元二十六年，又開通由安民山至臨清的會通河。至元二十八年，在郭守敬的建議和主持下，引大都西北白浮泉等諸泉水，經大都西門匯於積水潭，然後再出文明門（今崇文門）至通州（今北京通縣）高麗莊入白河，全長一六四里，稱通惠河。這樣，從大都經通惠河至通州，再經白河至直沽，然後經御河至臨清，繼而經會通河、濟州河和舊運河連接，而不必再西入河南。開通後的京杭大運河和隋代大運河相比，縮短了六、七百里的路程。它以杭州爲起點，以北京的積水潭爲終點；全長超過一七九○公里，經北京、河北、天津、山東、江蘇、浙江六省市，把海河、黃河、淮河、長江和錢塘江五大水系聯繫成統一的水運網，成爲中國古代南北交通的主動脈。

北京、通縣間通惠河古河道遺跡。

黃道婆革新紡織技術

南宋時期，棉花才在中原及長江流域開始推廣並逐漸擴大種植，棉花加工業也隨之起步，但其技術較原始。胡三省注《資治通鑑》時說當時（西元一二五六年至一二八五年）工具爲鐵鋌碾子和竹小弓彈棉，棉花的用途也只停留在「捻織毛絲」和「棉裝衣服」的水準上。棉布在中原是珍貴之物，大約十三世紀末，棉花加工技術始在長江中下游地區迅速發展起來；而使這一技術迅速發展的重要人物，乃是黃道婆。

黃道婆是松江府烏泥涇（今上海舊城西南）人，年輕時曾流落到崖州（海南島南端），在那裡學到一些先進的紡織技術和棉花加工方法。元成帝元貞年間（西元一二九五年至一二九七年），黃道婆遇海船返回故鄉，將在崖州學到的技藝傳授給家鄉人民，由此在長江流域擴散，帶動這一地區棉紡織技術的突飛發展。

木棉攪車，去棉籽的工具。據王禎《農書》復原。

木棉紡車模型

長江下游地區最初沒有踏車、椎弓之類的紡織工具，都是用手除去棉籽，效率十分低下，黃道婆就將造捍、彈、紡、織等一整套工具的製作方法，及織布中使用的顏色搭配、綜線挈花等技藝，悉心傳授。用她的方法織成的被、褥、帶、帨等的各種紋樣圖案，如花草、鳥獸、棋局、字樣等，色彩鮮豔，就像畫上去的一般。她所製作的一種棉被，遠近聞名，被譽爲「烏泥涇被」。由此推知，她對印染技術，至少對染紗技術已相當熟練。

關於黃道婆所傳授的紡織工具，文獻無詳細記載。但據王禎《農書》所記載的一些資料推測，可能是木棉攪車、木棉彈弓和木棉捲筳三種。

木棉攪車是用於碾去棉籽的。

《農書》中有其圖樣，它由四根木頭作成框架，上面豎立兩個小柱子，大約一尺五寸長，上面用一方木固定，立柱上有一根軸連通，軸的頂端作成一個拐形，由兩個人轉動軸，一個餵進棉籽，如此棉籽就和棉花分離開來，十分便捷。

改良自宋代小竹弓的木棉彈弓，是將去籽後的皮棉彈開，以便紡紗，同時還可將混雜在棉花中的浮土、雜質去除，使棉花潔白勻淨。

木棉捲筵是用來將彈鬆後的棉花纖維均勻地捲成條狀，以便紗線能均勻連續地從棉花條中抽出，這種工具使用起來也十分靈便。

黃道婆的革新使棉紡織生產力大爲提高，反過來刺激了棉花種植業的發展，松江一度成爲全國的棉紡織業中心。此後，棉織品逐漸普及爲黎民百姓們的服裝材料。

《西廂記》完成

元成宗元貞、大德年間，雜劇作家王實甫完成《西廂記》。王實甫，大都人，名德信，爲元曲四大家之一。《西廂記》最早源自唐代元稹所寫的《鶯鶯傳》，不過給它影響最大的，是金代董解元的《西廂記諸宮調》。它和《董西廂》在情節上大致相同，但在各方面作了進一步加工和提升，使衝突更爲劇烈、人物性格更明朗、心理描寫更細緻、語言也更優美，《西廂記》於焉成爲中國古典戲曲中一顆璀璨奪目的明星。

《西廂記》描寫張生和崔鶯鶯私定終身，最後有情人成眷屬的故事。其重要成就之一是典型人物的塑造。張生、鶯鶯都出身貴族，又有著父死

《西廂記》成書略晚於《竇娥冤》。圖為《西廂記》的插圖。

上、下兩繪圖均為《西廂記》的插圖

家破的共同經歷和文藝素養。張生懷才不遇，湖海飄萍；鶯鶯閒愁萬種，無可傾訴。正是這些思想情感上的共同基礎，使他們一見傾心，情意纏綿，難分難解。但鶯鶯早已許配鄭恆，她要違背母命，撇開鄭恆，困難重重。在小心謹慎、處處提防老夫人嚴酷家法和小紅娘隨身的監視中，鶯鶯的性格表現爲聰明機警和深藏不露兩方面，這跟張生的憨厚、紅娘的心直口快，形成鮮明的對照。處在對立面的老夫人，是一個串貫全劇的人物，爲了嚴防鶯鶯有越軌行爲，她不僅不許鶯鶯潛出閨門，還要紅娘行監坐守，是個傳統權威家長的形象，王實甫在《寺警》、《賴婚》、《拷紅》幾場戲裡，一層層撕下她莊嚴華貴的面紗，揭示出她冷酷虛僞的眞面目。

《西廂記》是一部抒情詩劇，劇中三個正面人物的唱詞，各自帶有不同的感情色彩，張生的唱詞爽朗、熱烈；鶯鶯的唱詞則表現出大家閨秀聰慧而又深沉、優雅的風度；紅娘的唱詞潑辣、爽快，充分表現她勇敢而機智的性格特徵。王實甫在描摹環境、醞釀氣氛方面，是元人雜劇作者中的高手；像「梵王宮殿月輪高，碧琉璃瑞煙籠罩」、「風靜簾閑，透紗窗麝蘭香散」、「碧雲天，黃花地，西風緊，北雁南飛」等曲子，往往在劇情一開展的時候，就把讀者的心情帶到作品的情境中，予人無限美感。此外他更能嫺熟地運用前代文學作品裡許多為人傳誦的詩詞，來傳達主人公熱戀和優雅的心情。

《西廂記》完成後，在大都的舞台上演，並逐漸流行開來，其藝術生命力一直延續到現在。

王禎發明木活字

大德二年（西元一二九八年），王禎對印刷技術進行革新，發明了木活字，使活字印刷術得以推廣普及。

王禎，山東東平人，著有《農書》，是元朝傑出的農學家、機械設計製造家和印刷技術革新家。

北宋畢昇發明膠泥活字印刷術後，因成本高昂，直到元代尚未得到推廣。當時仍大多用著雕版印刷術，這種方法不但費工費時，且所刻雕版一旦印刷完畢大多廢棄無用。王禎在畢昇膠泥活字印刷的基礎上，進行木活字印刷的試驗研究，終於獲得成功；他試印自己纂修的《大德旌德縣志》成功，使之成為中國第一部木活字本方志。

另外，王禎發現木活字在揀字過程中，幾萬個木活字一字排開，人們穿梭往來很不方便，於是他就設計製造出轉輪排字盤，提升揀字效率的同時，也減輕了勞力負擔。

王禎不僅成功實現木活字印刷，而且還是詳盡地將整個工藝過程記述下來的第一人。他在所撰的《農書》中附錄〈造活字印書法〉，詳細介紹他所發明的寫韻刻字法、鎪字修字法、作盔嵌字法、造輪法、取字法、作盔安字刷印法等具體操作。在在反映出王禎構思之巧妙和元代木活字印刷的發展。

王禎發明的輪轉排字盤，直徑78公分，高36公分。

木活字發明，是印刷史上的重大突破。王禎之後，木活字印刷便推廣開來；尤其是轉輪排字法使用起來十分方便，大大提高了工作效率。這使木活字印刷在中國古代的盛行程度，僅次於雕版印刷。此外，王禎在〈造活字印書法〉中提到「近世又鑄錫作字」，可以得出，錫活字在王禎之前便已發明，只是元朝由於「難於使墨」而不能久行。這是世界上關於金屬活字的最早記載，在印刷史上具有重要意義。

印染工藝普及民間

宋代的印染工藝被嚴格地限制於官營手工業作坊中，政府禁止民間雕造印花版。到了元代，這種情況已大爲改觀，印染工藝已向民間普及且有明顯發展。

元朝政府非常重視染織工藝，設立了許多官營印染和織造作坊，並在政策上加以扶植，如主管織造和印染的官員品階相對較高，政府強令百工改業學織等。在這種情況下，印染工藝獲得了極大發展，尤其是媒染技術愈趨成熟，其所用染色法有染小紅、染棗褐、染明茶褐、染暗茶褐，染艾褐、用皂礬法、染搏褐、染青皂法、染白蒙絲布法、染鐵驪布染法、染皂巾紗法等，工藝手法齊備。顏色的種類十分豐富且分類細緻，全部顏色約四十餘種。而值得注意的是，其中褐色就占一半左右，約分二十種，這種情形在元代陶宗儀所著《輟耕錄‧彩畫法》中詳列出名目。

褐色是低明度高含灰量的混濁色，色彩純度很低，色味的傾向較難分辨，但其性溫和，現代色彩學上稱其爲「高級灰」。元代民間能將各種色味傾向的褐色作出如此細緻的分類，反映出當時人們對生活色彩方面的認識達到了極高水準。究其原因，

棕色羅刺繡花鳥紋夾衫，襯裡為米黃色絹。

主要是出於鞏固統治，官方對人民的服飾色彩加以種種嚴格的限制，平民、奴婢、從商者只允許穿黑白及褐色服裝，甚至下層官吏的規定服色也爲某些褐色，以標示其官階品位。同時，宋代崇尚素雅的習慣也被當時人們所繼承，對色彩的追求導致褐色服飾需求量的增加。

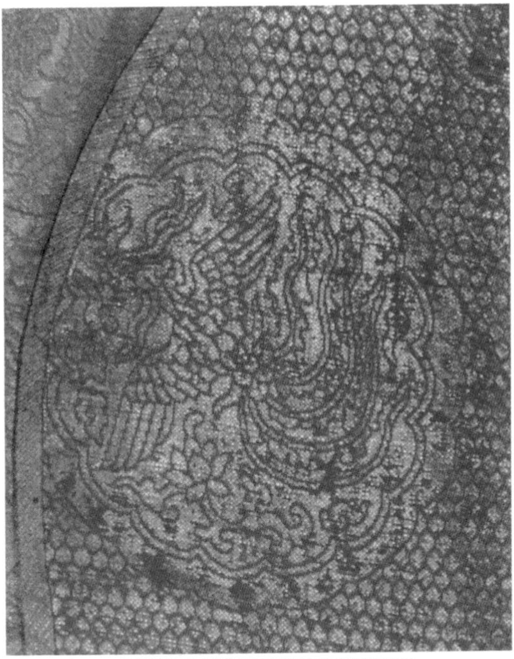

原團龍鳳龜子紋納石失佛衣披肩局部花紋

元代商品經濟的發達，使人們逐漸浮現出價值觀，遍佈全國城鄉的染織作坊，雖在生產條件上遠遜於官營作坊，還必須承受官府對其剝削，但民間印染工藝卻不斷地向前發展並在工藝水準上獲得較大進步。這方面說明技術進步是社會發展到一定階段無法阻擋的趨勢。

元雜劇興起

元代雜劇是在前代戲曲藝術宋雜劇和金院本的基礎上發展起來的一種戲劇，最初出現約在金末元初。雜劇體制的完備、成熟並開始興盛起來，是在蒙古上朝稱元以後。到了成宗元貞、大德年間，雜劇的創作和演出進入鼎盛時期。

雜劇最初流行於北方，以大都爲中心，遍佈河南、河北。受方言的影響，它有不同的聲腔流派。魏良輔《南詞引正》說雜劇聲腔中有中州調、冀州調和小冀州調。這種北方聲腔的劇種，很快流行於全國。元代前期城鎮經濟的相對繁榮，爲元雜劇的興盛提供了物質條件和群眾基礎。鐘嗣成《錄鬼簿》記錄的元雜劇前期作家和夏庭芝《青樓集》記錄的元雜劇演員，大部分集中在大都等城市。

元代文人社會地位低下，促使大批文人投身於雜劇創作，這對元雜劇的興盛產生了關鍵性的作用。在金元之際戰亂中，文人淪爲奴隸的極多，且元代實行民族階級制，漢族地位低落。蒙古滅金以後，廢除科舉，在將近八十年間斷絕了文人從科舉進升之路，他們有的躋身小吏，有的歸隱田園，有的流落民間。

文人社會地位的低下，使一大批文人以雜劇創作謀生，壯大了雜劇創作隊伍，提升了雜劇創作的素質，他們對雜劇的愛好也造就了廣泛的社會影響。同時，社會地位的低下也促使文人作家更深切地感受到人民群眾的思想感情和生活願望，更廣泛地接觸和瞭解社會。成書於文宗至順元年的《錄鬼簿》中記載的元代後期劇作家

雜劇浮雕

雜劇演出圖（壁畫）。其中身穿紅袍、雙手執笏板的可能就是忠都秀（主要演員的藝名）。

大多活動於南方，說明雜劇最後發展成了全國性的劇種。雜劇開始南移當是在南宋王朝滅亡、元上朝統一全國以後。元世祖至元二十七、八年，即宋亡後的十一年左右，當時在江南溧陽作官的元淮就有詩詠及馬致元《漢宮秋》和白樸《梧桐雨》等劇本，這時距元貞元年只有四十五年，而到元貞、大德年間，雜劇已是「舉世行」，關漢卿、白樸等人的作品也已是天下流行了。

元雜劇在結構體制上一般是一本四折演一完整的故事，只有個別的是一本五六折。每一折大都包括若干場次。有的雜劇還有「楔子」，篇幅短小，一般放在劇前，雜劇劇本包括唱詞與賓白兩大部分，唱詞是劇本的主體。賓白大致可分為兩類，一是有韻的詩白，一是無韻的散白。此外，劇本還規定了主要動作、表情和舞台效果，叫做科範，簡稱為「科」。在音樂體制上，雜劇每折限用同一宮調的曲牌組成的一套曲子。演出時一本四折都由正末或正旦獨唱，其他角色只有說白，分別稱為「末本」或「旦本」。

雜劇角色一般分為四大類：一是旦，即扮演婦女的角色，女主角叫正旦，其餘為外旦、老旦，小旦、貼旦、花旦等；二是末，即扮演男子的角色，男主角叫正末，其餘如外末、付末、衝末、小末等；三是淨，即扮演反面人物或滑稽人物的角色，有副淨、淨、丑等；四是雜，指以上三類之外的登場角色。

元代雜劇所反映的社會生活，較之以往的文學廣泛和深入，尤其突出的是一些社會地位低下的普通百姓普遍地被寫入作品，乃至成為主要的正面人物形象，擴充了宋代話本在這方面開拓的新領域。

雜劇。畫面中五個演員並列一排，形象各異，兩側各有伴奏二人，展示了早期元雜劇演出的情況和生旦淨末丑等各種角色。

文化小事典

玉京書會形成

玉京書會是元雜劇作家在大都建立的一個創作組織。

當時，大都是元雜劇創作和演出的中心，北方雜劇作家全集中在大都，為書會的建立奠定了堅實的基礎。關漢卿、楊顯之、白樸、岳伯川等人都是玉京書會的成員，其中以關漢卿最有名，被公認為書會的領袖。

玉京書會裡的作家稱為「才人」。才人編寫劇本大多是為生活所迫，因此他們的創作透過勾欄、瓦舍的藝人演唱，反映了下層百姓的願望。同時，才人與藝人之間亦建立起相應的友誼關係。他們之間互相合作編寫劇本，成為書會的創作特點之一。

書會的另一項創作特點就是才人們之間互相競賽，如關漢卿被稱為「捻雜劇班頭」，馬致遠被稱為「戰文場曲狀元」，都是由他們競賽而得來的。

玉京書會創作的鼎盛時期是元成宗元貞、大德年間。玉京書會的形成促進了元雜劇的發展。

元醫療機構回漢並存

元代的醫藥學除中醫藥學外，還有蒙醫藥學和回回醫藥學。與此相應，元醫療機構除沿襲前代有關中藥的醫事組織外，特置關於回回醫藥的廣惠司和回回藥物院，呈現出回、漢醫事機構並存的局面。

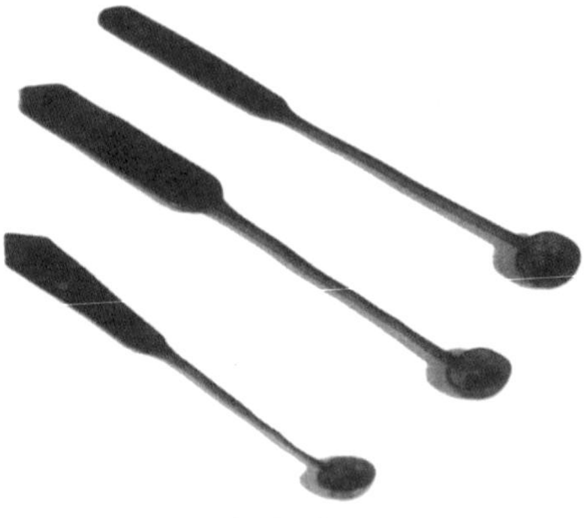

用以取藥散的蒙醫銅藥匙

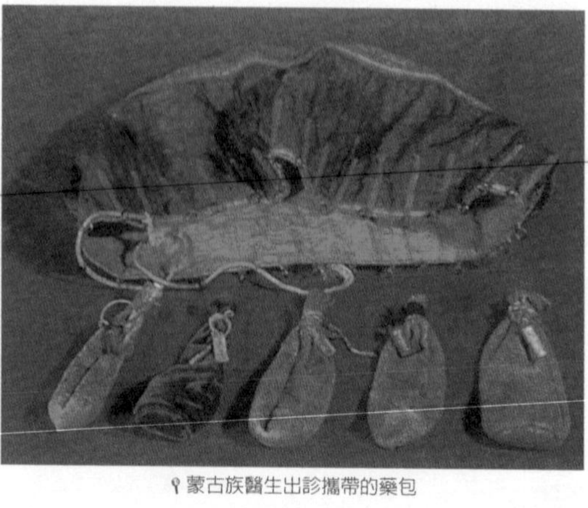

蒙古族醫生出診攜帶的藥包

元代沿襲金制設太醫院，負責全國醫藥行政管理，醫學教育和醫療機關的工作。至元六年（西元一二六九年）設御藥院，掌管接受各路鄉貢和各國貿易或進獻的珍貴藥品，及醫藥的炮製和儲存，爲宮廷或王室家族提供醫藥服務。至元十年，政府又在大都及多倫設立御藥局，管理兩都行篋藥物。至元二十五年還設置了官醫提舉司，負責醫戶的差役、詞訟等事務，並在河南、江浙、江西、湖廣及陝西五行省設司，作爲官醫提舉司的地方分支機構。大德九年（西元一三〇五年），在御藥院的基礎上，分設行御藥局，專門管理上都藥倉事務。

在典醫監下，元政府還設廣濟提舉司，主管修製藥物以施濟貧民；在各地府、州、縣普設惠民局，擔任平民的醫療工作。十三世紀中葉，隨著蒙古軍隊西征的勝利，中東一帶相繼爲蒙古佔領。中西交通的暢通，使不少阿拉伯醫生相繼來華行醫施藥，回回醫藥學也逐漸流行開來。爲了迎合這種社會需要，元世祖於至元七年在太醫院建立以阿拉伯醫生爲主的官方醫療組織——廣惠司，爲皇室及在京的回回人調製回回藥物及提供回回醫療。至元二十九年，元政府在大都和上都又各設一座回回藥物院，歸廣惠司管轄。在中國古代醫事機構設置史上，專門爲中醫以外的醫學建立組織，這是僅有的一次。

元朝官方醫療機構擁有當時精通醫術的各族醫生。太醫院的蒙古族醫生忽思慧著有《飲膳正要》，是中國現存最早的古代營養學專著。太醫院的漢族醫生許國楨，著有《御藥院方》，是一部珍貴的元代方書。此外，廣惠司拂林（今敘利亞西部）人愛薛，長期在中國醫政機構中擔任要職，爲回回醫藥在中國的傳播作出了卓越貢獻。

青花技術的興起

青花是用氧化鈷作顏料，在陶胎上描繪紋樣，然後上透明釉，白地藍花，屬釉下彩繪。元代青花技術的興起，是中國陶瓷史上的一大註記。

出土文物顯示，中國人民對鈷料還原爲藍色的彩釉技術早有認識，戰國墓出土的陶胎琉璃珠上已有一些藍彩。據此推測，這時的陶器可能已使用了鈷料著色劑。龍泉縣金沙塔塔基出土的宋青花器「青花十釉」，從氧化物的含量分析，很可能採用的是國產鈷土礦而著色的。雲南玉溪元代青花器所用色料的氧化物含量與當地鈷土礦的原礦十分接近，以此作著色劑的可能性也很大。

同時，西亞地區盛產鈷料，早在九世紀這些地區就燒製出簡陋粗糙的青花，無疑也對中國青花技術的興起和成熟產生了一定影響，尤其是元西征俘獲的大批回族工匠被編入官營手工業作坊，成爲主力，也是元朝青花技術興起並成熟的一大因素。元代景德鎮官窯使用的青化料MnO含量較低、含鐵量較高，還有一定量的砷，與中國出產的鈷料明顯不同，因此很可能是從西亞引進的。

中國青花技術的發展，從唐代三彩技術的運用以及對西亞伊斯蘭地區青花技術的學習並加以改造，到元代中葉，這一技術成熟了。資料顯示，中國的青花瓷並非單一的鈷離子著色，而是一種含有鐵、錳等著色元素的天然鈷土礦或其他鈷料著色劑。鈷、鐵、錳的含量及其相互間的比例，和著色氧化物Al_2O_3含量的多少，燒製的溫度和空氣等，都直接影響著青花的色澤。青花層的厚度通常只有十公釐左右，很難剝離，其成分也難於單獨分析，然而透過對景德鎮的元代青花成分比例關係的分析，比較一致的看法是，其爲一種低錳高鐵的著色鈷料，從西亞進口的可能性很大。這種鈷料繪製而成的青花色澤較濃豔，釉面上多帶有黑色斑點，「至正型」一類的大型青花器，就是用這種鈷料著色的。相反，用國產料著色的青花多無黑色斑疵，飾紋草率簡單，器型較小，菲律賓出土的小件元代青龍器就屬這類作品。

元代的青花瓷器物品種多樣，有盤、瓶、香爐、執壺、罐、碗、杯等，其中以大盤較多。紋飾多取材於元代服飾，常見的有菊花、蓮花、牡丹、竹、芭蕉、鴨、鴛鴦、鹿、麒麟等，突出特點爲胎體厚重，裝飾圖案繁複，紋飾層次多，如折沿大盤，盤沿多繪海水或斜方格，或捲枝、纏枝花紋；盤裡繪纏枝或折枝花卉；盤心畫蓮池鴛鴦或魚藻、鳳凰、花卉、鷺鷥、麒麟、海水雲龍紋等。

由於青花料的著色力強，呈色比較穩定，色彩鮮豔明麗，對窯內空氣不很敏感，燒成範圍較寬，又是釉下彩，紋飾永不褪色，白地藍花，明淨素雅，因而深受國內外人士青睞。它一出現，就獲得了世界聲譽，很快發展成外銷品和國際市場上的搶手貨，還回銷到青花的原產地西亞地區。中國青花幾乎成爲中國陶瓷的代名詞，影響十分深遠。

元代青花技術的興起以及由此影響而產生的釉裡紅、銅紅釉、鈷錳釉、卵白釉等彩釉技術的成熟，說明中國工匠對呈色釉劑掌握已達到相當熟練的程度，奠定了景德鎮造瓷工藝在世界陶瓷史上的地位，爲瓷器工藝美術寫下了燦爛而輝煌的篇章。

《飲膳正要》倡營養學和飲食衛生

元至順元年（西元一三三〇年），蒙古族著名醫學家忽思慧總結

《飲膳正要》中的食療圖

多年宮廷飲膳經驗，撰成《飲膳正要》一書。

該書共三卷，記錄了多種元代宮廷膳食，食品來源包括漢、蒙、突厥、阿拉伯、波斯等地。卷一首先概述了養生避忌、妊娠食忌、飲酒避忌等，介紹了「聚診異饌」九十四首膳食方，其中很多食方都是選用珍貴食物製作的湯、粉、麵、羹、粥等，據稱有補益強壯作用。卷二為諸般湯煎、諸水、神仙服食方、四時所宜、食療諸病、服藥食忌、食物中毒、禽獸變異等，其中「諸般湯煎」收錄用荔枝、櫻桃、石榴、五味、山藥等水果和草藥調製的飲料方五十六首，這種配製飲料的方法是元代風行南北的藥用形式；在「食療諸病」項下，收載食療方六十一首，每方詳述調製方法及主治諸病。卷三分米穀、獸、禽、魚、果、菜、料物諸品，共二百三十多種食物，介紹了諸物的性味、良毒、功效主治、宜忌，並附圖一百六十八幅。所載物品多為北方所產。

《飲膳正要》從飲食營養和飲食療病的角度，論述了食物的性質和營養價值、烹飪技術、飲食衛生和飲食治療以及患病期間的飲食制度等內容，幾乎涉及到現代營養衛生學的各主要方面；並主張防病、治病首先要注重飲食衛生和飲食習慣。書中首先提出「食物中毒」一詞並專篇論述，為研究中國古代營養學及蒙古族飲食衛生習慣提供了豐富的史料。《飲膳正要》是中國現存最早的古代營養學專著，所載食方和藥方至今仍有頗高的參考價值。

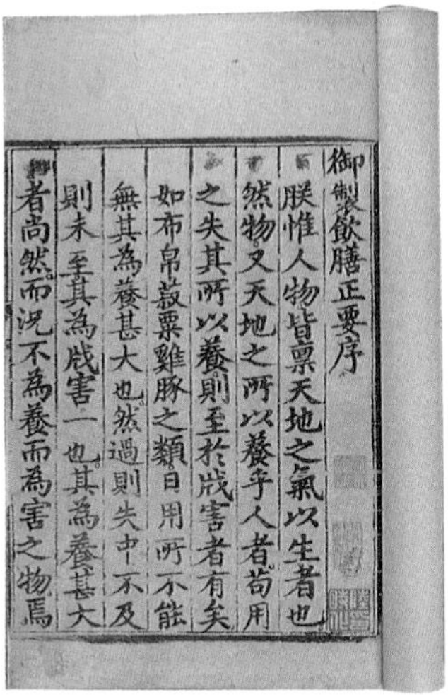
御製飲膳正要序
朕惟人物皆禀天地之氣以生者也然物又天地之所以養乎人者苟用之失其所以養則至於戕害者有矣如布帛菽粟雞豚之類日用所不能無其為養甚大也然過則失中不及則未至其為戕害一也其為養甚大者尚然而況不為養而為害之物焉

《飲膳正要》書影

危亦林創用懸吊復位法

危亦林（西元一二七七～一三四七年），字達齋，南豐（今屬江西省）人，元代骨傷科醫家。其曾祖雲山曾遊學東京，覽得漢代名醫董奉二十五世醫方，遂精通大方脈，傳至危亦林時共五世，技術更加精湛。危亦林幼承家學習醫，臨床經驗十分豐富，曾任南豐州醫學教授。爲總結世家醫術經驗，他從至順元年（西元一三三〇年）開始辛勤寫作，至至元三年著成《世醫得效方》十九卷。

該書的主要內容是總結危氏五世家傳經驗，收集名醫藥方。在論及骨傷科時，危亦林十分重視使用麻醉藥物，並在前代醫家應用川烏、草烏等作全身麻醉藥的基礎上，提倡追加使用曼陀羅花的全身麻醉法；麻藥用量按病人年齡、體質和出血情況而定，再按照病人麻醉程度逐漸增加或減少，以提高麻醉效果和準確性。他對四肢骨折、關節脫臼、跌打損傷等方面詳細論述，並有許多創新和發展，使骨折和關節脫臼的處理原則和方法更臻完善。他在《世醫得效方》中，指出「凡銼脊骨不可用手整頓，須用軟繩從腳吊起，墜下身直，其骨使其歸窠，未直則未歸窠，須要墜下，待其骨直歸窠」，完全符合了「俯臥拽伸」的治療原則。

危亦林像

爲了加強脊柱骨折的治療效果，他在強調「莫令屈」治療原則的同時，提出以桑白皮和杉木板並用的方法，在當時是很有見地的。直至一九二七年，Dauis才開始採用與《世醫得效方》相同的懸吊復位法，時隔五百八十多年。危亦林還把踝關節骨折脫傷分爲內翻和外翻兩種，提出按不同類型施用不同的復位手法。

危亦林是懸吊法治療壓縮性脊柱骨折的創始人，他所著《世醫得效方》繼承了唐代藺道人等的傷科經驗，有系統地整理了元代以前的傷科成就，對傷科學上貢獻良多，特別是懸吊復位法對元代以後骨傷科的進步和發展助益良多，同時也促進了中國傳統醫學及中外醫學之間的相互交流。

人物小事典

汪大淵遊歷南洋

元代，海外貿易十分繁盛，海上交通隨之發展起來，官府也在一些繁榮的港口設立市舶司來管理對外貿易，並編撰一些有關這些港口的地方誌，由具有豐富經驗的航海家來執筆。汪大淵撰寫的《島夷志略》便是其中一例。

汪大淵（約西元一三一一～一三五〇年），字煥章，江西南昌人，是當時有名的海上航行家，曾兩次由泉州出發隨商船出海，第一次是在元順帝至順元年（西元一三三〇年），踏足印度洋地區，歷時五年；第二次是在至元三年（西元一三三七年），遊歷南洋地區，歷時三年。後官府決定修訂《清源續志》（清源即泉州），汪大淵由於兩度由泉州出海，故受邀撰寫《島夷志略》一章。

《島夷志略》是部內容豐富、通曉國際事務的手冊，也是第一本環航亞非大陸及其周圍島嶼的華人紀錄。全文共計一百個條目，含括國家、地區達二二〇多個，遍及東南亞、南亞及西南亞地區，以各國和地區為區分，分別敘述各地的地理、氣候、風土、人情等，十分詳盡。書中已有許多具開拓性的條款，如對於澎湖的敘述，明確指出地處「泉州晉江縣」，距離大陸「自泉州順風二晝夜可至」，各小島分佈「三十有六，巨細相間，坡隴相望」，氣候「常暖」，風俗「樸野」。特別有一條「至元年間立巡檢司」，是現今發現有關在澎湖設巡檢司的最早記載，富有高度的歷史價值。

《島夷志略》不但涉及地理範圍廣泛，最主要的還是全書絕大部分內容都是作者親身經歷遊覽過的，除最後一條「異聞類聚」是由傳聞而來外，其餘九十九條都是「皆身所遊覽，耳目所親見」，故此書的文獻價值可想而知，是航海家的重要參考資料。

汪大淵在他出國周遊的過程中，接觸了印度教文化、伊斯蘭教文化，還有歐洲的基督教文化，而中國文化透過絲瓷的行銷和許多生活用品、新發明的輸送，已由南亞印度洋遠達地中海地區，為十六世紀中國和歐洲文化的交流起了推波助瀾的作用。《島夷志略》對中國絲瓷文化對世界的影響作了精細的考察，也為世上具深遠魅力的文化留下了珍貴紀錄。

元代壁畫大量出現

元代的壁畫創作達到了前所未有的高峰期，壁畫作品大量湧現，主要有宗教壁畫、墓室壁畫和宮室宅第壁畫幾種。其中水準最高、數量最多的是宗教壁畫。

元代統治者對各種宗教均採用包容的政策，利用宗教來維護其政權，熱中於修功德、作佛事、建寺宇，其中全真道教和佛教佔主要地位，道觀佛寺的興建藻繪非常隆盛。在佛、道相互影響滲透的情況下，寺觀壁畫更加豐富多彩。

山西省保存下來的寺觀壁畫爲全國之冠。這裡的壁畫數量龐大，題材豐富，藝術水準極高。其中成就最高的是山西芮城的全真教永樂宮壁畫，這裡的壁畫和山西稷山興化寺的《七佛圖》一樣，均爲山西民間畫家朱好古、張伯淵、張遵禮、田德新、李弘宜、王士彥和洛陽畫家馬君祥、馬七等所繪。其中三清殿的壁畫《朝元圖》有完整的構思和統一的設計，圖中人物眾多而不雷同，性格特徵鮮明生動，線條剛健而婉轉，流暢而含蓄，整個畫面構圖嚴謹而富於變化，可謂中國寺觀壁畫的精華。純陽殿和重陽殿壁畫也各具神采。此外，山西稷山青龍寺、興化寺和山西洪洞縣的廣勝寺、水神廟壁畫也很有成就。

元時除民間畫家創作壁畫外，文人士大夫畫家有時興之所至，也為寺廟創作一些非宗教內容的壁畫作品，如趙孟頫、管道升夫婦在歸安天聖寺作壁畫山水、竹石，時稱「二絕」，以及王冕曾在山陰蜀阜寺作壁畫梅等。

此外，敦煌莫高窟和榆林窟也保存了部分佛教壁畫。莫高窟第三窟中繪製著精美的密宗壁畫，主要作品是繪於南、北二壁的千手千眼觀音，手的姿態變化萬千，衣紋瀟灑活潑，是壁畫中的精品。

山西稷山興化寺七佛圖《供養菩薩》

山西廣勝寺水神妙明應王殿壁畫《園林梳妝》。線條蒼勁有力，畫面富麗澤厚、深沉古樸。

《朝元圖》——木公與金母諸像。畫面形象神情各異，金童活潑、玉女俏麗、文官溫順、武將勇猛，各像之間相互呼應。

除宗教壁畫外，在山西、內蒙、遼寧等地還發現了大量的元代墓室壁畫，表現了蒙古族特有的生活內容，壁畫山水有五代、北宋遺意。其中水準最高、最有代表性的是大同市馮道眞墓壁畫。馮道眞墓建於至元二年（西元一二六五年），墓主爲全眞教道宮、龍翔萬壽宮的宗主，社會地位高。墓室壁畫應用水墨畫技法表現出一個超凡脫塵的修行環境，仙氣濃郁，繪畫技法相當嫻熟。一九九一年在內蒙古烏蘭察布盟涼城縣發現一座元代蒙古貴族壁畫墓室北壁繪有表現墓主人家居環境的《燕居圖》，生動反映出蒙古貴族的生活習俗和漢族文化習俗對蒙古族的影響。元代在宮殿、衙署、宅第繪製壁畫的風氣也很盛行，唐棣就曾在嘉熙殿創作壁畫。

元代壁畫對當時及後代的美術創作都有深遠的影響。

果木栽培技術發展

金元時代，在農業技術全面發展的同時，果木栽培技術也有長足的進步。

關於截果樹主根法，宋代《桔錄》已有記載，元代《農桑衣食撮要·騙諸色果木樹》對此留下了更爲詳細的闡述，說樹芽還沒生發的時候，就在根旁邊挖開土，必須挖得既寬又深，找出主根並把它截斷，保護周圍的亂根，用土小心地覆蓋好，捶打結實，這樣，果樹就會結出肥大的果實。這是一種透過促使根系四散，以便吸收更多營養的果樹培植方法。

《桔錄》中已有關於果樹整枝方法的記錄，指出剪除不能開花結果的繁盛枝葉，使其通風透光以長出新枝，說明宋代對整枝之用已有明確的認識。《農桑衣食撮要．修諸色果木樹》進一步指出：削去低矮小亂的枝條，不讓其分散營養，結出的果實自然肥大，可見其認識的科學性。

由於元代對蠶桑業極為重視，人們對桑樹種植展開了深入的研究，桑樹嫁接技術獲得了飛速發展。《農桑輯要》和王禎的《農書》對此作了總結，成為現存古代農書中對此方面最完整的技術資料。

中國現存最完整的階梯式漏壺，鑄造於元延祐三年（西元一三一六年）。全套共四壺，各壺大小不一，容量由上而下逐個縮小，分為日壺、月壺、星壺、受水壺。日壺外側鑄有元延祐銘文。

《農桑輯要》記述的桑樹嫁接法有「插接」、「劈接」、「靨接」、「搭接」四種；王禎的《農書》中則有六種，包括「身接」、「根接」、「皮接」、「枝接」、「靨接」、「搭接」。其實兩者在內容上基本相同，「身接」與「根接」、「枝接」與「皮接」嫁接部位不同而實際方法是一致的，但這種認識顯得更為細緻。此外，王禎對樹木的雜交優勢已有明確的認識，還對嫁接成活的生理機制和改良品質方面的作用作了合乎科學的分析。他認為嫁接以後，兩種樹的氣相融合，壞的品質可以被好的取代；這種分析使人們更加理解到嫁接的實用目的，具有不小影響力。

至明代，果樹嫁接更出現了匕首接和寄接兩種全新的技術。用現代術語說，匕首接就是根接，寄接就是靠接。匕首接將不同種類的樹嫁接起來，達到雜交的優勢；而寄接則為嫁接那些不易成活的植物提供比較可靠的無性繁殖措施。因此，現代所用的嫁接技術除了丁字形芽接發軔於近代以外，在明代都已具備。

訴訟制度成熟

元代以前的中國古代法典，從未曾將「訴訟法」作為一個獨立的法律門類，單獨成篇。北齊時，《鬥訟律》才眞正涉及訴訟法，但也僅是《鬥律》的附件。隋唐法典襲用北齊「鬥訟」之名，情況並無改變，雖有許多條目涉及訴訟法，但訴訟仍不佔突出地位。

到了元代，據《大元通制》、《元典章》、《經世大典・憲典》及《元史・刑法志》看，《訴訟》已在元代法律體系中獨立成篇，元代訴訟制度已趨成熟，主要體現在以下方面：

元代法律規定，告狀人必須在抬頭註明姓名，署明寫狀年、月、日，寫明所告事由，確立了書寫訴狀的格式，使法律文書格式化。據日本元祿十二年（西元一六九九年）翻刻的元泰定二年（西元一三二五年）本《事林廣記》載，「寫狀法式」有十七種；又有《事林廣記》至順刻本別集《公理類》載「告狀新式」十四種。

其次，民事訴訟與刑事訴訟出現分離趨勢，如對民事訴訟的當事人一般不許羈押，一般婚姻、家財、田宅、債負案件，聽任社長調解處理。同時又規定在不妨農時的月份，由正官受理民事案件，而由各級推官專治刑獄。

再次，代訟在元代也開始制度化。元代法律規定：「凡陳詞年七十歲以上、十五歲以下，篤廢疾，法度不合加刑，令以次少壯人丁代訴。」也就是說老、少、殘疾人可請他人代訴。此外，閒居官若與百姓發生婚姻、田宅、債負之類民事糾紛，可令子孫、弟侄或家人代訴。

最後，爲調整不同民族、身分、戶籍及僧侶之間的刑名詞訟，元政府制定了由不同當事人的直屬上司會同地方官共同審理案件的「約會」制度。

元代訴訟制度的程序化與規範化，結束了中國法律文明發展史上只有實體法而無獨立程序法的時代。

趙孟頫繪畫主張有古意

趙孟頫是元代畫壇的領袖人物，是元代文人畫的主要奠基人。趙孟頫認爲作畫貴有古意，這是他審美思想的核心。他提出了崇尚唐人的藝術思想，實際上否定了宋代院體刻意求形的寫實畫風。藉崇古以創新，強調畫人物要描繪出其性情爲佳，他畫山水亦重師法造化。趙孟頫還將書法與繪畫用筆結合起來，揭示了書畫的內在聯繫。趙孟頫身體力行，擅長山水、花鳥、人物、鞍馬和竹石墨戲，工筆、寫意、設色、水墨無一不精，對元代文人畫的興盛在理論、技法、風格上都有開風氣之先的地位。

趙孟頫（西元一二五四～一三二二年），字子昂，號松雪，又號「水精宮道人」，吳興人。他出身宋朝宗室，早年以父蔭補官，任眞州司戶參軍。元代被薦引入都，深受元世祖和元仁宗的寵遇，尤其是仁宗十分敬重他的才華，將他比作李白和蘇軾。他博學多才，工古文詩詞，通音律、精鑑賞，著有〈尚書注〉、〈琴原〉、〈樂原〉各一篇，詩文著作有《松雪齋文集》傳世。

趙孟頫的《紅衣羅漢圖》卷。此圖重設色畫嘉樹下綠石坡上一梵僧，著朱紅袈裟，盤膝側坐，左掌平伸作示人狀。面部渲染不用平塗，神態生動，風格渾穆。作者自云乃用唐人盧楞伽之法為天竺僧寫真。

趙孟頫的繪畫淵源，主要取自晉、唐和北宋。工筆重彩的人物鞍馬畫，多保持唐人風範，法度嚴謹，風格古樸；白描水墨取法李公麟，山水畫出自董源、巨然和李誠、郭熙兩大體系。但他能脫去精勾密皴之習，參以唐人高古之趣，自創新格。他尤其善於把書法用筆融入繪畫之中，創用枯筆淡墨、淺絳設色的方法，格調疏淡雋逸。在花鳥畫方面，趙孟頫融合徐熙、黃筌二體，兼工帶寫，不事工巧，而以清疏淡雅取勝；他的蘭竹畫繼承蘇軾、文同、趙孟堅的傳統，採用飛白書法寫竹石，進一步豐富了文人墨戲畫的表現技法。

趙孟頫傳世畫跡呈現兩種畫風：工整和疏放。工整者渾穆精麗有唐人風韻，如《浴馬圖》，畫唐代圉夫洗浴皇家良駟，人馬用游絲描，刻劃得十分細膩生動，坡石、古木筆法沉厚，設色以突顯人馬爲主，間用青綠，敷彩清麗華美。筆墨疏放秀逸者有《鵲華秋色圖》，畫的是濟南郊外的鵲山和華不注山，整幅作品具有寧靜閒適的抒情基調，多用乾筆皴擦。這種乾筆畫風在他的《水村圖》卷裡更爲純熟。另外，還有寫實的畫跡如《紅衣羅漢圖》、《秋郊飲馬圖》、《人騎圖》和《奚官調馬圖》等。他的竹石畫如《秀石疏林圖》和《怪石晴竹圖》等，皆以縱逸之筆抒寫，其清俊的繪畫風格大大吸引了後世文人畫家的追崇和效仿。

趙孟頫一家皆長於書畫，名於一時。趙孟頫溝通了南北畫風，從崇尚唐人爲創作宗旨，在山水人物和花鳥畫中樹立了清新雅致的藝術格調，開創了元代文人畫的新面貌，在他的影響下，朝中和江南湧現出一批畫風各異的文人畫家。

奴隸大量增長

蒙古勢力入主中原以後，由於蒙古奴隸制廣泛存在所造成的影響，元代階級關係出現了一些新的變化，奴隸的大量增加即爲其中一種。

元代將奴婢通稱爲「驅口」。驅口的主要來源之一是戰爭俘虜。蒙金戰爭和元宋戰爭使蒙古貴族得到了大量的驅口。戰爭之外，蒙古貴族也常常將平民拘掠爲驅口。

元代高利貸盛行，諸王貴族及官僚地主、富賈臣商常趁水旱災荒之機，對農民進行高利貸盤剝，本利相

廣勝寺明應王殿壁畫《後宮奉食》。畫面人物神情皆備，髮髻、衣飾仍沿襲宋代風格。

滾，子母轉息，旬月加倍，稱爲「羊羔兒息」。許多農民無力還債，其子女或自身便淪爲驅口。此外，農民或其他勞動者因生活所迫，將子女或自身賣爲驅口也很普遍，災荒之年更是如此。甚至一些貧困的蒙古人也被轉賣爲奴。犯有謀反等罪的家屬，同樣要籍沒爲奴。元代法律還規定：奴婢所生子女，世代爲奴，只有交納大量錢鈔或實物，經主人許可並出具從良文書，再經鄉胥里長認定署名，驅口才可脫離奴籍。由於元代法律規定，驅口可視同主人財物，經過一定手續即可轉賣。元代驅口買賣之風盛行。在大都、上都均有人市，只需經官府檢查給據，就可買賣交易。不僅如此，還出現了一些專門進行人口貿易的人販子。

相對於兩宋以來租佃關係中人身依附關係的逐漸鬆動，驅口的廣泛存在無疑是一種倒退。

新樂器出現

元代的樂器除繼承宋代、金代已有的種類外，又出現了一些新的樂器，著名的有火不思、七十二弦琵琶、興隆笙和漁鼓、簡子等。

火不思是一種彈撥樂器，「製如琵琶，直頸，無品，有小槽，圓腹如半瓶絣，以皮爲面，四弦皮樎，同一孤柱」。據傳在漢代就已傳入中原，但它的流行是從元代開始的。

火不思的來源傳說是王昭君的琵琶壞了，派人重造，造出的形狀很小，王昭君笑著說：「渾不似。」後訛傳爲「胡潑四」，即「火不思」。實際上這個名稱是來源於突厥語的音譯。元代也有人記述它是從回回國（今中亞鹹海之南一帶）傳入的，這種樂器至今仍在甘肅、內蒙古，雲南麗江流傳。

七十二弦琵琶也是彈撥樂器，元朝時原在南亞西北部和西亞北部一帶流行，於成吉思汗之孫旭烈兀建立伊兒汗國前西征時傳入中國。七十二弦琵琶是元代根據其弦數擬定的漢文名稱，與現在新疆維吾爾族樂器卡龍的形制很相似。

元代道觀永樂宮壁畫《樂隊演奏》

興隆笙是西方風壓管風琴傳入中國後，經改製重新命名的一種樂器。相傳是中統年間（西元一二六〇年至一二六四年）回回國進奉的一件樂器，後由樂官鄭秀改製成興隆笙，並分定了清濁音律。它用楠木製成，外形好像雙層屏風；主體如櫃，發揮笙匏的作用，上豎著九十個紫竹管，櫃外伸出有十五個小橛，小橛上又豎小管，有簧可鳴；櫃前有兩個皮風口，繫有風囊。由三個樂工演奏，一個鼓風囊，一個按律管以鳴簧，一個開動機關，使木製孔雀應和節奏飛舞。興隆笙當時是發揮導樂作用的重要樂器，主要在宮廷宴樂上使用。

漁鼓和簡子是兩種常常合併使用的擊節樂器，在樂隊中由八名婦女演奏。明人王圻輯的《三才圖會》中描繪漁鼓、簡子爲：「截竹爲筒，長三四尺，以皮冒其首——皮用豬膋上之最薄者，用兩指擊之。又有簡子，以竹爲之，長二尺許，闊四五分，厚半之。其末俱略反外，歌時用二片合擊之，以和者也。其制始於胡元。」這裡記述的形制和擊法基本與元代相似。這種樂器至今仍在流傳，簡子現稱爲簡板。

元代新出現的樂器對後世樂器的發展產生了很大的影響，在音樂史上佔有重要的地位。

文化小事典

琵琶曲《海青拿天鵝》的出現

元代的器樂音樂成就較大，其中最出色的作品有琵琶曲《海青拿天鵝》、器樂曲《白翎雀》、《白沙細樂》，以及一些七弦琴作品等。

琵琶曲《海青拿天鵝》是一首在上層社會流傳的高水準器樂獨奏曲，描寫出海青捕捉天鵝時激烈搏鬥的情景。元人楊允孚曾有詩寫道：「……新腔翻得涼州曲，彈出天鵝避海青。」用「涼州曲」形容出了曲中遼闊驃悍、粗獷蕭瑟的北方自然風貌。該曲最早出現在清代嘉慶甲戌年間的《弦索備考》中，被稱為《海青》，是琵琶、弦子、箏和胡琴的合奏譜；後又見於中國首部公開出版的琵琶譜，華氏《琵琶譜》（一八一八年），標題《海青拿鶴》，為獨奏曲。此曲別名為《拿鵝》、《放海青》、《平沙落雁》等，還有其他演奏形式。

《白翎雀》則見於《輟耕錄》，原樂為《答剌》，是一首蒙古族的器樂曲，除合奏形式外，還可以用箏、琵琶或其他雙手彈奏的樂器，如十四弦箜篌進行獨奏。此曲是元世祖命伶人碩德閭創製的教坊大曲，但元世祖覺得它「末有怨怒哀嫠（寡婦）之音」，認為它繁促的節奏和哀怨的情緒不太適合「開基太平」的氣象，因此不太滿意。但該曲仍流傳廣泛，從元到明始終是首重要的器樂曲。

現唯一傳世的蒙古族樂曲是雲南麗江納西族音樂中以歌、舞、器樂綜合形式出現的主要由器樂演奏的《白沙細樂》。白沙是雲南麗江城北的一個鄉鎮，忽必烈於宋寶祐元年（西元一二五三年）南征時，有部分蒙古軍隊曾在此停留，並有人長期居住下來，該曲就是其後裔保留下來的。相傳忽必烈還將樂隊留贈當地首領阿良。故現麗江納西族樂隊演奏此曲時，其穿戴仍保持著蒙古族的習俗。《白沙細樂》的若干樂曲都富有哀傷淒涼的色彩，常被用於民間喪事，成為一種風俗性音樂。幾百年來也吸收了一些納西族和其他少數民族音樂的成分，是非常重要的元代音樂作品的遺存。

套印版畫出現

元代雕版印刷業興盛，雕版印刷技術有了進一步發展和提升，彩色套印版畫開始出現。

在雕版印刷的佛教經籍中，如《磧砂大藏經》和嘉興路顧逢祥等刊印的《妙法蓮華經》，都有不少工整的版畫。更值得注意的是，當時名重一時的無聞和尚所注《金剛經注》，用朱墨套印，可說是繼遼代漏印套色版畫之後的最早雕版彩色套印版畫。經注中的一幅《無聞老和尚注經處產靈芝》圖，刊於元順帝至元六年（西元一三四〇年），比歐洲第一本帶色的雕版書《梅因茲聖詩篇》早了一百七十年。此外，元代版畫還有建安虞氏在至治年間（西元一三二一年至一三二四年）刊印的五種「平話」，即《武王伐紂》、《七國春秋後集》、《秦併六國》、《續前漢書》、《三國志平話》等，書中上圖下文，刻工爲吳俊甫、黃叔安等

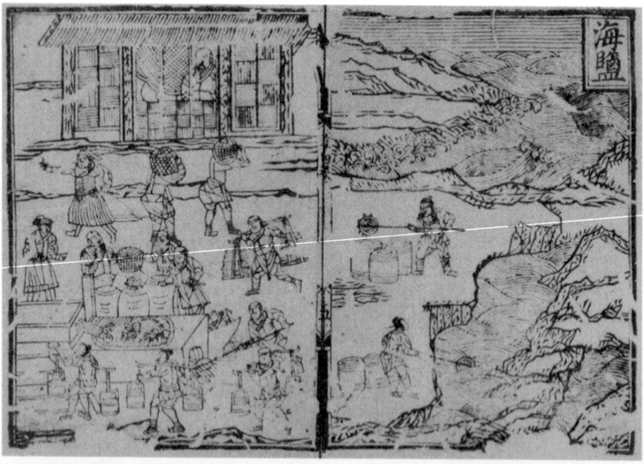

元至正年間重刊本《大觀本草》插圖

元至順年間的佛教版畫《妙法蓮華經卷首圖》

元朝

人。圖畫繪刻頗有連貫性，可說是中國連環版畫的前身。由此可見，元代版畫不僅題材廣泛，而且繪、刻、印技術都有顯著提高，為明清版畫的發展上創造了技藝等方面的有利條件。

元織金技術空前發展

以金縷或金箔切成的金片作緯線織花，使織物呈現金屬光澤的技術，稱為「織金」技術。由於種種原因，元代的織金技術獲得了空前的發展。

元朝的統治者喜用織金織物為其服飾的首選衣料。在以武力征服了歐亞廣大地區後，元廷因戰爭掠奪、海外貿易和發行紙幣的方式所獲得的大量黃金，為織金業的發展提供了充足的原料。自宋代以後，棉花生產迅速普及，棉織品已成為廣大人民的基本衣料，絲織品從一般服飾轉變為高級織造品，為統治階級所獨佔，其美化功能取代了實用性，紋彩的華美日漸受到重視並成為主要的品質標準。元朝在戰爭中還俘獲了大批織金工匠，將西域的大批金綺工匠內遷，促進了中國傳統紡織工藝與西域金綺工藝的一次大規模交流和融合，這些成了元代織金技術空前發展的主、客觀條件。

元朝建立以後，開展了大規模的織金織物的生產，將從各地擄掠的工匠集中起來編為「系官人匠」，在弘州設納石失（即織金錦）局，從西域遷入金綺紋工三百多戶、汴京織毛褐工三百戶，使之隸屬弘州，由鎮海掌管。《馬可・波羅遊記》也記載了元代在南京、鎮江、蘇州等許多城市織金錦生產的情況。撒答剌欺提舉司所屬別失八里局專管織造御用領袖納石矢。《元典章》還載有織造織金錦的條例和工藝規範。延祐元年（西元一

緙絲杏林春燕圖軸

三一四年）十二月所定的服色規範規定了各級官員著裝標準，不僅包括印金織物，還有箔金和織金織物。元朝的軍隊還用織金錦作營帳，三品以上官員可以織金錦作帳幕，足見其生產規模之盛大。

織金錦又稱納石失，原產波斯，包括加金錦和加金緞，蒙古西征時從西域帶回的金綺匠人在官營作坊中傳授技術，有片金、撚金、印金、灑金、貼金、盤金、釘金等。在當時的生產條件下，撚製金線的工藝須通過極爲細緻的十幾道工序，才能將其加工成〇．二至〇．五毫米寬的片金線，進而再撚成金線。一九七〇年在新疆元墓出土的片金錦和撚金錦織物，經緯密度僅爲每平方公分六十五根乘四〇根和每平方公分五十二根乘四十八根，足以顯示元朝織金匠人的高超技藝。其織金錦的織法、紋樣和風格深受西域的影響。

全眞教極盛

全眞道興於金，而盛於元。王喆死後，七大弟子弘揚全眞教義，光大道門，其後繼者人才輩出，形成若干道內教派，使全眞道呈現一派繁榮景象。馬鈺創遇仙派，劉處玄創隨山派，丘處機創龍門派，譚處端創南無派，王處一創蕭山派，孫不二創清靜派，郝大通創華山派，其中以丘處機及其創立的龍門派對全眞道發展的貢獻最爲突出，在後來影響最大，其教派累世傳承不衰。

純陽老祖圖（局部）。純陽老祖即呂洞賓，唐末道士，號純陽子，京川人。其理論以慈悲度世為成道之路，對北宋道教理論的發展有一定影響。全真教奉他為北五祖之一，通稱「呂祖」。

祖庵碑林——全眞教創始人王重陽在陝西鄠縣城西的故居。元時曾稱重陽宮。

丘處機是全眞七眞中最負盛名的高道，他在世之日，全眞道達到高峰。元太祖曾命丘處機掌管天下道教，詔免道院和道人的一切賦稅差役，並先後在燕京建立「平等」、「長春」、「靈寶」等八會，於各地大建宮觀，一時道人雲集，教門大興。丘處機對其弟子說：「千年以來，道門開闢，未有如今日之盛！」元宋子貞《通眞觀碑》說，當時人們對全眞道是十分推崇的，一人入教帶動百人入教，百人入教帶來千人，千人入教最後帶來萬人崇拜，即使是一些不太大的村里鄰戶，都互相爭著傳授全眞道，通都大邑就更不用說了。元遺山《修武清眞觀記》記載丘處機雪山之行後，天底下有十人中就有二人戴起了黃

吳天觀石窟三清龕天花。該石窟為元代全眞教道士宋德芳所建，共有八個洞窟，是中國現存唯一的道教石窟。

帽，聲勢浩蕩隆盛，足可動天地、鼓海岳，發展勢頭如火如荼。高鳴《清虛宮重顯子返眞碑銘》記載：「夫全眞之興，由正隆以來，僅百餘載」，時當元世祖執政之初，「今東至海，南薄漢淮，西北歷廣莫，雖十廬之邑，必有香火一席之奉」，足可見元初全眞道流行之廣，已是「大道氾兮，其可左右」了。

丘處機力主三教合一。他仿效佛教「眾生皆有佛性」之說，宣揚有情皆有道性。他用超生說替代長生說，認爲超生在於修性。又說其丹功是「三分命術，七分性學」，主張「去聲色，以清靜爲娛；屛滋味，以恬淡爲美」，修道者應出家，斷除一切塵緣，命功以意守下丹田爲入手，引出腎中眞氣，與心中木液相交，是爲龍虎交媾，繼而金液還丹、太陽煉形等。命功之上轉入性功，直修到六根清淨，方寸澄澈，便是眞丹。

丘處機悲世憫人，他傳道的重心在濟世眞行。他看到大兵之後人民塗炭，便令各地道徒立觀度人以救世爲先務，使全眞道成爲災民歸依的社會組織。丘處機掌教下的全眞道得到廣泛讚譽的根本原因，正在於這種救民濟世的實踐。清乾隆皇帝爲北宋白雲觀丘祖殿題聯云：「萬古長生不用餐霞求祕訣；一言止殺始知濟世有奇功。」這是對丘處機一生最簡煉準確的評語。

丘處機之後，全眞道歷任掌教尹志平、李志常、張志敬、祁志誠等，皆得元室所賜眞人號，多出任玄教大宗師。在編撰全眞道史方面，貢獻最大的是李道謙，他撰《祖庭內傳》、《七眞年譜》、《甘水仙源錄》，收集大量宮觀碑刻及傳贊，爲研究全眞歷史提供了可靠而又系統的資料。

全眞興盛之後，初期清淨儉樸、苦修厲行之教風漸漸改變，而以華貴爲榮，道觀極其壯麗，道首奢侈腐化，結納權貴，與世俗之濁風卑行同流合汙。元末，全眞道雖繼續延流，但其教譽已大爲跌落。

脫脫主修遼、宋、金史

至正三年（西元一三四三年）三月，順帝詔修遼、金、宋三史，總裁官由中書右丞相脫脫擔任。鐵木兒塔識、賀惟一、張起岩、歐陽玄、揭傒斯、李好文、楊宗瑞、王沂等分別爲《遼史》、《金史》、《宋史》的總裁官。撰寫工作實際由歐陽玄具體操辦。纂修人員中有漢族、畏兀、蒙古等民族的學者，開創了各族史家合作修史的先例。

北京元大都和義門甕城城門遺址

這次修史解決了編史的體例問題，決定三國各爲正統，按其年號三史分修。

翌年三月，《遼史》編成。《遼史》是記載以契丹族爲主體而建立的遼朝的紀傳體史書。它包含本紀三十卷、志三十二卷、表八卷、列傳四十五卷、國語解一卷，共一一六卷。

《遼史》取材以耶律儼《皇朝實錄》、金陳太任《遼史》和南宋葉隆禮《契丹國志》爲主，兼採遼人的行狀、家傳、墓誌、碑刻等。《本紀》記事起於唐咸通十三年（西元八七二年）耶律阿保機出生，迄於遼天祚帝保大五年（西元一一二五年）遼亡，共二百五十三年間史事。

《遼史》的志和表最有特色。首先是營衛志、兵衛志，敘述遼社會組織和軍事組織。尤其是〈營衛志〉，是《遼史》的獨創，記述了遼朝以軍事爲主、以軍事和遊牧相結合的社會組織形式。〈兵衛志〉和〈儀衛志〉在內容上反映出遼代社會鮮明的民族特點和多民族融合的趨勢。

《遼史》的表共八目，〈公主表〉、〈外戚表〉、〈遊幸表〉、〈部族表〉都是《遼史》的獨創。〈公主表〉和〈外戚表〉反映了遼朝外戚蕭氏勢力與皇族耶律氏的密切關係，〈部族表〉和〈屬國表〉則描述了遼代錯綜複雜的民族關係。

《國語解》一卷，也是《遼史》獨創，對契丹族姓氏、稱謂、官制、地名、部族名等以契丹語爲稱號者，多參考史文，略加解釋，有助於研究

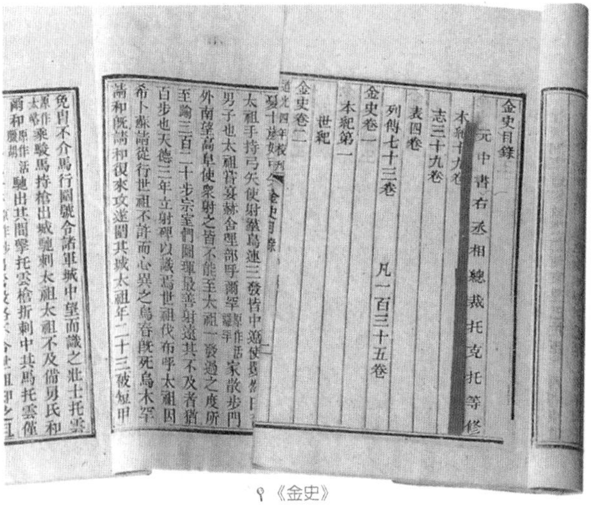
金史目錄
元中書右丞相總裁托克托等修
本紀十九卷
志三十九卷
表四卷
列傳七十三卷
凡一百三十五卷
金史卷一
本紀第一
世紀

《金史》

契丹語言文字。

《遼史》所載過於簡略，篇幅很不相稱，又由於《遼史》成書倉促，因而史料未融通，重複缺謬之處甚多。

同年（西元一三四四年）十一月，《金史》也編成，共一三五卷。後附《金國語解》一卷。金朝較注意修史，諸帝都有《實錄》，《實錄》之外還有《國史》。另外劉祁、元好問的著述中保留了大量史料。因此，《金史》史實較完備，再加上編寫較得體，是三史中修得最好的一部。《金史》在《本紀》前設《世紀》一卷，記述女眞先祖被追封帝號之事。《本紀》之後又設《世紀補》一卷。《金史》增〈交聘表〉，專記金與宋、西夏、高麗等國和戰慶弔往來的情況。這些都是修正史的創新。

至正五年（西元一三四五年）十月，《宋史》編成，計四九六卷。因元代保存了宋代歷朝實錄、國史及各種已成書的史料，還有許多典章制度、地理書籍、宋人筆記、文集等可資參考，使《宋史》較爲充實。書中有關北宋記載較詳，南宋則較簡略。

張可久爲清麗派巨宗

元代後期，散曲創作中心從大都逐漸轉移到杭州，創作更爲繁榮，並出現了一大批專攻散曲或主要精力和成就在散曲創作上的作家，創作風格也隨即發生了變化，反映社會生活的層面更爲廣泛，藝術上受江南文學傳統的嫵媚色彩所薰染，顯得清秀華麗並趨於雅正典麗，而張可久正是開創散曲創作清麗派的巨宗。

張可久（約西元一二八〇～一三四八年），號小山，慶元（今浙江寧波）人，元代散曲作家。一生時官時隱，輾轉江、浙、皖、閩、湘、贛各地，奔波而不遂志。八十高齡時還出任松源的監稅官這種小吏，足見其生活的窘迫。正是其長期爲吏的身世經歷，形成了困擾其精神的難解之結，因而抑鬱感傷地描寫坎坷的生活際遇就構成了其散曲創作的主要內容之一，〔慶東原〕《和馬致遠先輩韻》九首，抒寫了其窮迫無定、世態炎涼的感慨。還從自己的遭遇引發聯想，對百姓的疾苦寄予同情並揭露世道的險惡，如「傷心秦漢，生民塗炭，讀書人一聲長嘆」、「比人心山未險」等詞句，在〔醉太平〕《感懷》中，以憤世嫉俗的詩筆，揭示了那個黑白顛倒、賢愚不分的社會現實。坎坷的生活經歷喚起他對安適閒逸的田園生活的嚮往，其作品的更大一部分，集中描寫了歸隱生活的情與景，寄寓了

深切的思想內涵，「歸興」、「旅思」、「道中」是其篇章的常見題目，「二十五點秋更鼓聲，千三百里水館郵程，青山去路長，紅樹西風冷，百年人半紙虛名」，以悲涼的情結反映了元代士人沉抑下僚、顚沛流離的艱辛境況，因而「依松澗，結草廬，讀書聲翠微深處。人間自晴還自雨，戀青山白雲不去」的恬淡閒適生活自然成了張可久的渴望。作爲一個低級官吏，爲了謀求生活，必須學會忍讓和順從，因而張可久作品中憤懣和不滿並不多見，但「怨而不怒」的色彩卻相當濃郁。

緙絲牡丹紋團扇

作爲元代散曲創作風格轉捩的關鍵人物，張可久的創作開始擺脫前期崇尚自然眞實的傳統，追求清麗雅正，藝術上講究格律音韻，著力於煉字煉句，對仗工整，字句和美，並融合運用詩、詞作法，講求蘊藉工麗，常將詩詞名句熔鑄於散曲創作中，使之歸於典雅。如其著名散曲〔一枝花〕《湖上晚歸》「長天落彩霞，遠水涵秋鏡；花如人面紅，人似佛頭青。生色圍屏，翠冷松雲徑，嫣然眉黛橫。但攜將旖旎濃香，何必賦橫斜瘦影」，集中體現了其散曲創作風格和藝術技巧，曲中以豐富的比擬和想像，勾勒西湖晚景，精心雕琢章句，水乳交融地熔鑄前人名句，創造出恬靜清雅的境界，被譽爲「千古絕唱」。

他的創作還脫離了原有散曲俗白一路，白描手法已不多見，過分追求形式美，構成散曲創作的清麗風格。

吳鎮的《蘆花寒雁圖》軸。圖中蘆葦、漁舟用細筆勾描，遠樹灘頭隨意點染，筆法靈活，水墨滋潤，意境幽深。

人物小事典

貫雲石以散曲著稱

貫雲石（西元一二八六～一三二四年），原名小雲石海涯，自號酸齋，又號蘆花道人，維吾爾族人，元代散曲作家。他是當時成就較高的少數民族作家，曾任翰林侍讀學士等職，後來為了避免捲入政治風波而稱病辭官，隱居於江南杭州一帶。曾在杭州市中賣藥，無人識之。他文武雙全，接受過漢族文化的教育，在詩歌、書法等方面都有一定的成就，以散曲最為有名。從他的為人和作品中可看到元代各族文化互相滲透的情況。後人將他的散曲與當時南方另一散曲家徐再恩的作品編在一起，合稱《酸甜樂府》，共存小令八十六首，套曲九首。

貫雲石的散曲多描寫山林逸樂生活與男女戀情。由於他出身西域武官家庭，又長期生活在山明水秀的江南，因而形成了豪放灑脫兼有江南文學清秀媚麗的俊逸風格。如小令〈正宮．小梁州．秋〉，即是一首描繪自然風光景致的散曲，表現出詩人開朗的性格。

曲的開頭寫道：「芙蓉映水菊花黃，滿目秋光。」芙蓉，此處指木芙蓉，是秋天開淡紅或白花的一種落葉灌木。這兩句緊扣主題，透過具體的景物，把秋光點染。「枯荷葉底鷺鷥藏，金風蕩，飄動桂枝香」是對秋景的進一步描寫。這三句承接前兩句，由視覺轉移到嗅覺：這宜人的秋景，不但有色，而且有味。下片「雷峰塔畔登高望，見錢塘一派長江」是寫詩人登高遠望，見長長的錢塘江水浩浩蕩蕩，奔流入海，一派壯觀的景象。接下來四句：「湖水清，江潮漾。天邊斜月，新雁兩三行。」描寫蕩漾的江河湖水、斜掛天邊的月亮和飛行的大雁，有動有靜，動靜結合，構成一幅美妙的圖畫。在這幅「金秋圖卷」裡，透露出一種春的氣息，予人一種不是春光卻勝似春光的美感。

此外，貫雲石的作品也有一部分是對當時黑暗政治的嘲笑和反抗，如〈雙調．殿前歡．弔屈原〉。從表面上看，這首散曲是在譏笑屈原，其實並非真正的譏笑，而是在狂笑中滿含酸楚的淚水，是在弔屈原：「傷心來笑一場，笑你個三閭強，為甚不身心放？」詩人在這裡運用抑聖為狂、長歌當哭的手法，把自己複雜的心情曲折地流露出來，透顯出對當時統治階級極端厭惡的態度。

貫雲石的散曲在當時最為流行，歌唱起來，響徹雲漢。他曾獻力於海鹽腔的創造和傳播，同時為《小山樂府》、《陽春白雪》作序，使他成為最早的散曲評論家，在當時的散曲界十分活躍，頗有影響。

朱丹溪創中醫滋陰學派

朱丹溪（西元一二八一～一三五八年），即元代名醫朱震亨，字彥修，婺州義烏（今浙江省義烏縣）人，因居住地有小河「丹溪」，故被尊稱為「丹溪翁」，是金元四大家之一。他曾為應科舉考試而鑽研儒家經典。三十歲時因母親生病開始研讀《黃帝內經》，初步掌握醫理，治好其病。三十五歲時師從朱熹四傳弟子許謙研習理學，後一心致力學醫，並四處尋訪名醫，於四十三歲從學於名醫羅知悌門下。羅知悌將金代醫家劉元素、張從正、李杲的學說悉數傳授給他。朱丹溪將劉元素、張從正、李杲三家融會貫通，並結合自己的實踐研究中醫理論，著有《格致餘論》、《局方發揮》、《本草衍義補遺》、

《金匱鉤玄》等。其門人將他的著作整理編纂爲《丹溪心法》、《丹溪心法附餘》等，集中體現其治療經驗並形成滋陰學派，對後世影響深遠。

朱丹溪中醫學理論的主要內容有：（一）陽有餘陰不足論。他從理學的觀點出發，結合《黃帝內經》的論述，運用「天人感應」的理論，透過對天地日月和人體生命過程中陰陽狀況的分析，指出在自然界中存在「陽常有餘，陰常不足」的情況，在人體內同樣也是陽有餘而陰不足：人受天地之氣以生，天之陽氣爲氣，地之陰氣爲血，故氣常有餘，血常不足。而男子十六歲而精通，六十四歲而精絕；女子十四歲而經行，四十九歲而經斷，故陰精「難成易虧」，相火易於妄動，此即「陽有餘陰不足」，容易使人體發生病變。要避免「陰不足」，就須防止「陽有餘」，順應陰陽之理，提倡男子三十、女子二十方可娶嫁。朱丹溪將《黃帝內經》的「恬淡虛無，精神內守」說同理學的主靜節欲、收心、養心等學說結合起來，主張以澄心靜慮的方法防止相火妄動，重視保養陰氣精血、節制飲食、力戒色欲，反對服用丹藥。由此可見，朱丹溪的「陽有餘陰不足論」，旨在強調抑制相火，保護陰精，卻病延年，爲闡發「陰虛火動」的病機和宣導滋陰降火法提供理論基礎。

（二）相火論。相火論與陽有餘陰不足論有著密切的聯繫，共同構成其滋陰降火學說的理論核心。他十分重視相火的作用，認爲相火作爲人身之動氣，推動和維持人體的生命活動。相火主要居於肝、腎兩臟，以肝腎精血爲其基礎，此外，還分屬於膽、膀胱、心包絡、三焦等臟腑。相火的常態屬生理性相火，對人體的生命活動是至關重要的。相火的變動指相火越位妄動，主要原因是色欲過度、情態過極，飲食厚味，結果傷陰耗精，變生了多種疾病。他提出的相火常與變、吉與凶的兩重性，是對李杲學說的補充和發展。

（三）火證論治，倡導滋陰降火。朱丹溪論述火勢病症，主要是內生火熱，尤其多指相火妄動而爲病。強調「陰虛火動難治」，主張「補陰即火自降」，倡導滋陰降火法，其用藥特點是補陰必兼瀉火，瀉火亦即補陰，並創製了大補陰丸等著名方劑。他對陰虛火旺病機的闡發和滋陰降火法的確立，不僅補充了劉元素河間學派重在寒涼清熱瀉火的不足，又在李杲東垣內傷陰火學說中增加了陰虛發熱的內容，從而發展了中醫內傷熱病學說，對後世雜病和溫病的論治影響很大。

（四）雜病論治，提倡氣血痰鬱辨證治療。朱丹溪是位雜病大家，具有獨特的見解和豐富的臨床經驗，主張以氣血痰鬱爲綱治療雜病，把繁雜的症候表現統括在氣、血、痰、鬱之中，並設置了調治的基本方，隨症加減施治，大大豐富了雜病的辨證論治，故有「雜病用丹溪」的讚譽。

（五）在《局方發揮》中集中批評了宋代大觀年間盛師文等編撰的《和劑局方》及宋元之交形成的「局方之學」，指出了《局方》「一切認爲寒冷」的錯誤觀點和「一方通治諸病」的錯誤療法，主張臨病開方、重用養陰補血之品，反對過用辛燥之品和不問病由據證驗方的醫風。

朱丹溪善於繼承、創新而成就卓著。他常援引理學解說醫理，開理學滲入醫學的先河。他創造性地提出了「陽有餘而陰不足論」、「相火論」等新醫學理論，主張滋陰降火，後世稱他爲「滋陰派」。

文化小事典

舌診專著出現

元末，著名醫家敖氏集眾家之長並結合自己多年舌診經驗，撰成《金鏡錄》一書。該書記錄辨別傷寒舌法十二首，附舌象圖十二幅，是中國最早的舌診專著。

舌診是透過觀察病人舌質和舌苔變化診察疾病的方法，屬中國傳統的望診方法。元代的舌診研究有較大進步，除敖氏外，還有清江（今屬江西）的杜本，於至正元年（西元一三四一年）在《金鏡錄》的基礎上，增補二十四幅舌象圖，著成《敖氏金鏡錄》，使舌診內容更為完善。三十六幅舌象圖中，二十四圖專論舌苔，四圖專論舌質，八圖兼論舌苔與舌質。圖中描繪的舌色有淡紅、紅、青等，苔色有白、灰、黃、黑等，舌面變化有紅刺、紅星、裂紋等，舌質變化則有乾、滑、澀、刺、偏、全等，已大致含括了各種主要的病理舌象。舌圖之下附有文字說明，並結合脈象、症候，分析其寒熱虛實，闡述外感熱病的病因和治療方法，同時指出病情的輕重緩急和預後好惡，其中不少經驗迄今仍有臨床指導意義。

敖氏的《金鏡錄》早已失傳，杜本的《敖氏金鏡錄》儘管在舌質、舌苔及舌與臟腑的關係中存在一些不足，但這本中國現存最早的舌診專著，仍受到後世醫學界的高度重視。

元官田膨脹

元代官田是在宋和金官田的基礎上發展起來的。元朝滅金和南宋之後，元政府接收了金與南宋政府控制的大部分官田。與此同時，由於戰爭、災荒等原因，導致耕種者大批逃亡，遺留大量的荒田曠土，成爲元朝官田的重要來源。此外，元政府還透過籍沒官僚地主田地及購買民田等多種方式使官田數量迅速膨脹。

元代官田主要用作屯田、賜田、職田、學田、牧地等專用官田，也有一部分普通官田，由政府管理和經營。

屯田是元官田的重要用途。元滅南宋前，蒙古軍隊受到南宋軍民的頑強抵抗，爲了保證軍隊的糧餉供應，

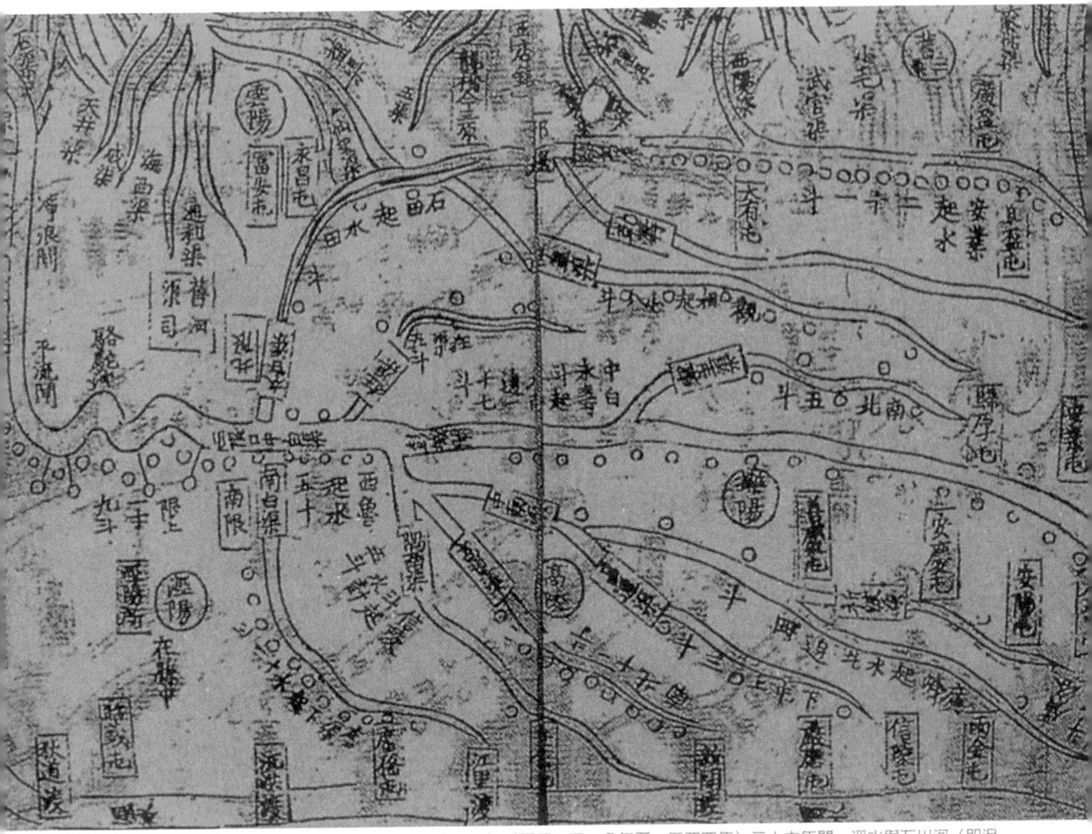

《涇渠總圖》。圖中所繪是元延祐五年至至正四年（西元一三一八年至一三四四年）二十六年間，涇水與石川河（即沮水）間的河渠概況。圖中河流渠道用雙線表示，名勝建築和橋樑符號清楚醒目。此圖是研究元代河渠灌溉的珍貴資料。

元政府始在河南、四川、關中等地組織屯田。元滅南宋後，元世祖便把屯田以制度形式固定下來並推廣到全國各地。從遼陽行省的鴨綠江畔到雲南的苗族八番，從蒙古高原的和林城外到風光秀麗的海南島；從東海之濱到西部畏兀兒地區，到處都有屯田。據有關資料推斷，元代屯田至少應在三十萬頃以上。

元代官田很大一部分用作賞賜。賞賜對象不僅有諸王、公主、百官臣僚，且有寺院、道觀，數量之多是空前的。

職田是政府根據各級官員職位的不同而分別授予的官田，數量由二百畝至一千六百畝不等。這種制度是從至元三年（西元一二六六年）起在北方地區實行；至元二十一年又以比照北方減半的原則，確定了江南地區官吏職田的數量。

學田也是官田的一種。元代的地方儒學與書院大都有數量不等的學田，少則一、二百畝，多則數千畝，甚至數萬畝，其租入錢糧主要用於師生伙食及校舍維修。

此外還有一部分普通官田，政府以租佃方式進行經營管理。這部分官田大多集中在江南地區，從一些方志記載看，官田比例是很大的，如慶元路（今浙江）官田佔總數的一三%，鎮江路（今屬江蘇）佔田二六%，其中丹徒縣（今鎮江）竟高達三四%。

官田數量大增是元代土地制度的兩大特徵之一。官田的增加，對元朝統治有助益，如元朝財政收入主要依賴江南，江南地區財政收入中相當一部分又是來自官田稅糧；屯田不僅提供了軍餉，且在恢復和發展農業生產、促進邊疆開發等方面發揮了有益的作用。但隨著官田的增加，官田經營過程中經濟剝削加重，完全失去生產資源和人身自由的官奴與驅口也不斷增加，加劇了元代階級矛盾的尖銳化。尤其是官田大量用於賞賜，助長了地主佔有大片土地的熾風，減少了國家賦稅收入，導致國家財政危機的加深，更加速了元朝政權的滅亡。

官營手工業膨脹

中國歷代王朝都直接控制著一部分手工業品的生產，以滿足皇室、軍隊與各級官府對生活品、軍需品、工業品及各種奢侈品的需求，此即爲官營手工業。元朝的官僚機構十分臃腫，統治階級極端奢侈，官營手工業的生產量很大，行業規模急劇膨脹。

元代官營手工業的門類眾多，據《經世大典序錄·工典總序》所載，大致有官苑、官府、倉庫等二十二項，建築業是其中最重要的領域，其次是工藝品及其他手工業品。爲了滿足大量的手工業品及各種需求，從業者隊伍十分龐大，資料顯示元滅南宋後的至元十二年（西元一二七六年），從江南一次就簽發工匠三十萬戶，三年後又在北方簽發四十二萬工

元青花鴛鴦蓮紋盤

青白釉獅尊

匠，雖後來又有所分揀淘汰，但數量仍然十分可觀。在這種情況下，元廷爲了加強管理，建立了歷代罕見的嚴密而龐大的組織機構，包括工部、將作院、武備寺、儲政院、大都留守司及各地方官府等，各有所屬，各自爲政。中央工部掌百工政令，負責城池修浚、土木建築、原材料調撥供應、工匠管理、局院工匠官員的選任等。其下屬機構有諸色人匠總管府、諸司局人匠總管府、提舉右八司、提舉左八司、諸路雜造局總管府、茶迭兒局總管府、大都人匠總管府、諸路諸色民匠都總管府、提舉都城所、符牌局、撒答刺欺提舉司等。其下又設眾多司局院所，負責繪畫、塑造佛像、製蠟、鑄銅、製金銀器皿、琢磨瑪瑙玉器、製造氈毯皮件等等。另外，還有許多窯場、木場等。武備寺掌兵器製作，下轄兵器庫與各地軍器大匠提舉司數十處。此外，皇太子名下的儲政院，后妃名下的中政院，以及各地方官府還有眾多的手工業局院，也進行各種專門性生產。

掐絲琺瑯象耳爐。圈足、雙象耳係清初時候配。

元代官營手工業的原料大部分是官府組織開採或徵集的。山林川澤之產一向爲國家所壟斷，金、銀、銅、鐵等礦產和竹木等林產都由政府組織人力採伐，各種絲料及農產品、畜產品等主要依靠賦稅形式無償徵集。另外還有強買和進貢等徵集方式。

官營手工業的工匠最初來自戰爭的俘虜，實際上就是奴隸，在滅金和宋的過程中又接收了大批工匠。這些工匠由政府直接控制，列有專門的戶籍並子孫承襲，受著殘酷的剝削和壓迫，生活十分悲慘。經濟乃至武裝鬥爭時有發生，逃亡更是層出不窮。而且由於管理的腐敗，各級官吏利用職權克扣原料，冒支工糧，行貪汙及夾帶私造。官營手工業的產品不進入流通領域，不屬於商品生產，不受價值規律的約束，因而生產落後、效率低下，可謂生產力極嚴重的浪費。

元稅繁雜

元代賦稅制度的顯著特點表現爲名目繁多，和南北、內地與邊疆、不同戶籍之間差異性較大兩個方面。

太宗窩闊台八年（西元一二三六年），北方的稅糧制度開始實行，忽必烈繼位後作了一些調整，世祖至元十七年（西元一二八〇年）最後確定下來。

元代把民戶按不同職業進行分類使其承擔不同的賦稅，北方稅糧分丁稅和地稅兩種。

元太宗窩闊台像

太宗窩闊台八年規定的地稅額是上田每畝交稅三升半，中田三升，下田二升，水田五升。忽必烈繼位後的至元元年改爲白田每畝三升，水田每畝五升。至元十七年取消了水、旱地差別，一律爲每畝三升，規定工匠、僧、道、也里可溫（基督教徒和教士）、答失蠻（伊斯蘭教士）、儒戶等，根據所有土地多少交納地稅；軍戶、站戶佔有的土地超出四頃，其超出部分按畝納地稅。

至元十七年規定的丁稅稅額是全科戶（納全額丁稅）的民戶每丁納粟二石，減半科戶每丁一石，協濟戶（原無成年人丁的民戶）和減半科戶相同，對於新收交參戶（過去括戶時未曾入籍，後遷徙他鄉在當地重新登記的民戶）規定了歷年的納糧額。交納丁稅的人包括官吏、商賈、普通民戶等。在實際繳納時，又加徵名目繁多的附加稅，如鼠耗、分例等，有時附加額比正額還多。

在江南地區，仍沿襲南宋的二稅制，秋稅徵糧，夏稅徵收實物或錢鈔。不同地區和土地等級稅額差別很大，多的達三、四升，少的僅一、二升。元貞二年（西元一二九六年）後，在浙東、湖廣、福建等地開始按土地等級攤派實物，有的則將實物折合成錢徵收。

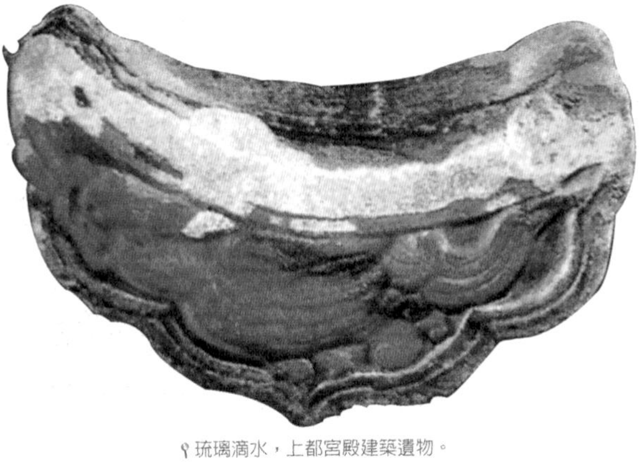

琉璃滴水，上都宮殿建築遺物。

稅糧之外還有科差這種向普通民戶徵收的賦稅，北方主要徵收絲料、包銀和俸鈔，南方主要是戶鈔。太宗窩闊台八年規定，每二戶出絲一斤上繳官府，每五戶出絲一斤繳於投下，每戶共須交納絲十一兩二錢，稱「二五戶絲」；中統元年（西元一二六〇年）後，忽必烈又有所更改，名目更爲複雜。包銀徵收始於憲宗蒙哥時期，每戶四兩，二兩爲銀，二兩折爲絲絹、顏色等實物；中統四年後改爲一律輸銀，並對各種民戶作了不同規定。一二六七年開始在包銀之外，每四兩加收一兩俸鈔，作爲諸路官吏的俸祿。至元二十年後，江南地區也開始徵收相同性質的科差。

元代稅糧、科差是賦稅的兩大主要科目，此外還有各種課稅，如鹽課、茶課、酒醋課、市舶抽分、金銀銅鐵課等名目。另有商稅和額外稅，名目十分繁多而雜亂。其所實行的和雇和買的徵集物質和勞役的方式，表面看來是很公平的錢物交易，實際執行起來就成爲一種強制性由民眾普遍承擔的變相賦稅和差役。和買實際上給錢很少或一文不給，成爲王公貴族和官吏榨取財富的手段。名目繁雜的差役更成爲人民極沉重的負擔。

元代賦稅制度的繁雜，無不直接或間接地激化階級矛盾，成爲其統治不穩定的一大因素。

江南金銀器發達

元廷曾在長江下游一帶大力推展

①

②

③

④

①「文王訪賢」金飾件
②銀架。為放置銅鏡而設計，既可立放，又可折合，式樣新奇，製作精細。
③鍍金團花雙鳳紋銀盒
④鎏金花瓣式銀托、銀盞

金銀器手工業，其時，金銀器加工工藝極爲高超，不僅應用廣泛，數量龐大，而且形成了一股歷代王朝無法比擬的繁盛風氣，直接導致江南金銀器的發達。

元朝的金銀器加工包括官營作坊和民間私營作坊兩大部門。作爲硬通貨，它既可保值又具有裝飾的功效，受到統治者和民間的重視，造就金銀加工工藝的大進步。其加工工藝手法非常豐富，有鑄造、鍍金、冷鍛、泥金、鏤金、撚金、戧金、圈金、貼金、裹金、嵌金等多達十幾種。有些器皿還刻有工匠的姓名，說明這些器物已進入商品流通領域。

從出土的元朝金銀器實物來看，地點集中在以蘇州爲中心的長江下游一帶，其中最精美的是江蘇吳縣呂師孟夫婦墓的三十多件金銀器。其如意紋金盤，經錘鍱鐫刻而成，金盤由四個隱起的如意雲頭相疊而成，中心又錘鍱四個如意雲頭，通體鏨陰線纏枝紋，造型別致精美。鍍金團花雙鳳紋銀盒上的雙鳳紋，旋轉飛舞，生動流暢。另一浮雕文王訪賢故事的金飾件，構圖緊湊，人物傳神，富於戲劇性，裝飾性也很強。

江蘇無錫錢裕墓中出土的大量金銀器中，鎏金花瓣式銀托、盞，猶如盛開的牡丹，生機盎然，非常具有時代特色。

一九六六年在江蘇金壇湖溪發現的裝於元代青花雲龍罐中的金銀器，有許多勒銘者，對研究元代金銀器及工藝的發展有極重要的參考價值。它們做工精美，足以代表江蘇地區金銀器工藝的尖端水準。

元代金銀器在形狀、紋樣等方面與元青花瓷很相似，表現了其時代精神。著名匠人朱碧山的代表作——銀槎杯，流傳久遠，表現出文人趣味，說明文人藝趣對工藝美術的影響漸趨強烈。以上一切，無不說明元代以蘇州爲中心的江南一帶金銀器製造業及工藝水準極爲發達。

中國絲瓷流行全世界

元代，中國的對外交通四通八達，除了通西域及中亞地區的陸上「絲綢之路」外，還發展了海上「絲綢之路」，形成了一些頗具規模的東方大港，如泉州，航線直抵世界各地，東起日本、高麗，西到東南亞，還通過印度洋伸向地中海沿岸世界。交通的發達帶動了對外貿易的繁榮，外銷商品的品種豐富多彩，包括銅、鐵、鉛、錫、茶葉、砂糖、絹帛、瓷器等，其中又以絲綢和瓷器的比重最大，形成了一股絲綢和瓷器的輸出洪流。

中國絲綢與外部世界的交往起初還僅局限於官方的饋贈，如向高麗統治者贈送西錦、彩綾和各種絲織物；元朝使者曾到達開羅，向馬木魯克蘇丹納賽爾．穆罕默德．伊本．加洛贈送七百匹花錦，其中每批上都印有蘇丹的尊號；西元一三四一年，元朝使者到達德里，向蘇丹阿布．木札布德．穆罕默德贈送花緞五百匹。官方獲贈的各種絲綢，以其品種的繁多和花色的豐富在當地受到高度歡迎，由此展開了廣泛的民間絲綢貿易，中國絲綢在世界各地行銷無阻。在亞洲，日本暢銷唐錦、唐綾、金襴、金紗，印度風行南絲、五色鍛、青鍛、五色絹、五色綢緞、白絲，印尼熱中於色絹、青緞、五色緞、水綾絲布、紅絲布、青絲布、綢絹，而南北絲、草金緞、山紅絹、丹山錦、絲布則風行於緬甸各地；在非洲，中國絲綢的銷售遠超過原來當地銷售的印度及阿拉伯織物，只要可以通航的地區就有中國絲綢的足跡，如五色緞和細絹在肯亞，錦緞和五色綢緞在埃及，還有南北絲和綢絹在坦桑尼亞，無不狂銷當地市場，深受當地人的歡迎。

除絲綢外，另一項大宗中國商品便是瓷器，且有超越絲綢銷售的趨勢。在所有外銷瓷器中，以龍泉系青瓷數量最多、行銷範圍最廣，其次就是景德鎮和廣東、福建製造的青白瓷和白瓷，還有少量的建陽、吉州產的黑瓷。中國瓷器行銷各地最大的用處是作為日常用品，在很多國家特別是經濟尚不大發達的東南亞各國及非洲沿海各國，居民們用

王冕的畫梅圖。此圖卷畫一枝報春的梅花，花瓣用墨染成。全畫生氣盎然，清新悅目。

它來充當餐具、飲具、貯藏器和容器，其中最普遍的還是餐具，各種外銷瓷碗包括花碗、青碗和粗碗，成為越南、印尼、新加坡、緬甸、肯亞、坦桑尼亞等眾多國家居民的日常餐具。另一個用途是裝飾，由於製作工藝的精緻，一些富貴人家把它們當作工藝品擺在客廳裡；或收藏在宮殿內，如土耳其的塞拉里奧宮，就收藏有十三世紀以來的中國瓷器八千件，其中元代青花瓷器八十件，品種有蓋罐、葫蘆瓶。

中國絲綢和瓷器在世界各地的行銷，不僅促進了與世界各國的貿易和文化交流，還提高了中國在世界史上的能見度。

龍陽子著《修齡要指》

《修齡要指》是元代的導引養生著述，作者爲冷謙，字啓敬，別號龍陽子。

《修齡要指》內容包括四時調攝、起居調攝、六字訣、四季卻病歌，長生一十六字訣、十六段錦法、八段錦法，導引歌訣、卻病八則等九部分。「四時調攝」是依四季敘述易發病症和防治方法；「起居調攝」是保健體育；「六字訣」係指噓肝氣訣，咽肺氣訣、呵心氣訣、吹腎氣訣、呼脾氣訣、嘻三字訣，作者對此尤爲重視；「四字卻病歌」是將六字訣入四季之中，述其功效；「長生一十六字訣」指「一吸便提，氣氣歸臍，一提便咽，水火相見」，作者稱之爲「至簡至易之妙訣也」；「十六段錦法」和「八段錦法」皆爲導引動功，尤其八段錦法與宋代之八段錦不同，宋代之八段錦爲站式，這裡所載爲坐功，但有連續的肢體動作，並配合鼓漱、咽津、按摩等多種方法，反映出內丹功法對導引動功的影響；「導引歌訣」和「卻病八則」皆是簡便易行的導引方法，「導引歌訣」以五字爲句，每句附解釋和口訣，說明功法和內容；「卻病八則」亦爲導引與按摩結合的功法，並附有所治之症。

《修齡要指》是元代重要的導引養生著作。它內容豐富，用辭淺顯，習練者易學易練。而其所述的功法，對元以後的導引發展有重要的影響。

刻於居庸關過塔街券洞內的四大天王之一

1402 A.D. 明建文四年（洪武三十五年）
・六月，燕師渡江，李景隆開門納燕師，宮中火起，惠帝不知所蹤。燕王即帝位，是為明成祖文皇帝。

1403 A.D. 明（成祖）永樂元年
・正月，以北平為北京。是歲，命宦官出鎮方面。
1404 A.D. 明永樂二年
・三月，始選新進士為翰林院庶吉士。
1405 A.D. 明永樂三年
・四月，或言惠帝亡在海外者，六月遣宦官鄭和使西洋諸國以訪之，且藉以示威異域。
1406 A.D. 明永樂四年
・七月，大發兵擊安南黎蒼；十月，大軍入安南。
・閏七月，詔以明年五月建北京宮殿，遣人採木於四川、湖廣、江西、浙江、山西等處。
1407 A.D. 明永樂五年
・六月，以安南地為交阯布政使司，置都指揮使、布政使等官及衛所。
・修《永樂大典》成，凡二萬二千九百三十七卷。
1408 A.D. 明永樂六年
・九月，鄭和再奉使西洋。
1409 A.D. 明永樂七年
・成祖迎宗喀巴入京傳法，黃教漸興。

1401~1410A.D. 1411~1420A.D.

1411 A.D. 明永樂九年
・發山東、徐州、應天、鎮江民三十萬浚會通河，以通南漕，二百日成，於是漸罷海運。五月，倭掠浙江磐石衛。六月，鄭和自西洋回，俘錫蘭王亞烈苦奈兒以獻，後放之還。
1412 A.D. 明永樂十年
・十一月，復命鄭和使西洋。
・尋訪張三豐不得，大修武當宮觀。

1414 A.D. 明永樂十二年
・三月，成祖親督馬步五十餘萬攻瓦剌；六月大敗瓦剌於忽蘭忽失溫，追至圖拉河。
1415 A.D. 明永樂十三年
・七月，鄭和自西洋還，俘蘇門答剌王弟以獻。
1417 A.D. 明永樂十五年
・四月，頒五經、四書、性理大全於兩京六部、國子監及各府州縣學。
1419 A.D. 明永樂十七年
・七月，鄭和使西洋還，凡歷十九國，皆先後遣使來獻。
1420 A.D. 明永樂十八年
・八月，置東廠於北京東安門北。
・九月，定自明年正月起，改京師為南京，北京為京師。

明朝

明朝年表 1368 A.D.～1643 A.D.

1368 A.D. 元至正二十八年　明（太祖）洪武元年

・正月，朱元璋稱皇帝，國號明，建元洪武，是為明太祖高皇帝。

・八月，明兵入大都，尋改為北平府。自是元之中心勢力退至漠南。

1370 A.D. 明洪武三年

・五月，詔定科舉法，應試文仿宋經義，其後格律漸嚴，謂之「八股」，通稱「制義」；並頒科舉詔於高麗、安南、占城。

1372 A.D. 明洪武五年

・修築嘉峪關，補修長安城牆。

1376 A.D. 明洪武九年

・六月，改行中書省為承宣布政使司，置布政使、參政等官。

1378 A.D. 明洪武十一年

・六月，五開「蠻」吳面兒起事，遣兵攻之，命太監觀軍，是為宦官預兵事之始。

1380 A.D. 明洪武十三年

・正月，左丞相胡惟庸以謀反死，株連者一萬五千餘人。

・罷中書省；改大都督府為中、左、右、前、後五軍都督府；廢丞相，並詔以後「嗣君毋得議置丞相」。

1368～1380A.D.　1381～1400A.D.

1381 A.D. 明洪武十四年

・十二月，罷翰林學士承旨等官，改置學士，命考核諸司章奏。

・徐達建山海關。

1382 A.D. 明洪武十五年

・正月，大軍下雲南諸州郡。閏二月，大軍取大理，俘土酋段明等。段氏據大理數百年，至是絕。

・八月，復科舉，三年一行，定試秀才之制。

・十一月，置殿閣大學士。修治國子監舊藏書板。置錦衣衛。

1384 A.D. 明洪武十七年

・三月，重定科舉取士制，鄉試以八月，會試以二月，各三場。

1386 A.D. 明洪武十九年

・五月，福建僧彭玉琳作白蓮會，自號彌勒佛祖師。

1387 A.D. 明洪武二十年

・以錦衣衛非法虐犯人，焚其刑具，命繫囚仍付刑部審理。

1390 A.D. 明洪武二十三年

・正月，以元殘兵擾邊，命晉王棡、燕王棣帥師攻之。

・三月，燕王棣受元將乃兒不花等降，自是元降軍先後至北平者皆歸燕王棣調用，燕兵因之益強。

1397 A.D. 明洪武三十年

・五月，頒大明律誥。六月，以會試所取皆南人，考官貶殺有差；復親策諸貢士，取者皆北人。

1398 A.D. 明洪武三十一年

・閏五月，明太祖死，太孫朱允炆嗣位，是為惠帝。

・西平侯沐春鎮雲南七年，大修屯政，闢田三十餘萬畝，鑿鐵池河灌宜良田數萬畝，民復業者五千餘戶。

1399 A.D. 明（惠帝、惠宗）建文元年

・七月，燕王誘殺張昺、謝貴，以誅齊泰、黃子澄為名，起兵反，號「靖難」。

1462 A.D. 明天順六年

・九月，擴展錦衣衛獄。

1464 A.D. 明天順八年

・正月，英宗死，遺詔罷宮人殉葬。太子見深即位，是為憲宗純皇帝。二月，舊制，授官必由內閣、吏部，至是始由宦官傳旨直接授官，謂之「內批」。

・以沒收曹吉祥田為宮中莊田，是為皇莊之始。

1468 A.D. 明（憲宗）成化四年

・三月，因番僧、公主、親王請田多至四千餘頃，奪民生計，詔中外豪強不得擅請田。加番僧封號為大國師、國師；時道徒加號真人、高士者亦多。

1471 A.D. 明成化七年

・二月，復設九江、蘇州、杭州鈔關。

1476 A.D. 明成化十二年

・六月，通惠河浚成。九月，令太監汪直刺事。

1477 A.D. 明成化十三年

・正月，置西廠，以宦官汪直領之，勢出東廠上，自是屢興大獄，中外騷然。

1481 A.D. 明成化十七年

・十一月，安南據占城，侵老撾，遣使諭之。

1487 A.D. 明成化二十三年

・八月，憲宗死，太子祐樘即位，是為孝宗敬皇帝。九月，貶逐憲宗諸佞幸。

1488 A.D. 明（孝宗）弘治元年

・十一月，僧繼曉在憲宗時，淫恣橫暴，憲宗死，被逐，至是殺之。

1461~1500A.D. 1501~1520A.D.

1504 A.D. 明弘治十七年

・五月，罷南京、蘇州、杭州織造中官。

1505 A.D. 明弘治十八年

・五月，孝宗死，太子厚照嗣，是為武宗毅皇帝。宦官劉瑾等始用事。

1506 A.D. 明（武宗）正德元年

・正月，以楊一清總制西、延綏、寧夏、甘肅等處邊務，楊一清請修築邊牆，從之。

・十月，大學士劉健等以劉瑾恣橫枉法，請誅之，不從，反擢劉瑾掌司禮監，於是劉健等致仕去，劉瑾乃肆與朝官為難，杖貶日多。

1507 A.D. 明正德二年

・三月，劉瑾以忤己者劉健等五十三人為奸黨，榜之朝堂。八月，作豹房，成後，武宗遂常處其中，恣為淫樂。

1509 A.D. 明正德四年

・九月，以自春季以來，兩廣、江西、湖南、四川、陝西等省民變紛起，諸處領袖多有稱王者。

1510 A.D. 明正德五年

・二月，以宦官張永總神機營。

・武宗自稱大慶法王西天覺道圓明自在大定慧佛。

・八月，張永密奏劉瑾大逆諸事，遂繫劉瑾於獄，旋凌遲處死，籍劉瑾家得金銀累數百萬兩，自劉瑾敗，其黨誅貶殆盡。

1421 A.D. 明永樂十九年
- 命鄭和復使西洋。

1424 A.D. 明永樂二十二年
- 復命鄭和使西洋。
- 七月，成祖死於榆木川。八月，皇太子高熾即位，是為仁宗昭皇帝。

1425 A.D. 明（仁宗）洪熙元年
- 五月，仁宗死；六月，皇太子瞻基即位，是為宣宗章皇帝。

1426 A.D. 明（宣宗）宣德元年
- 始立內書堂教習。自是宦官始通文墨，漸至有秉筆太監代批本章。

1427 A.D. 明宣德二年
- 四月，安南舊軍黎利攻下昌化、諒江；十月，與黎利和，撤交阯布政司官吏回，令立陳氏後。交吏自設官以來二十餘年，前後用兵數千萬，饋餉至百餘萬，官吏軍民還者八萬六千餘人，其陷沒及死者不可勝計。

1430 A.D. 明宣德五年
- 復命鄭和使西洋。和前後七使西洋，凡歷三十餘國，所取無名寶物不可勝計，而耗費亦不貲。

1421~1430A.D.　　1431~1460A.D.

1433 A.D. 明宣德八年
- 九月，日本復來獻；實則冒充，其人常以船載兵器，伺便則上岸劫掠，不得便則稱貢使，後更為沿海之患。

1435 A.D. 明宣德十年
- 正月，宣宗死，太子朱祁鎮即位，是為英宗睿皇帝，時方九歲。
- 九月，以宦官王振為司禮監。王振招權納賄，為明代宦官亂政之始。

1449 A.D. 明（英宗）正統十四年
- 七月，瓦剌也先入犯，英宗親禦之，以弟郕王祁鈺留守。八月，英宗至大同，還至懷來縣土木堡，也先兵至，被俘，文武官扈從者多死。敗耗至京。郕王監國，九月，遂即帝位，尊英宗為太上皇。

1452 A.D. 明（代宗）景泰三年
- 十二月，始於京師立團營，以于謙總其事。

1454 A.D. 明景泰五年
- 是歲，也先為其下所殺，瓦剌漸衰，韃靼復振。

1457 A.D. 明景泰八年　（英宗）天順元年
- 正月，徐有貞、石亨等擁英宗復辟，改元天順，殺于謙等；二月，廢景帝為郕王。

1458 A.D. 明天順二年
- 四月，復設巡撫官。

1460 A.D. 明天順四年
- 四月，遣宦官督浙江、雲南、福建、四川銀課，總十八萬餘兩。五月，罷宦官督蘇杭織造。

1567 A.D. 明（穆宗）隆慶元年
・四月，重錄《永樂大典》成。
1569 A.D. 明隆慶三年
・戚繼光為總兵官，鎮守薊州、永平、山海關等處。
1571 A.D. 明隆慶五年
・是夏，詔江西燒造瓷器12萬餘件，陝西織造羊絨3萬2千餘匹，凡費一百數十萬兩，言官諫，不聽。
1572 A.D. 明隆慶六年
・五月，穆宗死；六月，子翊鈞嗣，是為神宗顯皇帝，改明年為萬曆元年。
1578 A.D. 明（神宗）萬曆六年
・李時珍撰成《本草綱目》。
1579 A.D. 明萬曆七年
・正月，張居正惡書院，請廢之。凡毀六十四處。
・七月，振蘇松饑，旋罷蘇杭織造。是冬，修河工成，凡築堤300餘里，又56000餘丈，費銀56萬餘兩。
1582 A.D. 明萬曆十年
・十二月，謫太監馮保，籍沒金銀百餘萬兩。馮保與張居正相結，至是追劾居正者遂起。
・戚繼光以張居正等倚任之，在薊鎮十六年，邊防修舉，至是改命鎮廣東。
・利瑪竇來華。
1584 A.D. 明萬曆十二年
・三月，江西景德鎮燒造內用瓷器至隆慶時年已達十餘萬件，至是命減之。
1585 A.D. 明萬曆十三年
・是歲，努爾哈赤攻併渾河部之界藩、棟嘉、薩爾滸城。

1566~1585A.D. 1586~1600A.D.

1586 A.D. 明萬曆十四年
・是歲，努爾哈赤攻併蘇克素護河之瓜爾佳城，渾河部之貝琿城、哲陳部之托摩和城，繼乃進攻尼堪外蘭，明人執送之，遂殺尼堪外蘭，與明和，通貢受封。
1592 A.D. 明萬曆二十年
・五月，日本豐臣秀吉犯朝鮮，逼王京；七月，日本兵入朝鮮王京大掠，北逼平壤，敗明兵。十月，明大發兵援朝鮮，以李如松為防海禦倭總兵官。
1593 A.D. 明萬曆二十一年
・正月，李如松援朝鮮之師復平壤、開城，進攻王京，敗。二月，李如松焚日本軍糧儲；四月，日本兵以乏食，棄王京而退，五月，據釜山。
1595 A.D. 明萬曆二十三年
・正月，遣使封豐臣秀吉為日本王。
1596 A.D. 明萬曆二十四年
・九月，封使至日本，豐臣秀吉怒朝鮮王子不偕來以謝，於是再擬侵朝鮮。
1597 A.D. 明萬曆二十五年
・正月，朝鮮以日本留兵釜山，復求援助，二月，復議征日援朝，以麻貴為備倭總兵官；三月，命楊鎬經略朝鮮軍務。五月，麻貴進兵援朝。六月，日本兵船數千泊釜山，逼梁山、熊川。七月，楊應龍攻江津，南川。八月，日本破閑山、南原，進逼王京。十二月，援朝軍與日本兵大戰於蔚山。
1598 A.D. 明萬曆二十六年
・正月，援朝攻蔚山之兵，以楊鎬先奔，全軍大潰，喪失輜重無數，而鎬反以獲勝入告。二月，益募水兵赴朝鮮與日本相持。以聞豐臣秀吉死，促援朝諸將進兵。十一月，日本兵退，援朝兵追之。十二月，殲日本匿乙山崖之殘兵。
・努爾哈赤命取蒙古字創國語，並令開金銀礦。

1521 A.D. 明正德十六年

・三月，武宗死於豹房，無子，乃迎興世子厚熜至東京即位，是為世宗肅皇帝。

1523 A.D. 明（世宗）嘉靖二年

・世宗始建醮於宮中，道士勢漸盛，大臣諫，不聽。

1536 A.D. 明嘉靖十五年

・五月，拆宮中元時所建佛殿，焚佛牙、佛骨，毀金銀佛像一百六十九座，函物凡萬三千餘斤。

・六月，整飭茶馬法。

1540 A.D. 明嘉靖十九年

・瓦剌請附。世宗好神仙術，欲令太子監國，專事修道，太僕卿楊最力諫，杖死；自是監國議雖罷，但禱祠日亟，無人敢諫。

1542 A.D. 明嘉靖二十一年

・十月，宮人楊金英等謀害世宗，未成；自是世宗移居西苑，不復還宮。

1549 A.D. 明嘉靖二十八年

・浙江海盜汪直等勾結倭寇，大掠沿海，自是終嘉靖之世無寧歲。時邊費既繁，土木、禱祠之費亦有加無已，帑藏匱竭，至變賣寺產，收贖軍罪，更大括逋賦，致百姓怨嗟，海內不安。

1550 A.D. 明嘉靖二十九年

・八月，俺答犯宣府，擾薊鎮，入掠密雲、懷柔，至通州，京師戒嚴，檄諸鎮兵入援。俺答圍北京八日始飽掠而退。

1554 A.D. 明嘉靖三十三年

・為統籌剿倭，置總督大臣，督理南京、浙江、山東、兩廣、福建等處軍務，便宜從事，命張經為之。

1521~1555A.D. 1556~1565A.D.

1556 A.D. 明嘉靖三十五年

・正月，擾福建之倭一支入浙江，被殲。五月，俞大猷敗倭於黃浦。浙江之倭陷仙居，趨台州，大敗。七月，胡宗憲誘勾倭之奸民徐海使內訌。官軍乘之敗倭於乍浦。八月，徐海等敗死，自是兩浙倭勢漸弱。

1557 A.D. 明嘉靖三十六年

・胡宗憲誘海賊汪直降，汪直旋被殺，其黨遂流入閩廣界。

・葡萄牙在澳門設置官吏和學校。

1562 A.D. 明嘉靖四十一年

・五月，嚴嵩及其子嚴世蕃之奸暴露，嚴嵩罷官。嚴世蕃下獄。

・十一月，倭陷興化府。以倭勢猖，福建遭蹂躪幾遍，乃命俞大猷、戚繼光為正副總兵官以剿辦。

1563 A.D. 明嘉靖四十二年

・四月，倭掠福清，俞大猷等殲之；俞大猷尋與戚繼光合破平海之倭，收復興化，斬二千餘級，為剿倭以來之空前大捷。

1564 A.D. 明嘉靖四十三年

・二月，福建興化倭殘部攻仙遊，大為戚繼光所破，餘寇遁出海。

・三月，廣東潮州倭為俞大猷所破。

・六月，俞大猷大破倭於惠州海豐，擒斬千餘，並破降與倭勾結之大盜吳平等，其藍松三等昔之攻掠廣東程鄉等地者，於七月亦被擒。

1565 A.D. 明嘉靖四十四年

・十一月，命潘季馴總理河道。潘季馴治河有能名，其術多為後世所宗。

・蘇州拙政園建成於此時。張松溪以內家拳出名。

1622 A.D. 明（熹宗）天啓二年　後金天命七年

・正月，金陷西平堡，敗援軍，進攻廣寧，巡撫王化貞、經略熊廷弼退守山海關。

1623 A.D. 明天啓三年　後金天命八年

・正月，荷蘭據澎湖、台灣，嗣被逐出澎湖。御史周宗建疏詆司禮秉筆太監魏忠賢，於是黨禍萌。命魏忠賢提督東廠。

1625 A.D. 明天啓五年　後金天命十年

・三月，金初都遼陽，稱東京，至是遷都瀋陽，後名盛京。

・十二月榜示東林黨人姓名。

1626 A.D. 明天啓六年　後金天命十一年

・二月，以袁崇煥為僉都御史，專理軍務，旋授遼東巡撫。

・八月，金帝努爾哈赤死，第八子皇太極嗣，是為太宗文皇帝。

1627 A.D. 明天啓七年　後金（太宗）天聰元年

・八月，熹宗死，弟信王由檢嗣，是為思宗莊烈皇帝，改元為崇禎。

・十一月，安置魏忠賢於鳳陽，尋命逮治，忠賢聞之，自縊死。誅客氏及魏忠賢侄良卿，其家屬無少長皆斬，又下助魏忠賢為虐諸人於獄，命毀各地魏忠賢生祠。

1628 A.D. 明（思宗）崇禎元年　後金天聰二年

・十一月，陝西以連歲荒歉，官吏苛虐，饑民紛紛起義。

1629 A.D. 明崇禎二年　後金天聰三年

・十月，金帝親統兵分三道攻明，破遵化等城；十一月圍北京，袁崇煥率師入援。十二月，思宗中金反間計，下崇煥於獄。

1621~1630A.D.　1631~1643A.D.

1631 A.D. 明崇禎四年　後金天聰五年

・高迎祥、張獻忠等三十六家會於山西米脂，李自成亦參與策劃。

1632 A.D. 明崇禎五年　後金天聰六年

・洪承疇等連敗起義軍於平涼、甘泉、銅川橋、延水關等地。

1635 A.D. 明崇禎八年　後金天聰九年

・聞洪承疇督師東下，十三家會滎陽商應敵術，用李自成策，分路發展以疲官軍。

1636 A.D. 明崇禎九年　後金天聰十年　清（太宗）崇德元年

・金帝祭告天地，受尊號，改國號為大清。追上祖宗廟謚，率遵漢制。

・七月，高迎祥為陝西巡撫孫傳庭所敗，被俘磔死，部下奉李自成為闖王。

1637 A.D. 明崇禎十年　清崇德二年

・正月，清兵入江華，朝鮮王請降，稱臣上表。

1641 A.D. 明崇禎十四年　清崇德六年

・李自成破洛陽，殺福王朱常洵，發王府金賑饑民。二月張獻忠破襄陽，殺襄王朱翊銘。九月，李自成大破官兵於孟家莊，俘陝西總督傅宗龍，殺之；十一月破南陽，殺唐王朱聿鏌。

1642 A.D. 明崇禎十五年　清崇德七年

・二月，李自成大破官兵於襄城，殺三邊總督汪喬年，松山副將夏成德開城納清兵，薊遼總督洪承疇被俘投降。十月，李自成大破三邊總督孫傳庭於郟縣（柿園之敗）。

・漢人旗建立。

1605 A.D. 明萬曆三十三年

・自萬曆二十五年以來，諸太監進礦銀幾三百萬兩，金、珠、寶玩、貂皮、名馬不計其數，至是命稅務歸有司，歲以所入之半輸內府，然太監並未撤回，其虐如故。

1606 A.D. 明萬曆三十四年

・三月，雲南稅使太監楊榮肆為殘虐，前後杖斃數千人，番漢居民屢起焚稅廠，殺委官。

1609 A.D. 明萬曆三十七年

・二月，吏、禮二部侍郎、署尚書相繼死，於是二部長貳遂無一人。

・是歲，努爾哈赤請於明，令朝鮮歸其境內女真人。

1610 A.D. 明萬曆三十八年

・十一月壬寅朔，日食，欽天監所推分秒圓虧不確，禮官因請召通曆法者與監官改正曆法，於是李之藻等參用利瑪竇、龐迪峨、熊三拔所傳西洋曆法據以修曆，西法入中國自此始。

・自嘉靖、隆慶以來，廷臣交攻，漸成朋黨。時顧憲成講學東林書院，偶評時政，忌者逐名為東林黨。其在朝者又有宣黨、崑黨，台諫中分齊、楚、浙三黨，多排東林。

1601~1610A.D. 1611~1620A.D.

1615 A.D. 明萬曆四十三年

・「梃擊案」發生。

・努爾哈赤建八旗牛錄制度。

1617 A.D. 明萬曆四十五年　後金（太祖）天命二年

・是歲正月朔，努爾哈赤尊號，國號金，金後改清，是為清太祖高皇帝。

1618 A.D. 明萬曆四十六年　後金天命三年

・四月，金帝以七大恨告天，起兵反明，取撫順。

1619 A.D. 明萬曆四十七年　後金天命四年

・三月，楊鎬所督西路兵與金兵戰於薩爾滸，大敗，總兵官杜松等死之，北路兵大敗於尚間崖、裴芬山，監軍潘宗顏等死之，東路兵大敗於阿布達里綱，總兵官劉綎等死之。改命熊廷弼經略遼東。

1620 A.D. 明萬曆四十八年　明（光宗）泰昌元年　後金天命五年

・八月，常洛即位，是為光宗貞皇帝，光宗病，服李可灼所進紅丸藥，九月朔死，於是廷臣大嘩，是為「紅丸案」。

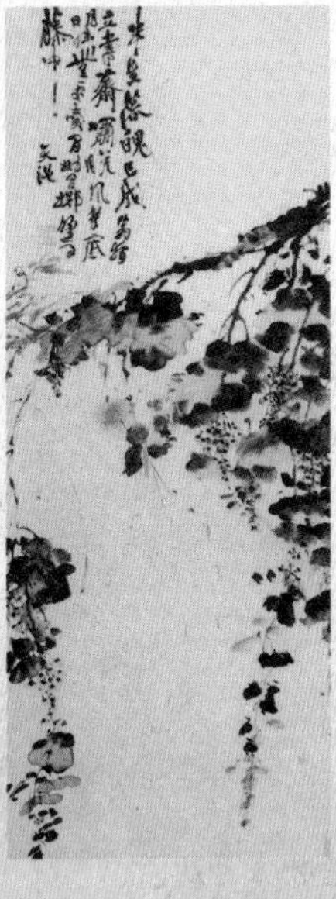

朱元璋建立衛所制

明洪武元年（西元一三六八年）正月，明太祖採納劉基「立軍衛法」的建議，正式創立衛所制。

衛所的設置，根據地理形勢和軍事衛緩而定。一般來說，係一郡的設「所」，連郡的設「衛」。一衛統十千戶，一戶統十百戶，百戶領二總旗，總旗領五小旗，小旗領軍十人。從洪武三年起，又設杭州、江西、燕山、青州、河南、西安、太原、武昌八都衛及西安行都衛等。洪武七年八月，重定兵衛之政，大率以五六○○人為一衛，而千戶所、百戶所、總旗、小旗所領軍士數額相同（千戶所一一二○人，百戶所一一二人）。在若干衛所之上設都指揮使司（初稱為都衛，洪武八年改稱都司），長官是都指揮使。從衛指揮使到百戶等軍官，都是世襲的，稱「世官」。其死亡、老病或年齡達六十歲的，均以後代親屬繼承代替；沒有後代，以其旁系親屬繼承。都司、衛所皆隸屬於大都督府。洪武十三年，分大都督府為中、左、右、前、後五軍都督府，京師及各地的都司、衛所分隸其下，而上十二衛親軍歸朝廷掌管。至洪武二十五年，全國約有軍隊一二○萬人，隔年定天下衛所，計有十七個都司，一個留守司，三二九個衛，六十五個守衛千戶所。全國共有一八○餘萬軍隊。兵士的來源，一是「從征」，即原來朱元璋所指揮的部隊；二是「歸附」，即元朝和各割據勢力降附的軍士；三是「謫發」，即因犯罪被罰當兵的軍士；四是「垛集」，即按人口比例從平民中徵集的軍士。

禾屯吉衛指揮使司印

明代虎頭牌：防禦和進攻相結合的武器。在盾形火箭藥架上安裝四組火箭共八支，中間砲口可發射火銃，另有兩個瞭望孔。

凡充作軍士的，其家稱「軍戶」，世襲軍籍。

屯田是明朝軍隊的重要職能。明代軍屯規模龐大，制度完備，完全按照衛所編制單位進行。軍屯成績的好壞，也是考核衛所官軍的重要內容之一，所以明代的軍屯，其規模制度、實施等方面都達到中國軍屯史上的高峰。洪武二十六年，全國各地共有軍屯田八九·三萬多頃，佔全國耕地數的十分之一以上。因此朱元璋曾說他「養兵百萬，不費百姓一粒米」。

衛所兵制以及相應制定的軍戶世襲制和軍士屯田制，三位一體，對明前期「寓兵於農，強兵足食」發揮強大的促進作用。隨著明後期軍丁、屯地、屯糧比例的嚴重失調，衛所制才逐漸失去了它應有的作用。

人物小事典

胡惟庸案的爆發

明洪武十三年（西元一三八〇年）正月，朱元璋以「圖謀不軌」罪誅殺左丞相胡惟庸，取消中書省，廢除丞相之職，更定六部。

胡惟庸，安徽定遠人，早年隨朱元璋起兵，頗受寵信。他歷任元帥府奏差、寧國知縣、吉安通判、太常少卿等職。洪武三年，胡惟庸被授予中書省參知政事之職，六年升任右丞相，十年進升左丞相，位居百官之首。隨著權勢的不斷增大，胡惟庸日益驕橫跋扈，獨相數載，生殺黜陟。凡內外諸司上奏的文書，他必先行閱讀，對自己不利的就藏匿不報。於是，奸邪之徒和失職功臣紛紛投其門下，饋送的金帛、名馬、玩好不計其數。他曾藉探病之機毒死劉伯溫，並培植私黨。洪武十三年（西元一三八〇年）正月二日，御史中丞涂節告發胡惟庸謀反，朱元璋於是誅殺了胡惟庸、徐寧、涂節等人。爲了肅清「逆黨」，朱元璋窮追不捨，前後株連殺戮三萬餘人，其中包括開國功臣李善長、陸仲享等一公、二十一侯，時間長達十年之久。

胡惟庸被殺後，朱元璋罷除丞相之職，取消中書省，並規定此後朝廷不得再立丞相。丞相掌管的事務交六部分理，由皇帝直接統領，中央集權得到進一步加強。

明行戶口制

明朝建立後，朱元璋爲了建立有效的賦役制度，打擊地主隱匿田產、戶口以逃避賦役的行爲，對全國戶口和耕地進行了徹底清算，編制了賦役《黃冊》和《魚鱗圖冊》，形成了嚴密的戶口和財產登記制度。

洪武元年（西元一三六八年），朱元璋下令在各地作戰的總兵和地方官員注意收集戶口版籍。同年制定「均工夫」役法，並編制了應天十八府州、江西九江、饒州、南康三府的《均工夫圖冊》。洪武三年又下令實行戶帖制，按戶登記姓名、籍貫、年齡、丁口、產業，製成戶帖發給各戶，全國戶籍則匯總於戶部。在江南一些地區還試製了「小黃冊」。

明政府還十分重視對全國土地的查核。洪武元年派員到浙西核實田畝，攢造《魚鱗圖冊》。後又派國子監監生武淳等人到各地丈田繪「魚鱗圖」。《魚鱗圖冊》的編制，進一步確定了土地的所有權，既保證賦稅的收入，又防止隱瞞欺騙之類的事情發生，比起《黃冊》登記的土田更爲縝密。本來《黃冊》所登記的土田，都有詳細的資料說明，但是江浙富民爲逃避徭役，往往把田產記在親鄰佃僕名下，結果富者愈富，貧者愈貧。《魚鱗圖冊》按「隨糧定區」原則，以稅糧萬石爲一編造單位，稱一區。每區土地經丈量後，繪成圖冊，一式四份，冊上載明所有田畝方圓、四周界至、土地沃瘠、戶主姓名，分存各級機構作爲徵稅根據。因總圖形狀像魚鱗，故稱「魚鱗圖冊」。如果出賣土田，稅糧隨契過戶，由里甲報告州縣，州縣於年末通行造冊解府。

《黃冊》以戶爲主，以人爲經，以田地爲緯，田各歸其業主，是徵派賦役的依據；《魚鱗圖冊》以田地爲主，以地域爲經，以人爲緯，是解決土地糾紛的憑證。兩種冊籍相互配合、補充，相互核對、牽制，構成一套完備嚴密的戶口、田地和賦役管理制度。

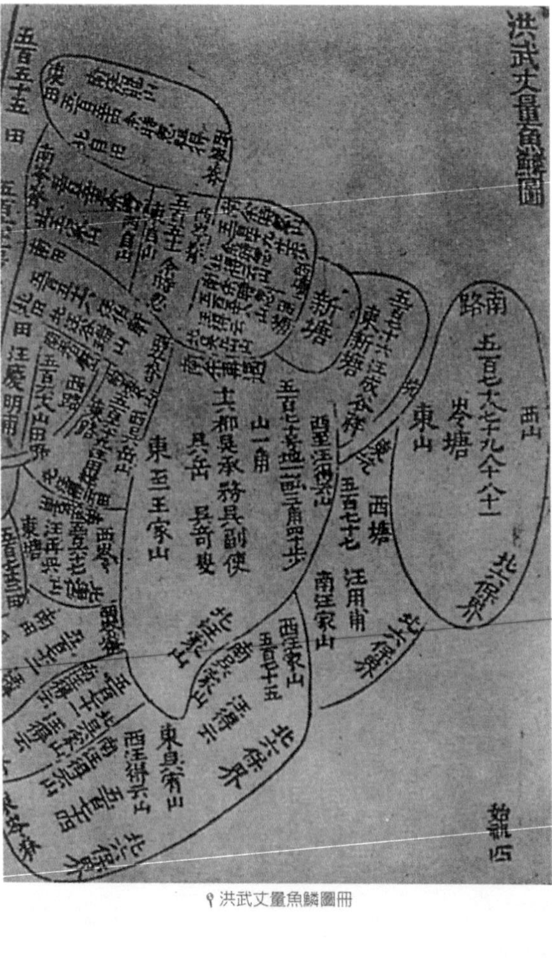

洪武丈量魚鱗圖冊

蓬萊水城建成

洪武九年（西元一三七六年），

蓬萊水城建成。

明代沿海各省經常受到海上倭寇騷擾，特別是自明中葉後，這種情形加劇，甚至侵入內地，燒殺搶掠。所以自明初以來，就在沿海要衝設置防禦據點，這些海防建築體系分爲衛、所、堡、寨等，山東蓬萊水城就是其中的典型，可以從中看出明代海防據點的形制和特點。

蓬萊水城又稱「備倭城」，北面臨海，南接府城，背山控海，地勢險要，是明代典型的海防要塞。洪武九年，登州升格爲府，並修築水城，立水軍帥府於此，經歷代多次修建，成爲停泊戰艦、駐紮水師軍隊、出海巡哨的軍事要塞。

蓬萊水城由兩大部分組成，一是以水城爲主體，包括砲台、敵台及水閘等軍事防禦設施；二是以小海爲中心，包括水門、防波堤、平浪台及燈樓等海港建築。

水城依地勢環繞小海而築，呈不規則長方形，周長約二千二百公尺，城牆爲土築，後以磚石包砌。城牆的高度依地勢相差較大，西、北地處山崖，城牆較低矮；東南是平地，城牆比較高峻，平均約七公尺，牆原在八至十公尺間，牆頂做女兒牆雉堞。整座城牆設兩座門，北爲水門，又稱關門口，與大海相通，東西有高大門垛與城牆相接，底寬九．四公尺，深入水下達十一公尺深，全部用磚石築，堅固異常；南是通向州城的城門，上建城樓。在北、西、東三面城

蓬萊水城全覽

蓬萊水城入口水門

牆均建有敵台，伸出城外五．五公尺，高與城齊。砲台有二座，分別設於水門的東北、西北方向，東砲台高過城牆二．五公尺，西砲台建在山崖上，兩座砲台與水門呈犄角之勢，控制進出海路，構成嚴密防禦體系。

小海為水城內的主體部分，居城正中，呈南北狹長形狀，面積達七萬平方公尺，是停泊船艦、操練水師的場所。小海的北面轉折向東，形成東西長一百公尺、南北寬五十公尺的不直接與海聯連的迂迴緩衝地段，最後北折入海。正對水門設立緩衝地段南岸的平浪台，與東城牆相接，全部以塊石包砌成，台上是水師駐地。自水門外沿東城牆向北延伸，構成防波堤，全由塊石堆積而成，形成一道屏障。小海北端的迂迴緩衝地段，平浪台、防波堤的規劃佈局有高度科學性。海浪經過防波堤作用會有所減弱，再經過平浪台的迴旋轉折，風浪減緩，水門外自然是海浪洶湧，但小海內卻風平浪靜，小海深度在退潮時亦能保持三公尺以上，船艦無須候潮，可任意出入。

蓬萊水城在港址的選擇、港灣的規劃佈局、軍事防禦設施配置及許多建築工程技術上，無不表現明代工匠的高超技藝和設計規劃的科學性。無論作為軍事戰略要地，還是一般的海港來說，都十分傑出。

中國火器進一步發展

明代火藥煉製技術為火器的進一步發展提供了條件。管形火器技術迅速發展，文獻記載和實物出土均較前代大大增多。火器名目較多，以現代技術劃分，主要有砲、銃、槍三種。其中，口徑較小、手提、有托、抵肩點放的為「槍」；口徑稍大的叫

「銃」，口徑更大的叫「砲」。

明代火砲種類較多，見於《明史》、《明會典》、《武備志》、《天工開物》以及考古發掘的，有大將軍砲、二將軍砲、三將軍砲、四將軍砲、五將軍砲、守門將軍砲、旋風砲、碗口砲、神威大砲、銅發砲、威遠砲、紅夷砲等，計約五十餘種。既有本國自行設計的野戰砲、攻城守塞砲、艦船砲，也有少數仿造外國的紅夷砲等。明代初年發明了鐵砲。山西省博物館收藏的三件洪武十年造的鐵砲是現存中國最早的鐵砲，通長一百公分，口徑二十一公分。鐵砲鍛製強度較高，重量較小，因而威力大且較爲輕便。明代中期發明的「提心銃」是近代火砲和砲彈的早期形態，在一定程度上克服了火砲「重而難舉，發而莫繼」的缺點。明代火砲還在砲身上仿照佛朗機的裝置，在砲身前加了照星，後設了照門，砲架改爲固定式，大大提高了火砲命中率；又發明了可以轉動的「滾車」和「台車」，增強了火砲的靈活性；砲身上釘的鐵爪和在砲車裝鐵錨，則減少了後座力的不利影響，增進發射的穩定性和安全性。

明架火戰車，長350公分，寬320公分。這是由獨輪車與火箭、火銃、長槍組成一體、由兩人操作的戰車。

明代火槍的數量和品種較多，主要有單管式、多管式和分段式三種。明中期的單管槍「飛天神火毒龍槍」，可長距離發射鉛彈，近距離噴射毒火，格鬥時用槍鋒，一器三用。明代中後期則發明了帶瞄準器的火槍——鳥槍。

明代火箭成爲軍隊中的主要輕型

明洪武十年（西元一三七七年）所造鐵砲

火器，分爲單級式和多級式。單級式又有單發式和多發式（集束式）兩種。多發火箭是將許多支火箭用總藥線聯成束一齊發射。明代多發火箭至少有十種不同的類型，即五虎出穴箭（五支單火箭集束）、七龍箭（七支）、九龍箭（九支）、火弩流星箭（十支）、火籠箭（十七至二十支）、長蛇破陣箭（三十支）、一窩蜂箭（三十二支）、群豹橫奔箭（四十支）、四十九矢飛簾箭（四十九支）、百虎齊奔箭（一百支）。射程爲二百至五百步，箭頭多塗射虎毒藥，兼有縱火、殺傷雙功能。多級火箭是明代火箭技術的主要成就。《武備志》等書有「火龍出水」、「飛空砂筒」等二級火箭的記載，發射時，先點燃龍頭和龍尾下部的四支火箭，推動火龍前進，當其燃燒將盡時，連接引信便將腹內火箭引燃，腹內火箭由龍口飛出，射向目標，此龍腹內火箭就成了第二級火箭。「飛空砂筒」是飛出後又有飛回的二級火箭，是明代火箭技術的最高成就。發射時，先點燃飛去的藥筒的引信，對準敵人放去，刺在敵人船篷或船帆上，噴出火焰和細砂。待敵救火，則毒砂落於眼內，極難醫治，因而殺傷力很高。當向前的藥筒燃燒將盡時，通過引信把飛回的藥筒點著，讓火箭返回，使敵人莫名其妙而引起驚恐，出奇制勝。

明火龍出水。長153公分，頸部直徑20公分，尾寬32.5公分，是世界上最早的二級火箭。用竹筒做成龍形，龍的兩側各紮火藥筒。因為從船上發射，故稱「火龍出水」。

人物小事典

萬虎嘗試火箭飛行

十四世紀末，萬虎投入製作火箭載人飛行的最初嘗試。明代以前的火箭，作為輕火器，基本上都用弓弩發射。到了明初，發明了以火藥為動力的火箭，直接利用火藥燃燒向後噴射氣體的反作用力進行發射。明代發明的火箭種類繁多，有單級和多級火箭，單級火箭有飛刀箭、飛槍箭等單發和一窩蜂、百虎齊奔箭等多發箭。多級火箭有火龍出水、飛空砂筒等。

在火箭種類繁多、廣泛運用的基礎上，萬虎設想用火箭載人飛行，他在一把坐椅的背後裝上四十七個當時最大的火箭，並把自己捆在椅子前邊，兩手各拿著一個大風箏，然後令僕人同時把這些火箭點燃，以借助火箭向前推動的力量，加上風箏的上升力量飛向天空。這次試驗沒有成功，但萬虎被公認為世界上最早試圖利用火箭來飛行的人。萬虎嘗試火箭飛行，為後人研製飛行器提供了重要的參考資料。

明火箭。在箭杆前端縛火藥筒，利用火藥反作用力把箭發射出去。這是世界上最早的噴射火器。

火藥理論提出

明初成書的《火龍經》一書記載了早期的火藥理論，其後的《武備志》、《天工開物》也有關於火藥理論的記載。

火藥是以硝石、硫黃和木炭按比例配成的。明代以前提純硝石的基本方法是重結晶法，而到了明末則出現了更為有效的提純方法。茅元儀的《武備志》提出在結晶過程中加入草木灰水；《天工開物》，介紹了以幾個蘿蔔和它同時煮熟的提煉方法，焦勖《火攻挈要》提出除加蘿蔔及草木灰水外，還加雞蛋清、皂角及水膠。這些都是提純硝石的科學方法。明代提純硫磺技術又有了新的發展，出現了以油煉硫的方法。《武備志》、李盤《金湯借箸十三籌》（萬曆末年）、《火攻挈要》等書有所記載。提煉硝、硫並製得木炭後，下一步是將三者碾成所需大小的顆粒並按比例配製成火藥。因用途不同，比例及粒度也有不同。中國古代火藥的配製理論與藥物學理論是一致的，它要求火藥的配製符合「君臣佐使學說」。

據《火龍經》的記載，硝、硫磺、炭在火藥中作用各不相同，因而，根據火藥的不同用途，其配合比例也不一樣，射擊用火藥、硝石較多，爆炸用火藥、硫磺比例應大一些。在明代學者看來，硝、硫、鐵、炭及其他助劑在火藥中分別發揮君、臣、佐、使的作用。宋應星《天工開物》中所提出的火藥爆炸理論頗具代表性，他認為火藥以硝石、硫黃為主、草木灰（炭）為輔，硝和硫的性情分別是極陰和極陽，當這兩種物質被放於無間隙的空間中時就會爆炸。硝的性能主直，因而希望爆炸的力量呈縱向的話，則硝與硫的比例應為九比一；硫磺的性能主橫，所以希望爆炸的力量顯橫向，硝與硫的比例當為七比三。

明代火藥種類繁多，而且針對不同的用途，選擇各種適宜的配比，如

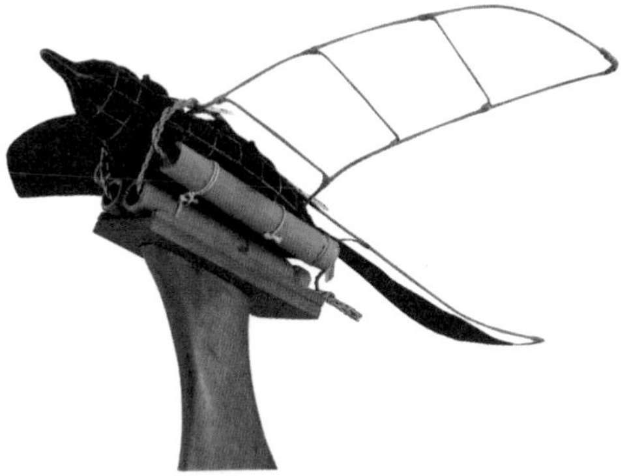

明神火飛鴉。翅長64公分，長56公分。以紮製風箏的形式，結合火箭推動的原理發明的燃燒彈。用竹篾紮成烏鴉形狀，內裝火藥，由四支火箭推動，可飛行三百多公尺，多用於火戰。

有專用的火銃藥，用於火藥砲和地雷的砲火藥、爆火藥，用作照明信號用的藥方及用於娛樂的煙火藥等。明《墨娥小錄》中列舉了「金盞銀台」、「金絲柳」、「賽明月」等二十二種煙火的配方，足見其火藥配合比的認識已相當深入。（明代的火藥，特別是明代中期以後的火藥，除少數燃燒型和用作信號的火藥配方外，硝的含量基本上達到了七五%左右，硫的含量則由宋代的三十%下降到十%左右，炭也保持在十二%至十五%之間。這種配比已接近近代黑火藥的標準配比，這在《武備志》中有所記載。）

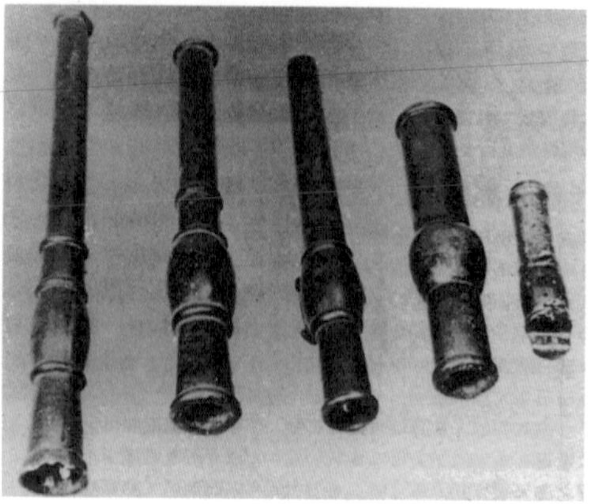

明代軍隊所用火銃

火藥在唐朝就已發明，但直到明朝，才提出了火藥理論。而在西方，近代合理的火藥理論只是到了十九世紀才趨於完善。

賦役黃冊制度形成

明洪武十四年（西元一三八一年）正月，太祖朱元璋以徭役不均爲由，命戶部令天下郡縣編寫賦役冊籍。因爲冊籍以黃紙爲封面，故稱「黃冊」，又因它以徵收賦役爲主要內容而稱爲「賦役黃冊」。

黃冊內詳細登載了每一戶的鄉貫、姓名、年齡、丁口、田宅、資產，並根據其職務規定人戶之籍屬，主要有軍、民、匠、灶四籍。民籍中有一般應役之民戶，還有儒、醫、陰陽等戶；匠籍登記手工業戶，向政府承應工匠差役；灶籍登記製鹽戶。其編造方法是：先製好黃冊格式，發給布政使司，再發給府縣及人戶手中。人戶按格式所列內容填寫，上交甲首，甲首再上交坊、廂或里長，加以彙總報本縣官員核查，並逐級上報府、布政使司、戶部，最後由戶部作綜合核查；同時規定，黃冊十年編造一次。爲了反映十年間人丁生產的增減變化，又分別開列舊管、新收、開除、實在等項目。黃冊制度有嚴厲的規定和處罰措施，以保證順利編造和賦役的徵收。

朝廷推行黃冊制度，賦役黃冊每次編造四套，其中三套是青色封面，謂之「青冊」，分別存放於布政司、府（州）、縣；另外一套是黃色封面，謂之「黃冊」，上交中央戶部保存，存於玄武湖的東西二庫，所以存放黃冊的庫房就稱爲黃冊庫。

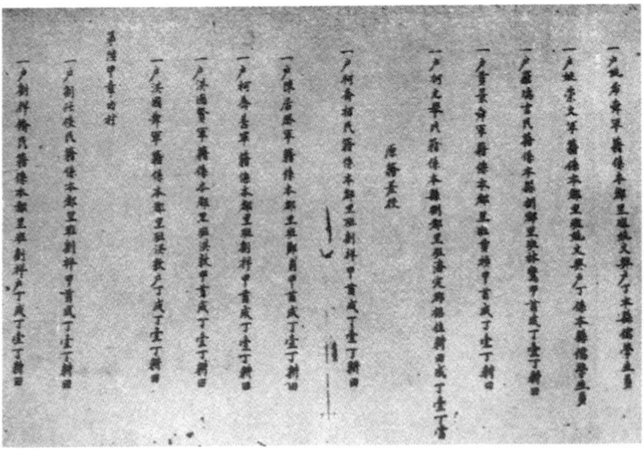

泉州府德化縣黃冊錢糧奏銷冊

黃冊庫的管理極其嚴格，初建時由戶部侍郎代管，明遷都北京後，由南京戶科給事中一員和戶部廣西清吏司主事一員專管。平時，黃冊庫的工作人員一般保持在一三〇名左右，包括庫匠、抬冊夫、水夫、膳夫及專門的辦事吏等，另外還有專責曬晾黃冊的監生五十名。每逢十年一屆的新冊入庫之年，人員還要大量地增加，爲使保存在庫內的黃冊免遭蟲蛀，冊架一律選用木製，而不用竹製。爲庫內通風所需，庫房一律東西朝向，前後有窗。每年的四月至十月間，曬晾人員將黃冊抬出庫外，攤開，置於陽光下。由於黃冊庫建於島上，與外界的聯繫只有船隻，爲防止受到外界侵擾，朝廷甚至嚴格限定船行的日期，只有每旬的一、六兩日尚可行船進出，其他時間若有敢私自進湖上島強闖黃冊庫者，一律處以「斬刑」。

玄武湖島上黃冊庫的建築規模是隨著時間的推移逐漸增加的。最初，島上只有九間庫房，冊架三十五座。隨著每十年一次的新冊入庫，都要增建庫房約三十間，到後來庫房多達六六七間，遍及湖上舊洲、中洲、新洲各島，冊架多達二六六〇餘座，收存的各地黃冊多達一五三萬餘冊，成爲中國古代最大的檔案庫。

最高學府國子監、太學成立

明洪武十五年（西元一三八二年）三月，太祖朱元璋改國子學爲國子監，將其作爲全國最高學府。同年五月，新建太學落成。

元至正二十五年（西元一三六五年），朱元璋在舊集慶路儒學設置國

北京國子監辟雍

子學，詔令品官子弟及民間俊秀入學讀書，設博士、助教、學正、學錄、典樂、典書、典膳等官。吳元年（西元一三六七年）國子學增加祭酒、司業、典簿等職。洪武八年（西元一三七五年）又在中都鳳陽設國子學。洪武十三年，國子學遷址於雞鳴山下。洪武十五年改國子學爲國子監後，增設最高督學祭酒一人，司業一人，監承、典簿各一人，博士三人，學正、學錄各三人，掌饌一人。洪武二十四年再次更定國子監的品秩、品數，使國子監的管理體制更加完善。

國子監建立後，學校制有明確的規章：祭酒、監承掌管國子監諸生訓導政令，監承參領監務，凡教官怠於教誨、學生違反監規、課業不精者，都要糾舉懲治。博士負責授課，助教、學正、學錄負責輔導學生經義文字。典籍管理書籍，掌饌負責飲膳。國子監諸生分六堂授課，三年爲期，考試及格給出身，不及格者仍在監肄業。洪武年間，國子監諸生除按時參加科舉外，還可直接由吏部任職。洪武二十六年罷中都國子監，永樂元年（西元一四〇三年）在北京置國子監，員額增減無常。

洪武十五年五月十一日，新建太學成立，亦稱文廟。太學正堂中爲公署，左爲訓導之所，右爲課試之處；前爲太學門，再前爲集賢門。六堂後爲諸生肄業居處；六堂之東爲助教、學正等的居所。太學的旁邊有號房，是諸生住宿處，有妻子的學生居住在外面，每月給米贍養。

國子監的設立與完善，對明朝的學校教育及文化發展具有重要作用。

錦衣衛建立

明洪武十五年（西元一三八二年）四月，朱元璋廢除儀鑾司，改立錦衣衛，作爲皇帝侍從的軍事機構。

朱元璋最初設置拱衛司，管領校尉，隸屬都督府，後改拱衛司爲拱衛指揮使司。洪武二年，拱衛指揮使司再度更名爲親軍都尉府，設儀鑾司歸其統領。洪武十五年改儀鑾司爲錦衣衛後，下設指揮使、指揮同知、指揮僉事、南北鎮撫司鎮撫、千戶等職，指揮使由皇帝心腹擔任。

錦衣衛建立前的儀鑾司不過是替皇帝掌理儀仗的普通侍衛機構，改爲

錦衣衛印

錦衣衛後，權力大增。除掌管侍衛職權外，還有巡察緝捕和審理詔獄的權力，實等同於明朝設立的特務組織。

錦衣衛屬下的鎮撫司承辦由皇帝命令查辦的案件，他們用刑極爲殘酷，痛楚往往十倍於官刑。其中一種是廷杖，初期杖滿即停刑，後期至打死爲止；另外一種是用三百斤重的立枷，幾天就可將犯人壓死。魏忠賢掌管錦衣衛時，又設斷脊、墮指、刺心、「琵琶」等酷刑。這種對犯人嚴刑逼供、非法凌虐的做法，導致民情激憤、怨聲載道。洪武二十年，朱元璋不得不下令焚毀錦衣衛刑具，所押囚犯也由刑部審理；同時下令內外獄都歸三法司審理，廢除了錦衣獄。但到了明成祖時期，錦衣衛又得以恢復，並由北鎮司專門處理詔獄。

錦衣衛除擁有諸多特權外，還擁有大量田地。直到成化年間，他們的權勢地位才有所削弱。

施耐庵作《水滸傳》

施耐庵寫成的章回小說《水滸傳》是中國英雄傳奇最傑出的代表作，主要描寫北宋末年宋江等領導的農民起義發生、發展直至失敗的過程。

施耐庵，生平不詳，一般認爲是元末明初人，與羅貫中生活在同一時代。《水滸傳》在成書前經過長期的演變，宋元時期，宋江等人的事蹟在民間廣泛流傳。雜劇家也創造了很多水滸戲。而把這些簡單、零散的人物和故事匯聚到一起，寫成規模宏大、內容豐富的長篇小說，正是施耐庵的功勞。

《水滸傳》是第一部以民眾抗爭

左圖為《水滸傳》描繪「單身劫法場」的插圖，右圖為描繪「秦張喬生衙」的插圖。

為題材的長篇小說，它以藝術形式反映了當時社會的腐朽黑暗，揭示官逼民反的社會現實。小說的結局充滿了悲劇氣氛，作品進一步揭示出「自古權奸害善良，不容忠義立家邦」的思想。儘管如此，《水滸傳》謳歌的英雄主義仍是作品最激動人心的地方，作者往往集中幾回刻劃一個或幾個主要人物，特別是對宋江形象內心矛盾的細緻描寫，把他內心中正與邪、言與行、行與思、眞與假、悲與喜等強烈矛盾揭露得淋漓盡致，塑造了中國文學史上不多見的具有複雜性格的形象。同時作者還大量運用合理的想像和藝術的誇張，透過傳奇性情節使英雄人物達到理想化的境界。

《水滸傳》的語言是以口語為基礎，經過加工提煉而創造的文學語言，其特點是準確、生動、明快，敘述語言維妙維肖，人物語言的性格化更達到了很高的水準。透過人物語言，可看出其出身、地位及所受文化教養而形成的思維。

《水滸傳》的成功再次證明民間創作和文人創作相結合是中國古代小說發展的動力，在它的影響下，陸續出現了大批英雄傳奇。作為《水滸傳》餘緒的陳忱《水滸後傳》就是其中的佳作，它熱情地歌頌了梁山英雄的抗爭精神，寄寓深切的愛國思想。

明營建南京城

明太祖朱元璋定都應天（今南

京）後開始大規模營建都城，從西元一三六六年至一三八六年在原有城市基礎上建成皇城、府城及外城三重，其規劃佈局反映了明代突破傳統都城觀念的建築特色。

元至正十六年（西元一三五六年）朱元璋攻佔集慶（今南京）後，改爲應天府，採取「高築牆、廣積糧、緩稱王」策略，發展生產，且耕且戰，爲建都於此打下雄厚基礎。至正二十四年，朱元璋在此稱吳王，建百司官署，兩年後拓應天府城，命劉基等在舊城東鐘山之陽建吳王新宮。洪武元年（西元一三六八年）朱元璋即皇帝位遷入新宮。爾後經過二十年時間，按照自然地形，隨勢建城。

南京城的修建於洪武十九年峻工，爲了利用險要地勢和防衛，南京城平面呈南北長、東西窄的不規則形。城周長約六十七公里，城垣高度一般爲十四至二十一公尺，基寬十四公尺，頂寬四至九公尺，用石做基，上砌特製的大磚，垛口有一萬三千餘個，開有十三個城門，以聚寶門最爲宏偉壯觀。城牆內有藏兵洞二十三個，可供三千士兵駐守。後又在都城周邊建外廓城，長一二〇公里，大部分依天然地形以土壘城，外廓城牆早已被毀，都城城牆則保留至今。

皇城位於城東，平面呈方形，內有宮城。皇城以南北中軸線爲主幹，自洪武門至承天門築有大街，東側有禮、戶、吏、兵、工五部，西側爲五軍都督府。宮城內依中軸線建奉天、華蓋、謹身三殿和乾清、坤寧二宮，是皇帝舉行大典、處理朝政及居住的場所。城中心建有鐘樓、鼓樓，在雞籠山和聚寶山分別設有觀象台。鼓樓東南的國子監是當時全國最高學府。玄武湖是存放明代全部黃冊之處，湖心島上建有庫房，防守嚴密。

由於水陸交通便利，腹地廣闊，南京的手工業和商業相當繁榮。商業

位於南京古城中華門的藏兵洞，前後四重，共二十七個。

中華門城上的跑馬道

區位於秦淮河兩岸，經營糧食、竹木、薪炭、六畜、桐油、芝麻、茶葉、紙張等，商賈雲集，百貨充盈。手工業以絲織、印刷、造船著稱。織造業除官營外，還有大量民間機戶和機匠，產品豐富，暢銷全國，並有顏料、印染等配套行業。秦淮河入長江口建有龍江寶船所，可製造用於遠洋航行的大船，鄭和下西洋即以此爲基地造船。不少外國使臣、商人到南京出使和貿易，浡尼國王那惹加在訪問南京時病逝，即葬於此，陵墓至今尚存。

南京的各種宗教建築也很多，著名的有靈穀寺、報恩寺、天寧寺、朝天宮、淨覺寺等，特別是報恩寺內有一座九級琉璃寶塔，白天在陽光下熠熠生輝，夜晚點燈百餘盞，成爲天下奇觀。

明成祖遷都北京後，南京的宮殿官署一直保留，在政治、經濟、文化方面處於特殊地位。

南京報恩寺塔構件，建於明永樂年間。

內閣體制形成

明太祖朱元璋廢中書省，罷丞相，暫時緩和了皇權與相權的矛盾，但由此也給獨裁皇帝本人帶來了許多困難。當時社會經濟亟待恢復，重建統一大帝國的軍事征戰尚在進行，但面對繁重的公務，就必須建立起一個有效率的輔政機構。

廢除丞相制八個月後，明太祖仿照古代四時命官之制，置春夏秋冬四輔官，命老儒士出任此職，專門「協贊政事，均調四時」，官秩正三品。四輔官實行不到兩年，明太祖所任輔臣「淳樸無他長」，不足爲用，下令廢止。在廢四輔官之後，又仿宋代制度設置殿閣大學士，官秩爲正五品，任務是「侍左右，備顧問」，不參予機密決策，一切軍國大計仍由明太祖親自定奪。

明代監察御史的象牙腰牌（正反面）

廢丞相而立四輔官，四輔官罷而置殿閣大學士。官制不斷更新，品位卻愈爲卑下，由正一品降爲正三品，再降爲正五品，權責亦日爲縮小。雖然他們的作用有限，但無疑爲明代內閣制的建立提供了原型，可視爲內閣的萌芽時期。

明成祖即位之初，根據四輔官和殿閣制的雛形，特別簡任翰林院侍讀解縉等入文淵閣，稱爲「入閣辦事」，並預機務，謂之「內閣」。內閣之名，以及閣臣參與機務，由此始。當時入閣者，俱爲翰林院官，專理詔冊和制誥，閣臣的官秩高者不過正六品，低者止從七品，後始漸升爲正五品。由此可知，在內閣建立之初，閣臣的品位很低，不能置官屬，不能干預諸司。名爲參與機務，實則沒有決策權，既無決定各部、院的政務，也很難改變皇帝的意見，根本抑制不了皇權的膨脹。自仁宗、宣宗到英宗初年，是明代內閣權力、地位和作用迅速提高的關鍵時期。仁宗即位，楊榮、楊士奇等原爲東宮舊臣，晉楊榮爲太常寺卿兼華蓋殿大學士不久，又晉楊榮、楊士奇爲尚書，自加官少師、少傅、少保。從此，入殿閣加者多爲尚書、侍郎，多爲一、二、三品，未加升而止襲大學士者仍爲正五品。隨著內閣大學士品位的提高，其地位與權力也相應變化，因職漸崇，權力益重，令人刮目相看。內閣由最初的文學侍從機構變爲凌駕於部、院之上的中樞政務機關，眞正發揮參與決策核心機密的作用。

產生於明代的內閣，是中國封建官制的又一重大變化，是明太祖廢除丞相制的產物，也是爲了迎合君主極權政治的需要。

中國君主極權政治落實

中國地方建制，從秦朝開始，大體上是實行州、縣兩級制，至宋代演爲路、州（府、軍、監）、縣三級。整體趨勢是不斷限制和削弱地方權力，擴大中央集權，加強皇權。元代對地方政權機構做了一次重大改動，以行中書省爲地方最高行政機關，使地方權力得到空前的提升，行省以下依次爲路、府、州、縣。

明王朝建立之初，各級政權機構多襲用元代舊制。在中央設中書省，以總全國之政；設大都督府，以統全國軍務；建御史台，以振朝廷法度。在地方，仍以行中書省爲最高權力機構。但經過一段時間的施行，朱元璋認爲行中書省的建制不利於中央對地方的控制，有礙於皇權的集中與政權的鞏固，故於洪武九年下令廢除行中書省，浙江、江西、福建、北平、廣西、四川、山東、廣東、河南、陝西、湖廣、山西十二行省，均改爲承宣布政使司（簡稱布政司），以布政使司轄一省民政，提刑按察使司理司法，都指揮使司領軍務，史稱「都、布、按三司」。原來行省的權力，由此一分爲三，變爲軍、政、司法之權分立。三司各有職權，各負其責，互

明太祖朱元璋像

不相統，直接向中央負責，實際是向皇帝一人負責。布政司以下的行政機構，簡化爲府（或直隸州）、縣（或屬州）二級，分設知府、知州、知縣，均由皇帝任命，實行一長負責制。但都沒有決定權，凡遇大事必先報告上級，待允准而後行。

在完成地方改制的基礎上，朱元璋又將重點轉移到中央機構的改革。中央機構的設置，歷代有變化。秦至西漢設三公九卿，以丞相居重權；三國以來，相權進一步分散，演爲三省（尚書、門下、內史）並重；自隋至唐，三省六部（吏、戶、禮、兵、刑、工）制始形成，並日趨完善；宋代，相權益爲削弱；元代，併三省爲一省（中書省），下轄六部，丞相擁有極大的權力。明代建國之初，一依元制，後來朱元璋認爲中書省權重和丞相「擅專威福」，是秦漢以後君亡國破的根源所在，於是洪武十三年在殺丞相胡惟庸之後，罷中書省，廢丞相制。在中國實行了一千多年的丞相制至此廢除，這是中國封建官僚統治體制的一次空前變革。

廢丞相制、罷中書省之後，「折中書之政歸六部，以尚書任天下書」，尚書的官秩亦同時晉爲二品。六部中，各部分門獨立，直接向皇帝負責。此外，朱元璋爲便於直接控制軍權，又改制大都督府爲中、左、右、前、後五軍都督府，遇有征戰，由皇帝命帥出征。至此，皇權、相權、軍權之間的問題頓消，全國軍、政諸大權遂歸皇帝一人。

同時，朱元璋進一步擴充監察機構，擴大監察之權，並充分發揮其作用。洪武十五年置都察院，爲中央的重要機構之一，與刑部、大理寺合稱爲「三法司」。

明代的官制，經過明太祖朱元璋的全面改革，已和漢、唐有了很大的差別，最明顯的一點是「政皆獨斷」，一切權力集中於皇帝。這次改革，使秦、漢、唐、宋、元以來的專制主義、中央集權得到極致的強化，最終形成權歸皇帝一人的君主極權政治。

明孝陵成

明孝陵是明朝開國皇帝朱元璋的陵墓，坐落在南京東郊紫金山南麓獨龍阜玩珠峰下，洪武十四年（西元一三八一年）開始營建，洪武十六年建成，朱元璋死後葬於此。

明朝建國後，提倡儒學「厚葬以明孝」、「事死如生」的倫理思想，尊崇禮治。朱元璋開國不久，就派官員走訪審視了歷代帝王陵墓規劃佈局，他親自裁定了整個陵區的規畫和單體建築的形式，於一三八一年下令破土動工，經三年而成。

明孝陵由前後兩部分組成，前爲神道區，後爲陵園主體區。神道區全長一千八百公尺，自下馬坊起至享殿門前的御河橋止，依據地形，曲折遷迴，佈置巧妙。神道的前端增建有造型端嚴而高大的神功聖德碑樓，予人崇高莊重的感受；神道兩側置石像對峙道旁，有獅、獬豸、駱駝、象、麒麟、飛馬等六種十二對，一立一跪，透迤一里多，既渲染了陵墓的神祕崇聖，增加了陵墓建築的空間層次，也是區別陵墓階級的標誌。

明孝陵神道旁的石像生

明孝陵入口

陵園主體區採用嚴格對稱的縱軸形制，與前半部分依山勢迂迴之法正相反。前後共分爲三進院落，孝陵的前院，正門原名「文武方門」，院內兩側是供祭祀時使用的神廚和神庫，前院和中院有享門相通，中院後部中央建有面闊九間、進深五間的恩殿。殿前兩側有東西廊廡，佈局嚴謹，形若宮殿，是舉行祭祀活動的場所。後院爲方城明樓及寶頂。恩殿和方城明樓相結合，構成了陵墓建築的主體，如同宮殿和廟宇中的前朝後寢，取代宋陵方形陵台和土城，提升了陵墓建築的藝術性。

明孝陵的規劃佈局和陵墓建築，既承襲了歷代帝陵的傳統，又作了大膽的變革和創新。如陵墓由方形改爲圓形，稱寶頂；取消寢宮、擴大祭殿規模，陵園圍牆由方形改爲縱深三進院落形制，創以方城明樓爲主體，祭殿爲先導的宮殿式陵園形體；石像群種類和數量的調整等。這些與歷代不同的重大革新，成爲十三陵的藍本，導引出帝陵建築的高峰。

《大明律》、《明大誥》成

洪武三十年（西元一三九七年）五月，《大明律》定型，頒示天下，罷除即位以來禁例榜文。

早在明代建國以前，朱元璋便於吳元年（西元一三六七年）十一月命中書省以唐宋律令爲基礎，詳定律令；明王朝建立後，便在此基礎上著手制訂通告全國的大明律。朱元璋充分肯定了唐律，並於洪武元年「命儒臣四人，同刑官講唐律，日進二十條」，以此爲制訂大明律作準備。

同年冬，朱元璋即命刑部尚書劉惟謙、翰林學士宋濂詳定大明律，並於翌年二月完成，頒行天下；總計六〇六條，分三十卷。洪武九年，朱元璋又命丞相胡惟庸、御史大夫汪海洋等「詳議釐正十有三條」。洪武二十二年刑部提出「條例比年增減不一」，判案受影響；於是命翰林院同刑部官員更定大明律，「取比年所增者，以類附入」。因爲洪武十三年中書省、宰相已取消而分權於六部，故以名例律冠於篇首，按六部官制分吏、戶、禮、兵、刑、工六律，共三十卷，四六〇條，由此改變了隋唐以來沿襲八百年的封建法典十二章的結構。

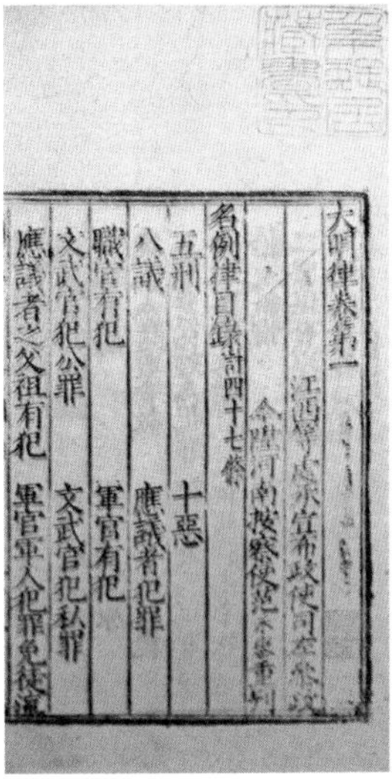

大明律卷第一

名例律目錄計四十七條

五刑　十惡

八議　應議者犯罪

職官有犯　軍官有犯

文武官犯公罪　文武官犯私罪

應議者之父祖有犯　軍官軍人犯罪免徒流

明正德十六年刻本《大明律》

本年，朱元璋選纂《欽定律誥》一四七條，作爲大明律中有關死罪的處刑條款的補充，並附於明律之後，總名《大明律》。

《大明律》在吸取了唐律基本精神的基礎上，融進了明初三十年的統治經驗；其條例簡於唐律，精神則嚴於宋律，且無論形式或內容都有所發展。作爲國家成法，《大明律》不許擅自改動，朱元璋還下令「子孫守之，群臣有稍議更改，即坐以變亂祖制之罪」，故《大明律》「歷代相承，無敢輕改」。

《御制大誥》、《御制大誥續編》、《御制大誥三編》和《大誥武臣》則是太祖朱元璋自洪武十八年至二十年間，親自採輯「官民過犯」的案例，歷時兩年零一個月相繼編成。總計二三六個條目，其中《初編》七十四條，《續編》八十七條，《三編》四十三條，《武臣》三十二條。編制《明大誥》目的是「警省奸頑」，反映了朱元璋重典治國與重典治吏的思想。《明大誥》列大量族誅、凌遲、梟首的案例，和墨面紋身、挑筋去指、挑筋去膝蓋、斷手、斬趾、刖足、枷令、枷項遊歷、閹割爲奴等種種酷刑，表明朱元璋透過制訂《明大誥》公開肯定法外用刑的事實，顯示出明代專制主義的強化以及專制主義與法制的衝突，更充分暴露出封建刑法的殘酷和野蠻。

《明大誥》是重刑的產物，它的處刑原則與量刑標準，直接與《大明律》的規定抵觸，如同一犯罪，按大明律僅處笞杖刑，而大誥往往加重至死刑。

建文帝即位後，鑑於太祖重典治國，法外用刑，有害於「情法適中」，因而在即位詔中宣布：「今後官民有犯五刑者，法司一依《大明律》科斷，無深文。」在事實上宣布廢除《大誥》四編，雖成祖又曾部分恢復大誥，最終至仁、宣兩朝，《大誥》四律、《律誥》中的三十六條，統統宣布廢止不用。

羅貫中作《三國演義》

元末明初小說家羅貫中以史實和傳說相結合的形式創作而成《三國志通俗演義》，這是中國歷史演義類章回小說的開山之作，簡稱《三國演義》。

羅貫中（約西元一三三〇～一四〇〇年），名本，字貫中，號湖海散人，山西太原人，一說錢塘或廬陵人。《三國演義》代表其創作的最高成就。《三國演義》共一二〇回，約七十五萬字，描寫了東漢靈帝建寧二年至西晉武帝太康元年（西元一六九年至二八〇年）一百一十餘年間的歷史故事，尤其集中於魏、蜀、吳三國的對抗。該書寫定於元末明初，但此前經過長期演變。魏晉時期流傳三國人物的奇聞軼事；到了元代至治年間（西元一三二一年至一三二三年）出現一部《三國志平話》。另外，在宋、金、元三代，三國故事被搬上舞台，元雜劇「三國戲」劇碼有近六十種。這些傳說、話本和戲曲構成了《三國演義》的堅實基礎。

《三國演義》是文學創作，非純歷史紀錄。作品把劉蜀集團作爲全書的中心，以其與曹魏集團對抗作爲情節發展的主線，表彰了劉備「上報國家、下安黎庶」的政治思想，對曹操的極端利己主義和狡詐專橫則予以鞭撻。這種繼承下來的「擁劉反曹」傾向，寄託了處於民族壓迫之下的漢人對漢族政權的依戀，表現出人民擁護「明君」、反對「暴君」的情感思想。

曹劉對抗最後以蜀亡爲結局，三國分裂而又統一於曹，這是歷史事實。《三國演義》作爲歷史小說，自然沒有違背這個框架。但這部小說的價值並不在於照實記錄歷史進程，而在於爲人們提供了一幅色彩斑斕的歷史人物群像。其中諸葛亮的形象最爲突出，在華人心中諸葛亮是智慧的代名詞，這在很大程度上是小說濃墨重彩加以渲染的結果。他因劉備「三顧茅廬」而出山，爲蜀漢制定聯吳抗曹戰略，他深謀遠慮，運籌帷幄，隨機應變，在內政、外交、軍事上都尤顯

三國故事繪畫《三顧草廬圖》

《三國英雄志傳》刻本

神通；同時他忠貞不二，為報答劉備的知遇之恩，鞠躬盡瘁，死而後已，堪稱古代「良相」的楷模。關羽、張飛也是家喻戶曉的角色，小說對他們與劉備名為君臣、情同骨肉、生死不渝的義氣，備加讚賞。此外對大義凜然的趙雲及忠於蜀漢集團的龐統、黃忠、姜維等英雄，也留下熱情讚揚，同時對曹魏、孫吳集團的文臣武將也有充分的描寫，並予以不同程度的肯定。

《三國演義》內容中涉及數以百計的大小戰爭，千變萬化，各具特色，展現了戰爭的複雜和多樣性，在描寫戰爭過程中，善於抓住重點，突顯人物，融軍事對抗、政治、外交角力於一體，形塑各方將帥的性格、氣度和智謀。作者在尊重史實的前提下，表露出鮮明的愛憎傾向，當蜀漢處於不可逆轉的劣勢時，便強調其大敗中的小勝和挫折中顯示的美德，膾炙人口的「趙雲單騎救主」、「張飛大鬧長阪坡」和諸葛亮的「空城計」都是生動的例證。《三國演義》的結構也獨具特色，它把前後百年左右的歷史變遷，和在這一歷史時期中的幾百個人物緊密組織在一起，做到佈局嚴謹、脈絡清晰、主次分明、曲折變化，對於一部毫無借鑑的早期長篇小說，實是不可低估的傑出成就。《三國演義》用半文半白的語言寫成，雅俗共賞，有口皆碑，除了運用得精煉準確、形象生動外，這種語言還營造了特殊的歷史氛圍，與題材和人物身分均相吻合。

《三國演義》對後世的影響極大，它結束了長篇小說創作僅是說話藝人底本的時代，成功地再現歷史，為同類小說的創作開闢了一條大道。從明代開始，就出現了許多歷史演義，如余邵魚的《列國志傳》、謝治的《東漢通俗演義》、褚人獲的《隋唐演義》等，足見《三國演義》在中國文學史上和百姓生活中佔有舉足輕

三國故事繪畫《關羽擒將圖》

重的深遠影響。

設立翰林院

明朝翰林院於明初設立，開始只具備皇帝諮詢顧問的智囊團性質，與前代的文人學士館相似。但朱元璋設翰林院除備顧問外，還提高其政治職能，且隨著經筵日講的宮廷教育制度的建立和完備，翰林院學士的職掌範圍日益擴大，到成祖朱棣時，內閣制度形成，翰林院終成國家儲才重地。並建有一套特殊的教育制度，以培養能擔任國家重任的高級官僚。

陳洪綬以善畫人物著名，此圖為其所繪的《蕉林的酒圖軸》。

入翰林院者是每次會試進士通過殿試之後，錄取二十人，除個別授編修一類官職外，均統稱「庶吉士」。庶吉士一般在翰林院學習三年，並從事修史、著作、圖書校勘等部分文字工作。庶吉士明初設置時，分設於六科，練習辦事，後專屬翰林院；由政府負擔他們衣食住行的一切開銷，因而其學習無後顧之憂。且國家最大的藏書機構文淵閣也供翰林院教學之用，庶吉士的學習條件稱優。其教學內容主要是道德政治學和詩文記誦之學。他們跟從學士學習，也可據各自興趣和專業特長，自學自修。翰林院具濃厚的學習氣氛，且學習與研究緊密結合。

庶吉士不僅接受教育，也從事教育研究和經筵日講的教育實踐，如東宮講學、隨時備詢於皇帝、參與撰寫經筵日講講章、討論古今治國方略及時務等；此外，他們還擔負科學考試出題判卷、考會試、考兩京鄉試、考武舉、考保舉諸科等。庶吉士三年學習期滿後，通過考試，成績優等者，原爲二甲進士的授編修，原爲三甲進士的授檢討，留任翰林院正式職官；成績次等者，改任各部主事或知縣。但因有翰林院資歷，日後均有希望入內閣。

翰林院教育，除了庶吉士外，還由地方選舉神童到翰林院進行特殊培養，學成可直接量才授官，亦可參加科舉考試。這樣的神童教育曾造就了一批人才。

自英宗天順二年（西元一四五八年）以後，「非進士不入翰林，非翰林不入內閣」。南北禮部尚書、侍郎及吏部右侍郎等非翰林不可。明一代宰輔七十餘人，十之八九出身翰林，翰林之盛，非前代可比。但自英宗朝以後，翰林院教育日漸走向空洞無用，與實政實學頗少聯繫。

明官服體系　集漢官官儀大成

明代文武官員的冠服有朝服、祭服、公服和常服等。

朝服：洪武二十六年定，公冠八梁、加籠中貂蟬，立筆，前後玉蟬；侯七梁冠，籠中貂蟬，立筆，前後金蟬；伯同侯，前後玳瑁蟬，都插以雉尾；附馬同候、但不插雉尾，衣用赤羅衣，白紗中單，青飾領緣，赤羅裳，青緣，赤羅蔽膝，革帶佩綬，白韈黑履。明代官員一品至九品，以冠上梁數爲差，一品七梁冠，二品六梁冠，三品五梁冠……以此類推。凡大祀、交戰、正旦、冬至、聖節及頒詔開讀、進表、傳制時官員服用朝服。

祭服：洪武二十六年，定一品至九品官員祭服爲：青羅衣，白紗中單、俱宅領緣；赤羅囊、皀緣，赤羅

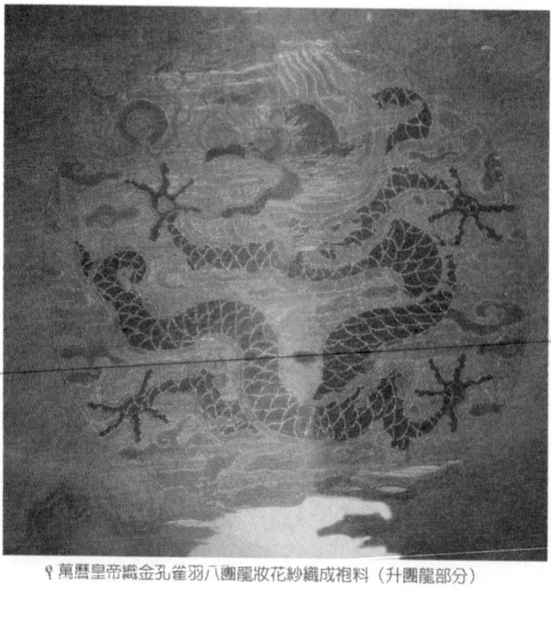

萬曆皇帝織金孔雀羽八團龍妝花紗織成袍料（升團龍部分）

歷代帝王像

蔽膝；方心曲領；冠帶、佩綬同朝服，文武官員分獻陪祀用祭服。

公服：明代文武官員公服則穿袍，據洪武二十六年定制，衣用盤領右衽袍，袖寬三尺，材料用絲或紗羅絹。一品至四品，緋袍；五品至七品青袍；八品、九品，綠袍；未入流雜職官的袍、笏、帶與八品以下同。袍的花紋以花徑大小分別品級，如一品用大獨科花，徑五寸；以次遞減其花徑大小，八品以下無紋。首戴幞頭，漆紗為之，旁二等展角各長一尺二寸。腰帶一品用花或素的玉，二品犀，三品、四品金荔枝，五品以下用烏角。鞓用青革，仍垂撻尾於下，著皂靴。凡每日早晚朝奏事、侍班、謝恩、見辭時服之，後改定朔望朝時用之，其餘常朝時則用便服，公、侯、駙馬、伯的服飾等與一品同。

常服：明朝官員常朝視事（即在本館署內處理公務），則穿常服，洪武三年定制，官員凡常朝視事用烏紗帽，團領衫束帶，一品用玉帶，二品花犀，三品金鈒花，四品素金，五品銀鈒花，六品、七品素銀，八品、九品烏角，公、侯、伯、駙馬與一品同。洪武二十四年定制，常服用補子分品級：公、侯、伯、駙馬用繡麒麟、白澤。文武官九品各有所屬補子圖像。由於勳爵官日常用官服，所以明代人說：「國朝服色以補為別。」（謝肇淛《五雜俎》卷十二），可見用補子紋樣以示等第，是明代官服的重要特點之一。

明代對於文武官員服飾的樣式與尺寸，衣料、帽頂、繡樣、色彩，乃至鞋履都有嚴格的制度規定，總之，明代文武官員的服飾是完全受制度與規章嚴格約束的，而其服飾文化的理論又構築於中國傳統禮教的框架之上，明統治者恰是透過各種官員不同服飾，顯示官序的高下，增添威懾效應。

文化小事典

官員服裝實行「補子」

對官員服裝實行「補子」制始於明初而終於清末。

在中國古代社會，官員的服裝基本上有一定的規制以表示身分、職位等，於是，上層社會的官服作為權力的一種象徵，歷來受到統治階級的重視。明代對官員的服裝進行改造，樣式近似唐代圓領服而尺寸寬大，盤領右衽，兩側多出一塊，稱「擺」，衣料多用絲、紗、羅、綃，但顏色花紋有區別。其中最具特色的是對官員服裝實行「補子」制度以表示品級，而有「補子」的服裝便被稱為「補服」。

「補子」是一塊約四十公分乘五十公分見方的綢料，織繡上不同紋樣，再縫綴到官服上，胸背各一，其源於元代的胸背。「補子」圖案一般文官用禽鳥紋，武官用走獸紋，各分九等，容易識別。明代對「補子」品級圖案有一定的限制規定，但不太嚴格，一些舞、樂、工、史等雜職人員也可用雜鄰、雜花「補子」，官眷、內臣還可用「應景補子」、如正月十五的「燈景補子」、五月的「五毒艾虎補子」等。明代官員服裝一至九品的「補子」紋樣，文官分別為仙鶴、錦雞、孔雀、雲雁、白鷳、鷺鷥、黃鸝、鵪鶉等；武官分別為獅子、虎、豹、熊羆、彪、犀牛、海馬等。明朝實行官員服裝「補服」制，使官員之間階級明顯，有利於統治階級的管理。

文官補子紋樣

武官補子紋樣

任命宦官出鎮軍隊

永樂元年（西元一四〇三年）朱棣選遣宦官出鎮軍隊。

洪武之初，朱元璋置宦不及百人；迨至末年，定為十二監及各司局，同時規定宦官不得兼外臣文武銜，不得御外臣冠服，干預政事均處斬。建文帝即位後也嚴格控制宦官，規定宦官如出外不法，地方官有權逮捕懲治。朱棣即位後，對建文朝中洩漏虛實的內臣大行封賞。本年，朱棣選派有謀略的宦官隨顧成、韓觀、何福等出鎮貴州、廣西、寧夏諸邊，並賜給他們公爵服，位列諸將之上。不久，朱棣建置京軍三大營，命宦官提督監管京營軍，實際上開了明代宦官專權的禍端。永樂三年六月，朱棣派宦官山壽等騎兵出雲州，會同武城侯王聰等觀虜，直接典兵。朱棣賦予宦官的權力，遠超過太祖對宦官的禁令。宦官成了巡視內地、邊塞的「欽差大臣」，和出鎮典兵的朝廷耳目。

鄭和七下西洋

明成祖朱棣即位後，為了控制海內，耀威異域，撫剿逃亡海外之臣民，獲取海外珍寶異貨，從永樂三年（西元一四〇五年）六月起遣鄭和多次下西洋。鄭和（西元一三七一～一四三三年），本姓馬，小字三保，回族，雲南昆明人。朱元璋平雲南後，鄭和投靠朱棣，明初入宮做宦官，靖難立戰功，賜姓鄭，名和。永樂三年六月十五日，鄭和與副使王景弘奉命第一次出使西洋。其船隊共二萬七千八百多人，分乘大船六十二艘，小船二百餘艘。船隊滿載絲綢、瓷器等物，由蘇州劉家河（今江蘇劉家港）渡海到福建，又從福州五虎門揚帆啓航。船隊先抵占城，再南航至爪哇。永樂五年在舊港擒獲海盜陳祖義。船隊繼續西行，經過蘇門答剌、南浡里、錫蘭，到達左里（今印度科澤科德）。鄭和在此地立碑，以作紀念。這支龐大的船隊在此返航，於九月返國。

永樂五年（西元一四〇七年）冬，鄭和奉命第二次出使西洋，船隊經占城、暹羅、爪哇、錫蘭，直達印度半島西岸的阿枝（今印度柯欽）、左里，並立碑紀念，永樂七年夏回國。

鄭和後來又於西元一四〇九年至一四一一年，一四一三年至一四一五年，一四一七年至一四一九年，一四二一年至一四二二年，一四三一年至一四三三年，五次出使西洋，總計二

明成祖朱棣

寶船用的長十一公尺的大舵杆，一九五七年在南京龍江船廠出土

鄭和第五次下西洋時在泉州吳山伊斯蘭聖墓行香祈求航海平安而刻立的石碑

十八年間七下「西洋」。其中，永樂十九年（西元一四二一年）正月三十日，鄭和奉命第六次下西洋。此次下西洋，鄭和主要是護送忽魯謨斯、阿丹、祖法兒等來貢的十六國使臣歸國。

鄭和率船隊首先來到占城，隨後派一支船隊送暹羅使臣回國，自己則率大䑸寶船南航，經麻六甲海峽，送滿剌加、阿魯、蘇門答剌使臣回國，然後抵達榜葛剌（今孟加拉），再向南繞過印度半島至古里、祖法兒。又由祖法兒南航，訪問剌撒及非洲和木骨都束、不剌哇，隨即轉舵回航，於永樂二十年八月回國。

鄭和這次出使西洋，趁護送十六國使臣歸國之際，訪問了途經國家，並開展各種貿易活動。鄭和船隊的一支分隊在太監周某的率領下，到達阿丹國，對其國王及大小頭目開讀詔敕，並進行貿易，採購許多中原難見的奇珍異品，其中有大塊的貓眼石、大顆的珍珠、高二尺的珊瑚樹及金珀等。鄭和船隊到達位於阿拉伯半島東南沿岸的祖法兒時，首次對其國王開

鄭和下西洋的寶船模型

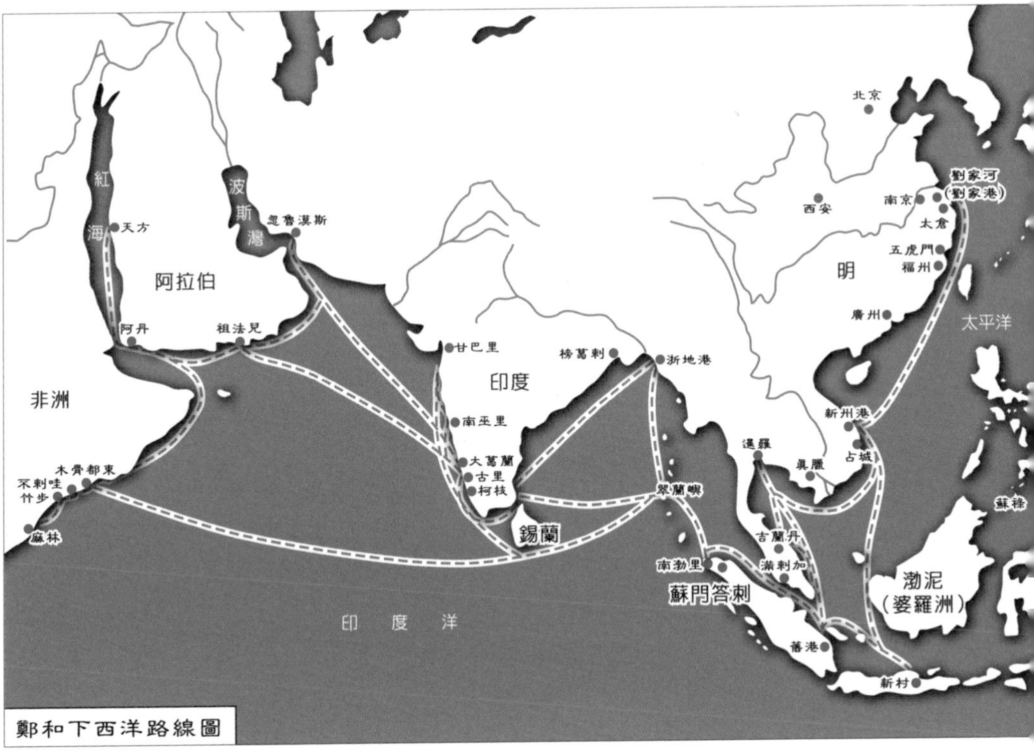

鄭和下西洋路線圖

讀詔書。在祖法兒國王的幫助下，鄭和船隊與當地人民進行了廣泛的貿易活動，增進相互間的瞭解。

明宣德五年（西元一四三〇年）六月九日，鄭和奉命第七次下西洋。當時安南事件已結束，且宣宗認爲自登基以來，諸番久未朝貢，故特命鄭和重下西洋。閏十二月六日，鄭和率載有二萬七千五百餘人的六十一艘大型寶船，從南京出發，兩日後駛至劉家河，並在此刻石立碑，記述歷次出使情況。十二月九日，船隊出海，先後訪問了占城、爪哇、舊港、滿剌加、蘇門答剌等國。鄭和派一支船隊直航非洲東岸，訪問木骨都束、不剌哇、竹步；同時派另一支船隊直航古里，訪問祖法兒、剌撒、阿丹。他本人率大䑸寶船經錫蘭、古里，直航忽魯漠斯。

此次西航，船隊曾到麥加訪問，

以麝香、瓷器等物換回各種珍貴異獸，並畫了天堂圖。宣德八年六月二十一日，船隊駛返劉家河。而鄭和則於二月病逝於歸國途中的古里國。

鄭和的船隊除載貨物商品外，還有糧食、淡水等生活必需品，船上有通書（翻譯）、行人、管帶及醫生、書算，也有技術人員，在遠航過程中，他們隨時記錄航向、所經港灣及暗礁、淺灘的分佈，繪製了《鄭和航海圖》。另外其隨行人員馬歡著有《瀛涯勝覽》，費信著《星槎勝覽》、鞏珍著有《西洋番圖志》等記述航海見聞，史料價值頗高。

鄭和的船隊到達東南亞及印度、非洲共三十多個國家和地區，途經南海麻六甲海峽、印度洋、波斯灣，最遠到非洲東海岸紅海海口及麥加；所到之處，即以絲綢、瓷器、銅鐵、金銀等換取乳香、珍寶及奇禽異獸等。

鄭和不僅是貿易代表，還是外交使節，他的出使加強了與所訪國家的聯繫和友好往來。僅永樂二十一年，就有來訪使臣一千二百餘人。鄭和下西洋豐富了人們對世界的認識。他立的《通番事蹟記》、《天妃靈應之記》碑，也成爲航海史上的重要文物。

鄭和下西洋使用牽星術

明永樂至宣德年間（西元一四〇三年至一四三五年）鄭和所率船隊成功地使用牽星術這一天文導航技術，完成了七下西洋的航海壯舉。

牽星術是透過觀測北極星的高度，確定船舶所在地理緯度的方法。牽星板爲一套十二塊正方形烏木板組成。最小的邊長二公分，以上每塊邊長遞增二公分。另有一塊四角缺刻的象牙方塊。每邊長度分別爲〇．二五、〇．五、一和一．五公分。左手執木板一端的中心，上邊緣是北極星，下邊緣爲水平線，據此可測出北極星距水平的高度。不同的高度用相應的木板，和象牙塊的缺刻調整使用。

鄭和七次率領船隊下西洋，促進了中國航海天文學的發展。跟隨船隊出航過的鞏珍在他所著的《西洋番圖志》中記錄了這一航海活動藉助星象導航的情況。《自寶船廠開船從龍門

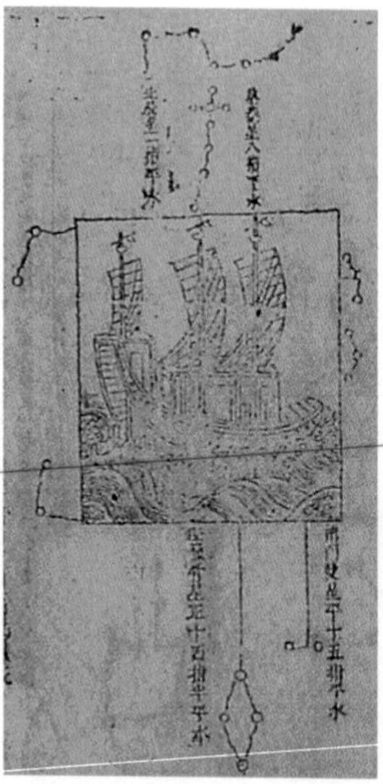

鄭和下西洋所用的航海牽星圖

關出水直抵外國諸番圖》，即後人簡稱的《鄭和航海圖》（載於明末茅元儀編《武備志》第二四〇卷）和《順風相送》（見《兩種海道針經》）載有有關航海天文知識資料，據此可知，明代成功使用牽星術航海的詳細情形。在觀測中他們使用了規範的測角儀器。所留的四幅《過洋牽星圖》顯示了其在兩條航線上使用這一導航技術的事實，其一是在蘇門答臘和錫蘭之間橫渡孟加拉灣，另一條是在錫蘭和伊朗阿巴斯港附近橫渡阿拉伯海，具有珍貴的史料價值。

明代航海活動中，用北極高度變化掌握南北位置，也據北極高度保持東西方向沿緯線航行，用四方星參照定位，在近陸地與有島嶼的地方用羅經、航速並參照天體定位與航行，從而保證每次航行的成功。

明代航海使用牽星術，標誌著航

文化小事典

《鄭和航海圖》印行

十五世紀中葉，《鄭和航海圖》印行，它是世界上現存最早的航海圖，比荷蘭瓦赫納爾的兩卷航海圖集（西元一五八四、一五八五年）要早一百多年。

《鄭和航海圖》原名《自寶船廠開船從龍門關出水直抵外國諸番圖》，後載於茅元儀著《武備志》中，是鄭和七次下西洋的產物。自永樂三年（西元一四〇五年）起的二十八年間，明航海家鄭和先後七次遠航，促進了中外政治、經濟和科學文化的交流，更豐富了中國有關海洋地理、海洋氣象等方面的知識。《鄭和航海圖》是一冊圖集，共二十四頁，包括《過洋牽星圖》二本。《過洋牽星圖》是用星辰測向定位的專用圖，相當於現在的天文導航圖。

航海圖以中國南京為起點，一直到非洲東岸的肯亞，詳細記載了航道位置及方位、航程遠近、停泊地點及暗礁淺灘分佈等，是一張完整的亞非航海圖。圖上共收地名五百多個，包括外域地名三百多個，是現存十五世紀內容最豐富的航海圖，也是中國地圖學史上最早的航海圖。圖中記述了鄭和在宣德五年（西元一四三〇年）最末一次遠航的主要航線。自左至右保持連貫。航線上註有航向、方位、航程、距離，表示了所經海區的主要港口、河口、島嶼、淺灘，以及沿岸陸地上的山形，可作航海目標的橋樑、寶塔、旗杆等。

《鄭和航海圖》內容豐富，地理名稱詳細，在地圖製圖史上具有重要地位，為研究中國古代航海史與古代中西方交通，提供了珍貴資料。

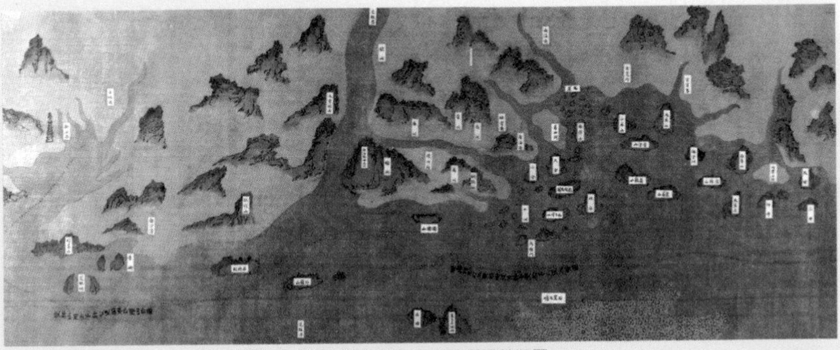

鄭和第七次下西洋時所用航海圖

海水準和技術的提高。

《永樂大典》修成

永樂五年（西元一四〇七年）十一月，《永樂大典》修成，明成祖朱棣親自為此書寫序。

永樂元年七月，明成祖命翰林侍讀學士解縉等，參照《韻府群玉》、《回溪史韻》二書的例子，採集各書所載事物，按類編排，而統之以韻。解縉等奉命而行，於次年十一月編成進呈，朱棣賜名《文獻大成》。不久，朱棣認為所書事物多有遺漏，又命姚廣孝、劉季篪與解縉一起重新編輯，又特別命令王景、王達等五人為總裁，徵調中外官及四方老宿文學之士為纂修，選善書的國子監及郡縣生員為繕寫，由光祿寺供飲食，共九一六九人，開館於文淵閣。同時，又派官員分行天下，搜求遺書，以備收錄。歷時五春秋終告修成，改名《永樂大典》，全書共二二九三七卷，一一〇九五冊。它是中國歷史上規模最宏大的一部類書，也是迄今世界所公認的一部大型百科全書。

《永樂大典》書影

《永樂大典》整個裝幀別具一格。全書採用上等白宣紙，印有朱絲欄，每半頁八行，大字佔一行，小字鈔成雙行，每行二十八字。端正的楷書，黝黑的墨色，微發古香。並採用白描手法描繪名物器什和山川地形，精麗工致，形態逼真，栩栩如生，實屬古代書籍插圖中的佳品。所徵引之書名、圈點以及版心均用朱筆，極為醒目。書面硬裱，用粗黃布包過，莊重樸實。

《永樂大典》書內的內容，採取按韻和分類相結合的所謂「用韻以統字，用字以繫事」的方法編纂。所按韻目依照《洪武正韻》為準，在每韻下分列單字，每一單字下面詳注該單字音韻、訓釋和它的篆、楷、草各種書體，然後再將和這一單字有關的天文、地理、人事、名物、詩文、詞典等各項記載分類彙集。

《永樂大典》成書後，抄錄了一部貯藏於南京文淵閣的東閣。成祖朱棣遷都北京後，《永樂大典》被運到北京文淵閣貯藏。《永樂大典》初無副本，因嘉靖三十六年（西元一五五七年）北京故宮文淵閣附近起火，《永樂大典》雖得及時搶救而逃此一劫，但明世宗朱厚熜為了避免不測事情發生，方決定重錄一部。遂任命禮部侍郎高拱等人為總校官，負責組織重錄工作，並招收了儒生一○九人，制訂嚴格規章制度，於嘉靖四十一年秋開始重錄工作，隆慶元年（西元一五六七年）完成。所錄副本與永樂正本的格式裝幀完全一致，並將副本貯藏於皇史宬。

以往類書均偏重於收輯儒家經典、史傳文集，而《永樂大典》所收典籍極為廣泛，共八千多種，上自先秦、下至明初的經史子集百家之言，以及天文、地理、陰陽醫卜、僧道技藝等；並將此八千多種典籍分門別類，整段整篇抄入，不改一字，使許多古代的文獻得以保存流傳。

《永樂大典》成書後，終明一代為帝王御用之物。明亡清後，清初自全祖望就開始從《永樂大典》中輯佚。清乾隆年間開始修《四庫全書》時，從《永樂大典》中輯出三八五種典籍，共四九四六卷，其中有二十四史之一的薛居正《舊五代史》、重要史籍《建炎以來繫年要錄》、醫學名著《蘇沈良方》以及《續資治通鑑長編》和《水經注》等名著。還輯有宋元詩人文集，如宋夏竦《文莊集》、劉攽《彭城集》、宋庠《宋元憲集》，元人陸文圭《牆東類稿》，後徐松又從《永樂大典》中輯出《宋會要》、《宋中興禮書》、《續中興禮書》。今人編輯的宋、金、元詩詞不少採自大典中。《永樂大典》所徵書籍，均據文淵閣所藏宋、金、元精本摹寫，足堪與現存通行本校勘。清代就曾依此大典勘校群書。現今已從大典中輯出佚書五九○種，附錄四十四種，其中一二○種無傳本。

《永樂大典》正本到明末就下落不明，副本於康熙年間被發現即已殘缺。到乾隆三十七年（西元一七七二年）缺一千多冊，合二四二二卷。光緒元年（西元一八七五年）時已不到五千冊，至光緒二十年竟不足四百冊。此後日益缺失，後經多方收集，散藏於世界各地的仍有約八百餘卷。

《救荒本草》成書

明初，朱橚著《救荒本草》。

朱橚，明太祖朱元璋的第五個兒子，自幼好學。洪武十一年（西元一三七九年）受封爲周王，洪武十四年就藩開封。朱橚收集河南野生食用植物進行栽培，繪製根、莖、葉、花、果實等部分，並敘述其產地、形態、性味及食法，著成《救荒本草》，於永樂四年（西元一四〇六年）初刊於開封。

《救荒本草》原書二卷，共收錄記載植物四一四種，其中已見於歷代本草者一三八種，屬新增加的二七六種；計草部二四五種、木部八種、米穀部二十種、果部二十三種、菜部四十六種。

《救荒本草》具有通俗性、實用性和科學性三項特點：第一，此書是爲食不果腹的飢民寫的保命救生之書，所以力求通俗易懂，作者爲此下了很大工夫。一是爲難字注音；二是運用形象比喻；三是描述植物特徵時，普遍採用對比法來比較植物種類間根、莖、葉、花、果實、形狀、顏色、大小；四是圖文並茂。

第二，實用性：書中有一三八種植物出自歷代本草書，爲傳統的中藥，在此書中則以救荒植物的面貌出現。新增植物二七六種，除大部分爲山野的野生植物外，還有不少是觀賞的花卉、果木樹和經濟作物。作者經過廣泛調查，把民間利用野生植物救飢的方法和經驗記載下來，供人們參考。本書所記敘歸納的有下列幾種：一是採摘後無須加工，可直接食用的，除各類果樹外，野生植物有二、三十種，這是救荒最簡便的食法。二是醃製和乾藏。除了解決臨時果腹的問題外，還需爲今後數月的生存積攢活命之糧，這就需要醃製和乾藏野生植物。三是加水蒸煮、浸淘、漂洗換水，浸去異味後才食用。這是此書著重記述的基本救飢法。對無怪味、無毒的薺菜、百合、山藥等採來

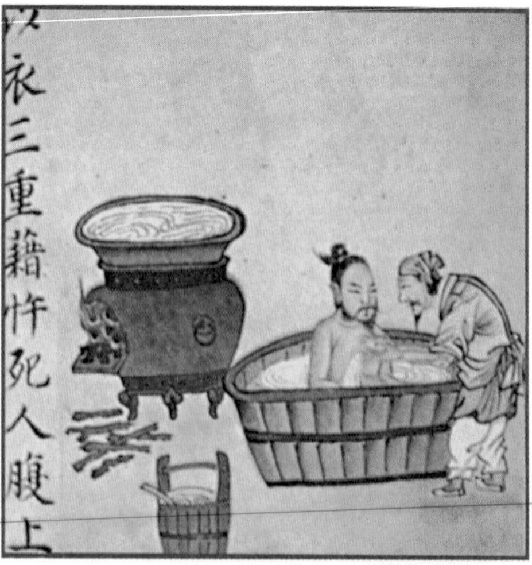

藥浴圖

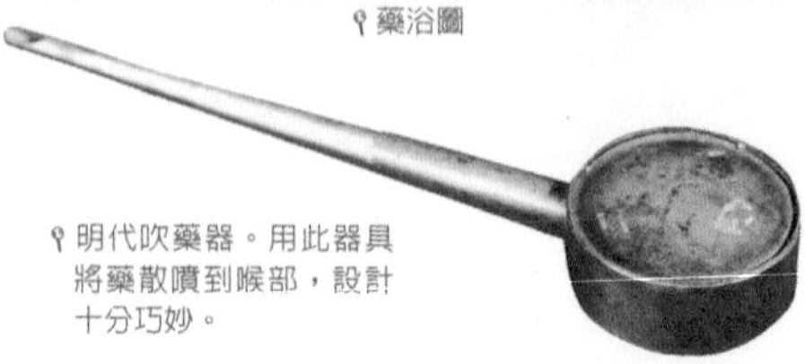

明代吹藥器。用此器具將藥散噴到喉部，設計十分巧妙。

鮮艾草。艾為多年生草本植物，可用作灸法的材料，也可以煎服或製成丸散等劑型。

洗淨、蒸和煮熟即可食用。對一些有苦、澀、辣、酸或其他異味的野生植物，則要將苗葉、果實、根、莖洗淨炸熟、水浸、淘洗換水浸去怪味後食用。有的植物雖經以上處理，仍有一些有毒成分未全部除盡，所以書中提醒人們食用時必須謹慎。四是製粉，有的植物根、果實、種子、樹皮須加工製成澱粉後再食用。五是對一些含毒成分較多的植物，上述水蒸煮、浸淘、漂洗方法已不敷應用，則提出了加土同煮、同浸泡的去毒法。

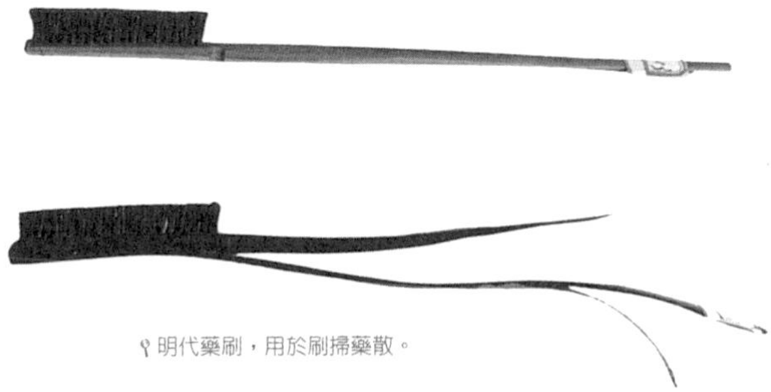

明代藥刷，用於刷掃藥散。

第三，具有高度科學性，表現爲對植物特性的描述相當細緻和準確。首言植物的名稱，次說原產地及當時的分佈地，再言生態環境、生長習性、各器官特性，終言可食部分寒熱之性、甘苦之味、淘浸烹煮熬煎曬調和之法；又輔以形象化的插圖，使人不難按圖索驥覓得食物。植物的根、莖、葉、花、果實是植物分類的重要依據，而又以花和果實更爲關鍵。《救荒本草》就很重視對花器官的描述，不僅談及花形、花色，而且記述了花瓣的枚數、果實和種子的顏色、大小和形狀。二是植物學術語豐富。如對植物生長習性的描述有「就地叢生」（鐵掃帚）、「就地科叉生」（蕎麥）、「拖蔓而生」（牛皮消）、「附樹拖蔓而生」（金銀花）、「就地拖秧而生」（牛兒苗）等術語。關於結實器官已有「穗」和「小叉穗」（小穗）的術語。三是對生態環境的調查研究，比歷代本草更爲詳盡，並從大量調查研究中發現了不同植物種類間在分佈上有著巨大的差異。因爲要採集救荒植物，就應瞭解它們的生長環境，其描述有「生水中」、「生於池澤」等，當爲水生環境；「生於田邊」、「水邊下溼地」等，應屬溼生環境；「生荒野中」、「生山野中」、「生山谷中」、「生田野」、「生道旁」等，無疑當是陸生環境。《救荒本草》還多處論述了地理環境條件對植物產品數量和品質的影響，如說天門冬「其生高地，根短、味甜、氣香者上。其生水側下地者，葉細似蘊而微黃，根長而味多苦、氣臭者下」。

《救荒本草》首次記載用吸附分離法去毒，它對植物性狀特徵的研究，雖是在本草基礎上發展起來的，但由於它以救荒植物爲對象，描述比本草更爲深入細緻和有系統性，是一部重要的野生食用植物專書。《救荒本草》很早就流傳到國外，在日本先後有刊刻和手抄本多種傳世。德國植物學家布列特什耐德（E. Bret Schneider）在西元一八五一年研究了此書，並對其中的一百七十六種植物做了鑑定。

造船業興衰

明代造船業分官營和私營兩種。明代前期，官營造船業空前鼎盛，並爲鄭和下西洋的航海壯舉打下了基礎。鄭和下西洋所用寶船最大的長四十四丈，寬十八丈，規制遠超前代。

官營造船主要分佈在海運交通口岸、對外貿易基地及海防駐軍衛所，著名的造船基地有江蘇的龍江、太倉、清江，山東的臨清、登州，河北的直沽（天津），遼東的金州、海州，廣東的廣州、潮州，福建的漳州、泉州、福州，浙江的明州（寧波）等。官營造船廠集中了大批技術高超的工匠，他們各專其能，分工細緻，加之不需計較成本，故所造船隻品質較高。據《明成祖實錄》，在鄭和下西洋前兩年，明廷便開始大造海

沙船模型

船，其方式有創製與改造兩種。在創製上，如永樂元年（西元一四〇三年）命福建都司造海船一三七艘；永樂二年命京衛造海船五十艘，命福建造海船五艘；永樂三年浙江等都司造海船一八〇艘；永樂七年命江西、湖廣、浙江及蘇州、揚州等府衛造海船四十艘；永樂九年命浙江臨山、觀海、定海、寧波、昌國等衛造海船四十八艘。另外，還改造海道運糧船。如永樂五年命都指揮汪浩改造海運船二四九艘以備出使西洋，命浙江、湖廣、江西改造海運船十六艘；永樂六年命浙江舍鄉等衛改造海運船三十三艘。到永樂十八年，還在南京設寶船廠，專造寶船供下西洋所用。

仁宗繼位後曾下令停止造寶船。至宣宗時又命恢復。英宗時再禁製造寶船，自此後，官府造船業開始衰落。工匠們因不滿於官府造船廠的人身束縛常以逃亡、怠工、故意降低船隻品質等方式進行反抗，致使海船下水後常發生事故，甚至水軍戰艦都不如私人商船堅固。嘉靖十三年（西元一五三四年）陳侃出使琉球時，不得不訪求民間工匠造船。

明代中後期，海外貿易的發展卻促使了民間造船業迅速勃興。不少規模較大的民間造船廠，擁有數百名工匠，其中不少是原官府船廠的能工巧匠；因此民間船廠技術水準較高，分工也細緻。當時的鐵工能製千斤重的鐵錨。索工能製「圍尺許，長百丈」的棕索。每隻海船造價約一千至二千五百兩白銀。而且船主、商主的生命財產均繫於船上，爲確保品質，對船隻的堅固、設備的齊全、航行的便捷、艙位的寬暢等都有很高要求。但因朝廷嚴禁民間製造大船，故海船規模遠不及鄭和所用的寶船。

明代商業資本興起

明朝開國皇帝朱元璋一方面像歷代皇帝那樣主張重農抑商；另一方面又認爲商人的活動能滿足官府和民間的需求，主張給商人一定的社會地位。明政府爲貫徹這種思想，建立了一整套控制商業的制度，並廢棄宋元時代的繁文縟節，簡化商稅，對官吏額外苛求、爲難的行爲嚴加懲處。

明初政府對商人和市場的管理較嚴格。凡外出經商，須得到政府批准，領取商引。商引也叫關券、路引、物引，上面寫明貨物種類、數量及道路遠近等；商人投宿的客店也要有官府簽發的店曆，以便記載住店商人的情況。城市商業管理則由兵馬司負責，實行嚴格控制。

明朝建立中央到地方各級商稅徵收機構，在京城的稱宣課司，後改爲稅課司；在州縣的稱通課司，後改爲稅課局；另在商業發達市鎮設立分司、分局。在各水域關津去處還設立竹木抽分局，負責向過境竹木徵稅。據統計，明初全國共設稅課司局四百多處。

明初在嚴格管理商人的同時，還制定完備的商業政策，使商人有法可依，並對各級官吏勒索騷擾商人的行爲嚴加約束，稅務簡約、稅額適當，有利於商業的初步繁榮。

洪武以後，官府對商人的控制日漸鬆弛，廢除了商引、店曆。明中葉以後，隨著社會分工的擴大和商品經濟的發展，商人資本日益活躍起來，各地出現了人數眾多的商人群體，形成了許多地方性的商人資本集團，如山西商人、徽州商人、江西商人、關陝商人等。這些商人集團走南闖北從事商販活動，並透過牙行，利用低買高賣、以次充好、以假亂眞、大斗入小斗出等手段，榨取勞動者，累積了相當雄厚的資本，如徽州商人富者家財百萬，擁有二、三十萬者只能列入中賈。山西商人中沒有數十萬者也不能稱爲富商。嘉靖年間在號稱天下十七家首富中，商人佔了七家。富商巨賈們憑著資本的雄厚，往往開有幾間或幾十間店鋪。

當時全國各重要城市幾乎到處都有徽商的店鋪，如運河沿岸的城市臨清，徽商佔從事工商業人數的九成。

貨郎圖

爲了讓資本充分運用，有些商人把商業資本直接投資於生產中，如染布、織綢、製茶、造紙，釀酒等，並僱用了大批的雇工和奴僕從事生產，轉化爲產業資本。嘉靖年間歙商阮弼除在蕪湖經商外，還招募工匠，自己開設了規模較大的染紙作坊，並在各重要城市開設分場。有些商人則直接向家庭手工統一分發原料，計件付酬，如萬曆年間松江地區的一百多家暑襪店商人，實質上成爲控制家庭手工業者的工業資本家，這是商業資本向工業資本轉移的一個重要形式。因此，明代商業資本的興起，對於加強各地區的聯繫，促進商品經濟的進一步發展和資本主義的萌芽發揮一定的推動作用。

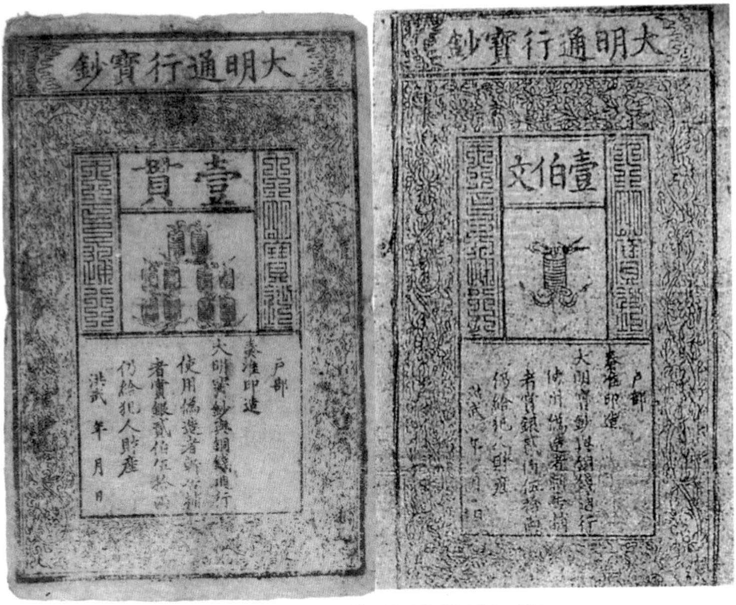

左圖為明代印刷的紙鈔一貫，右圖為紙鈔一百文

在封建制度下，明代富商巨賈不可避免地帶有濃厚的封建色彩，這是中國封建社會不同於歐洲城市的一項重要特點，也是中國資本主義萌芽發展緩慢的一項重要原因。他們爲了使自己的生產經營更安全，往往透過打權貴人物的招牌、與官僚資本合夥經營或捐官買爵等方式，和各級官吏緊密結合，依靠特權經營多數屬於專賣或與官府有密切聯繫的商品，獨佔商業利益以增殖其資本。獲利後又往往用來購買土地，集大商人與大地主於一身，一般小商人稍有積蓄後也將資本投放在土地上。此外，明代商人資本還與高利貸結合，經營當鋪、質庫，並將高利貸資本直接深入到手工業和農業生產中去以增殖其資本。商業資本和高利貸資本相結合，妨礙了自身的進一步發展。

文化小事典

設鈔關．收船稅

明宣德四年（西元一四二九年）六月二十七日，宣宗設立鈔關，收取船稅。

洪武年間，朝廷設有商稅卻無船稅。到了宣德四年，宣宗採納了戶部尚書郭資的建議，設立鈔關，收取船稅。每船按所載貨物多少，路途遠近來徵收稅費，具體辦法是：從南京到淮安、淮安到徐州、徐州到臨清、臨清到通州每段一百料納鈔一百貫；而北京抵南京，每一百料納鈔五百貫。為使稅例得以施行，朝廷在商賈集中之地漷縣、濟寧、徐州、淮安、揚州、上新河（今南京）、臨清等地設立鈔關。不久又增設滸墅、九江、金沙洲等三十三個鈔關。大多數鈔關只收船稅，僅臨新、北新（在杭州）鈔關既收船稅，又收貨稅。施行不久，侍郎曹弘上奏說稅例太重，宣宗於是同意核實酌減，將船稅由一百貫減為六十貫。

明英宗正統初年開始遵照洪武時舊制，不隨意增收課稅，並裁去濟寧、徐州、上新河等鈔關，將船稅減至二十貫。平民及商人深得其利，皆拍手稱快。

明代《報關圖》

商業市鎮興起

從宋元時開始，集市廟會貿易出現，到明朝中後期，這類定期商品交換的重要形式更加繁榮，從首都到州縣鄉鎮都有舉行。「嶺南之市謂之虛，言滿時少，虛時多也。西蜀謂之亥；亥者，痎也；痎者瘧也，言間日一作也。山東人謂之集。」到集市上去，「江南謂之上市，河北謂之走集，嶺南謂之趁虛」。各地集市廟會的日期不同，但屆時都「百貨俱陳，四遠競湊」，非常熱鬧。如河北府，「日中爲市，人皆依期而集。在州縣者，一月期日五、六集；在鄉鎮者，一月期日二、三集；府城日一集。」集市的普遍出現，說明以自然經濟爲主、以商品經濟爲補充的傳統經濟模式進入成熟階段。由於集市所處的地理位置及周邊環境的差異，集市有大有小，有些逐漸發展爲人口較多的市鎮，吸引了大批外地商人。如廣東茂名縣西南的梅箓墟，地處水陸交馳的交通要道，各地商人到此「坐肆列市，遷有無」。

這時商品交換繁榮的另一種引人注目的現象，是作爲手工業和商業中心的市鎮的大量出現。這類市鎮全國都有，經濟發達的江南地區數量尤多。正德《姑蘇志》所載該府市鎮，竟達七十三個，萬曆《湖州府志》載該府市鎮有二十多個。這些市鎮相互聯繫，形成市鎮網絡。每個市鎮都有發達的商業，且往往有高度專業化特色。江南地區形成了五大手工業區域，即松江的棉紡織業、蘇杭的絲織業、蕪湖的漿染業、鉛山的造紙業和景德鎮的製瓷業。

明代的棉花產區主要是江南，松江府及太倉州所屬各縣是植棉集中區域，也成爲棉織中心。顧彧曾這樣描繪：「平川多種木棉花，織布人家罷緝麻，昨日官租利正急，街頭多賣木棉紗。」可見，棉花種植和家庭紡織業成爲這一地區重要的農業補充手段。棉紡織業的發達，促進了原有鄉村市鎮的成長和新商業市鎮的出現：松江金山縣的朱涇鎮被稱爲「小臨清」，「居民數千家，商賈輻輳」；太倉州雙鳳鎮，「居民稠密，市物旁午」；松江朱家角鎮「商賈湊聚，貿易花布，京省標客往來不絕，今爲巨鎮」。

蠶桑和絲織業中心也集中在江南，分佈在太湖流域和浙西杭州、嘉興、湖州等廣大地區，較有名的市鎮有南潯、雙林、盛澤、王江涇、濮院、震澤等。震澤鎮「元時村市蕭條」，居民只有幾十家，至成化時則增至三四百家，「嘉靖間倍之而又過焉」，成爲興盛的絲織業市鎮。吳江盛澤鎮，弘治元年（西元一四八八年）還是僅有五十至六十家居民的普通村落，以後逐漸從事絲織業，相沿成俗，「居民乃盡逐綾綢之利，有力者僱人織挽，貧者皆自織，而令其童稚挽花，女工不事紡織，日夕治絲」；明末發展成絲織巨鎮。

在商業性市鎮蓬勃興起的同時，各級行政中心城市的經濟機能也不斷加強。北京、南京、蘇州、杭州、上海、臨清、德州、濟寧、徐州、淮安、揚州、嘉興、湖州、寧波、福州、泉州、漳州、廣州、饒州、龍江、蕪湖、徽州、武昌、開封、潞安、太原、西安、成都等，都是商業較繁榮的城市。這種情況的形成或是因其有發達的手工業做基礎，或是因其地處水陸交通要道，或是因其具有某一些地區政治、經濟和文化中心的地位，或是因其地處沿海、有通商海外的便利。北京「因帝都所在，萬國梯航，鱗次畢集」，「彼其車載肩負、列肆貿易者，匪僅田畝之獲，布帛之需」，「凡山海寶藏，非中國所有」，皆經中外商人之手運到這裡，「以故畜聚爲天下饒」（《松窗夢語》卷四〈商賈紀〉）。作於嘉靖末、萬曆初的《皇都積勝圖》，對北京的繁榮有生動的描繪。畫面上，入城以前是一條運輸貨物的隊伍，馬馱、車載、肩挑、手提，絡繹不絕。城內則描繪了

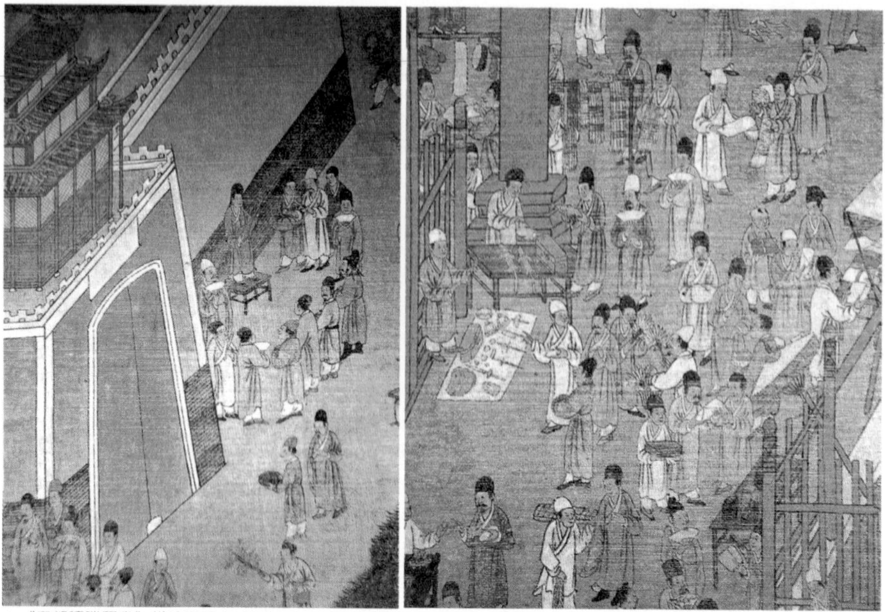

《皇都積勝圖卷》描繪了明京城及郊外市場商賈雲集、彈唱說書的繁華景象，表現了明「洪武之治」、「永樂之治」的繁盛。

明代南京城的洋貨店，採自《南都繁會圖》。

正陽門和大明門之間的市場，布棚高張，貨攤鱗集。作爲陪都的南京從傳世的《南京繁會景物圖卷》中可見當時盛況。蘇州商業的繁盛，從唐寅的《閶門即事》詩中可見一斑：

世間樂土是吳中，中有閶門更擅雄。翠袖三千樓上下，黃金百萬水西東。五更市賈何曾絕，四遠方言總不同。若使畫師描作畫，畫師應道畫難工。

這些城市和集市廟會、市鎮一起構成了商業貿易網。

宗喀巴改革西藏佛教

藏傳佛教經過後弘期三百餘年的發展，到明初已具相當規模，但是到了十四世紀，佛教內部各派系之間的爭權奪利現象嚴重，顯宗理論缺乏實際性的修習，而密宗修習又亂無次第，終至淫亂，藏傳佛教引起了廣大群眾的不滿，宗喀巴的改革就是在這種嚴重危機背景下發生的。

宗喀巴（西元一三五七～一四一九年），本名羅桑扎貝巴，生於青海湟中地方。他自幼出家，八歲受沙彌戒，拜當地活佛頓珠仁欽爲師，廣學顯密教法，十六歲赴藏興造，廣拜名師，刻苦鑽研，在顯教方面，受薩迦派經師仁達瓦「中觀」思想影響最大。二十九歲受比丘戒後開始爲眾講經、著述。宗喀巴以噶當派的思想爲基礎，加上自己對顯、密經典的理解，形成了一套思想體系，他的著作有百餘種，其中最著名的有《菩提道次第廣論》、《密宗道次第廣論》、《密宗十四根本戒》、《事師五十頌釋》、《中論廣釋》、《五次第明燈》，在這些著作中，他把西藏流行的諸種顯、密教法組織成一個以實踐和修習爲綱目、次第整然的系統，他認爲僧人不分顯密，都必須嚴格遵守戒律，所以他特別注重弘傳各部律典。

西元一三九七年至一四○九年間，宗喀巴將注意力轉到宗教活動方

塔爾寺內供奉的宗喀巴鎏金銅像

面來，他四出宣揚自己的思想，宗喀巴的活動得到了闡化王扎巴堅贊的大力支持，一四〇九年元月在拉薩舉行

塔爾寺八塔

了大規模的祈願法會，前來參加的僧人逾萬。不分地區和教派，據說法令持續了一年，此後每年藏曆元月都舉行傳招大法會，成爲藏族最隆重的節日，此會延續至今。同年他又在拉薩以東的達孜縣內建立了甘丹寺，與弟子長住寺中，創立自己的宗派，該派最初以寺爲名，稱「甘丹寺派」；由於此派僧人戒律嚴明、修習講究遵循次第，崇尚苦行，禁止娶妻，故又稱「格魯派」（藏語「格魯」意爲善規）。同時又因這一派僧人都戴黃色僧帽，亦稱爲「黃帽派」或黃教。宗喀巴晚年繼續傳教講經，發展僧團，於一四一九年藏曆十月二十五日圓寂。

宗喀巴的宗教改革在西藏佛教界引起了很大的震撼，糾正了佛教內部散漫腐化的氛圍，深得下層僧侶的敬佩和廣大群眾的歡迎，以後寧瑪、噶舉、薩迦諸派也接受了格魯派的戒律，面貌一新，格魯派更得到漢藏統治者的支持，其影響超過了其他諸派。

東廠設立

永樂十八年（西元一四二〇年）八月，成祖在北京東安門北設置東廠。

朱棣即帝位之後，害怕臣民不服，便命太監及官校四出偵探，探聽他人隱私，並搜集奏報。本年八月，

明彩塑太監像

朱棣定都北京，隨即在東華門北設立東廠，專理刺探臣民謀逆妖言、大奸大惡之事。但是朱棣又擔心外臣徇私情，不能反映實情，特命親信太監做東廠提督，管理緝訪之事，把大大小小的事情報告皇帝。從此，太監提督東廠成爲常例。

太監作爲提督，具有隨意逮捕、刑訊朝野臣民的特權。朱棣爲了平衡錦衣衛與東廠權勢，既由錦衣衛調充東廠屬員，又令東廠太監監視錦衣衛。二者相互依賴，彼此制約，共同對皇帝負責。東廠設置之後，宦官權力益重，群臣百姓都不敢得罪他們，稍有違逆，便會召來殺身之禍，由是宦官更加飛揚跋扈，其專橫之態無以復加。東廠的設立，爲成祖監督百官提供了耳目，但也使國家陷入恐怖狀態。

定都北京

永樂十八年（西元一四二〇年）十一月，北京宮殿即將告成，欽天監奏明年五月一日爲吉日，應御新殿受朝賀。朱棣決定遷都北京，詔示天下，並遣戶部尚書夏原吉奉命昭皇太子及皇太孫，限期十二月底到北京。後又下詔，從次年正月起，將原京師改爲南京，北京爲京師，設六部，去行在之稱，並取南京各印信給京師諸衙門，另鑄南京諸衙門印信，皆加

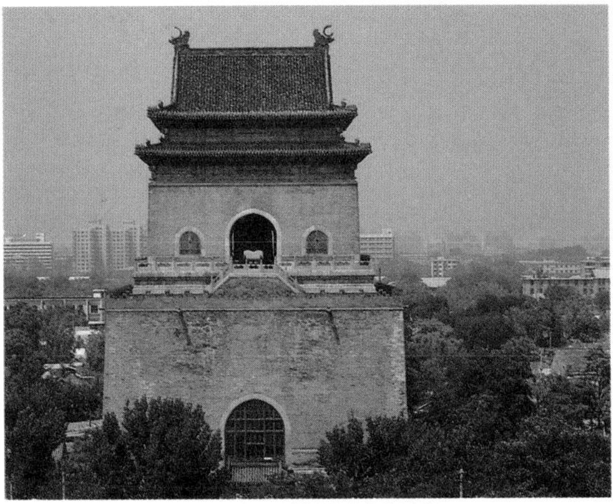

位於北京中軸線最北端的鐘樓

天安門屋頂山花板。花板上滿佈著用金線和綬帶組成的紋飾，紅色底子上用單一的金色，在陽光照耀下，它與屋下的彩畫相互輝映，構成了皇家建築金碧輝煌的裝飾特徵。

太和門前的銅獅。獅子俗稱獸中之王，性兇猛，因此多雕鑄成石獅或銅獅分列於宮殿、寺廟、陵墓、官府等重要建築大門的兩旁，作為護衛建築群入口的象徵。太和門前左右各有一隻青銅鑄造的獅子，獅身作蹲坐狀，連同青銅基台坐落在漢白玉石雕須彌座上，威武壯觀，為太和門增添了威嚴的氣概。

「南京」二字。十二月，北京郊廟、宮殿落成。

北京宮殿、郊廟的大規模營建是在永樂十四年朱棣決意遷都之後開始的，經過四年的修建終於完成，改建的皇城比原城東移一里有餘，奉天、華蓋、謹身三殿，乾清、坤寧兩宮及午門、西華、東華、玄武四門等，完全同於金陵舊制，只是比其更弘敞。又定於皇城東南建皇太孫宮，於東南門外東南建十王府邸，屋八三五〇楹。永樂十九年正月初一正式遷都北京，十一日大祀南郊，十五日大赦天下，從此北京就成了明王朝的都城。

北京故宮的落成

永樂五年（西元一四〇七年）至十八年建成北京故宮，歷時十四年。

明故宮是在元大都宮殿基礎上，依照明南京宮殿的格局規劃建造的，當時集中了全國的優秀匠師，動用了三十多萬士兵和民工。

明故宮南北長九六〇公尺，東西寬七五〇公尺，周長三四二〇公尺，周圍築有高十餘公尺的城牆，牆外環以寬五十二公尺的護城河。故宮有四

明·商喜繪《明宣宗出獵圖軸》。本圖長353公分，高211公分，設色畫明宣宗朱瞻基出獵時的情景，前驅、後衛多為內侍宦官，面相各異，大都實有其人。

北京故宮鳥瞰

門，正南名午門，正北名玄武門（清改名神武門），東名東華門，西名西華門。城牆四角矗立結構精巧、形制華麗的角樓各一座。故宮佔地七十二萬平方公尺，房屋九千餘間，建築面積十五萬平方公尺，多層磚木結構。整個建築群按中軸線對稱佈局，層次分明。全部建築可分外朝、內廷兩大部分。外朝以奉天（後改稱持極殿，清代改稱太和殿）、華蓋（後改稱中極殿，清改稱中和殿）、謹身（後改稱建極殿，清改稱保和殿）三大殿爲中心，文華、武英殿爲兩翼，是皇帝舉行各種典禮的場所。內廷以乾清宮、交泰殿、坤寧宮爲主體，以及養心殿、宮後園、外東路、外西路等，是皇帝處理日常政務和居住之處。

午門，紫禁城正門，上有崇樓五座，三五．六公尺，以遊廊相連，兩翼前伸，形如雁翅，俗稱五鳳樓。樓內設有寶座，東西兩側設有鐘鼓，每逢朝會或慶典，均在此鳴鐘擊鼓；戰爭凱旋，皇帝親臨午門，舉行盛大的受俘禮儀。午門以外是一條石板御路，稱天街，可通承天門（清改稱天安門）和端門。御路兩側廊廡整齊畫一。進入午門，庭院寬闊，在弓形的內金水河上，橫跨五座雕欄白石橋，庭院正北即皇極門（太和門），爲明代皇帝御門聽政處。由午門至皇極門，形成外朝建築的前奏。

三大殿，即奉天殿、華蓋殿、謹身殿，位於皇極門內。奉天殿，是中國封建社會最高階級的建築，建於高八公尺的三層白石台基上，上蓋重簷廡殿頂。蟠龍銜珠藻井高懸正中，六根纏龍貼金柱分別左右，皇帝寶座置於中央一座雕鏤精美的高台上，座後有九龍屏風相護。奉天殿是皇權的象徵，皇帝的即位、大婚、冊立皇后、命將出征，以及每年元旦、冬至、萬壽三大節等重大典禮，均在此殿舉行，皇帝在這裡接受文武官員的朝賀。華蓋殿是皇帝舉行典禮前小憩之

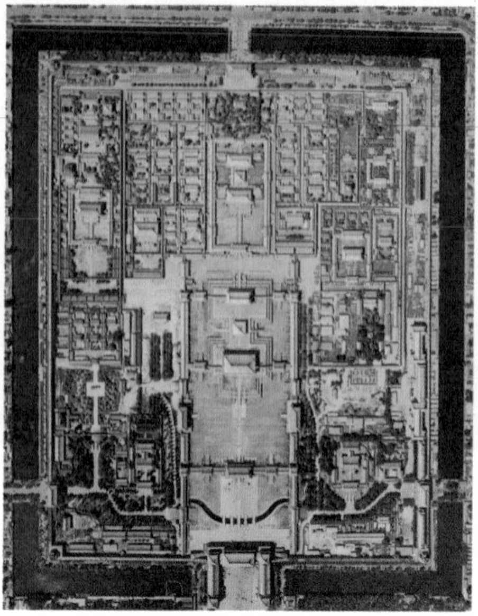

北京故宮平面圖

所，平面呈正方形，四角攢尖頂，上蓋黃琉璃瓦，正中鎏金寶頂。謹身殿則是皇帝賜宴和科舉殿試之所，每年除夕和元宵節，皇帝在此大宴王公大臣。三大殿前還陳設有香爐、日晷、嘉量、銅龜、祥鶴等，藉以襯托皇權的尊貴和至高無上。

後三宮，即乾清宮、交泰殿、坤寧宮。乾清宮，在謹身殿後，是內廷的最前殿，即內廷正殿。正門曰乾清門，兩側有八字形琉璃影壁，和外朝高大的宮殿相比，內廷宮殿顯得精巧別致，爲皇帝居住和處理日常政務之所；每逢元旦、元宵節、端午、中秋、重陽、冬至、除夕和萬壽等節日，皇帝均在此舉行內朝禮和賜宴。交泰殿，在乾清宮和坤寧宮之間。

東西六宮和東西五所，屬於從屬地位，陪襯在內廷兩側，其佈局和空間形象沒有中軸線上的宮殿那麼起伏跌宕，而以相同的空間和處理手法重複建造構成大片的整體效果。每宮平面略成方形，前後兩殿大多爲五開間單簷歇山頂建築，與兩側配殿將宮分成兩個院落，猶如擴大的四合院住宅，前後三宮重複，左右兩宮並列。東西五所位在東西六宮之後，也類似六宮佈局，只是規模略小而已。

宮後苑（清改稱御花園），在坤寧宮北，爲中軸線最末端；佔地近一萬二千平方公尺，有建築二十餘處。以祭祀玄天上帝的欽安殿爲中心，園林建築採用主次相輔、左右對稱的格局，以佈局緊湊、古典富麗取勝。園內古樹交柯，花木錦簇，園路用五彩石子拼成各種圖案，清幽寧靜。

爲了滿足帝后們生活情趣的需要，還建有看戲的戲樓、供神拜佛的佛殿等各類建築，穿插於內廷宮殿之間。

明故宮內的金水河，是按照「帝王闕內置金水河，表天河銀漢之義也，自周有之」的古代傳說而設置的。河水從金方（西方）來，至巽方（東南方）出，流經半座紫禁城。這條按古制設置而且規定流向的河，具有多方面的功能，它不僅是宮城內最大的水源，救火及建築工程施工都用金水河的水；而且又是宮城內最大的排水渠，全部南北及東西方向的下水道口都設在河幫上；同時它又給宮城景觀增添了風采。金水河要流過外朝三座宮殿，重點是在橫穿皇極門廣庭部分。爲顯示河的特點，不用直線而採用曲線；爲與規整的環境諧調，不用自然變化的曲線，而用幾條對稱的弧線。河正中設五座橋，橋的前端隨河的彎曲不在一條直線上。中間的橋爲皇帝通告專用，突出在前，兩側爲文武官員設置的，依次退後。皇帝通行橋的石欄杆望柱頭雕龍雲紋，官員通行橋的欄杆望柱頭雕二十四氣。河中部寬，兩端漸窄，由於兩端要穿過東西朝房的地下，這樣利於施工，也顯得有變化。武英殿門前金水河處理形式與皇極門前不同，因爲武英殿階級低於奉天殿，故僅建三座橋。金水河流近文華殿時，轉向北流經文華殿西側，從文淵閣前地下穿過，然後在東三座門前再現。它一路有直有曲，往復返環，有時地上，有時地下，河面上架設多座橋樑，具有豐富的藝術效果。

明刺繡梅竹山禽圖

御史分巡天下、設置巡撫

永樂二十二年（西元一四二四年）十一月十二日，仁宗朱高熾派遣監察御史湯濙等十四人分巡天下，考察官吏。

出發前，仁宗告諭御史們要體察朝廷安民之意，善於分辨各種不同的人：有的人專事諂媚，不理政事；有的人沉靜篤實，不善逢迎，但爲政簡易；有的人濫用刑罰，巧取豪奪；有的人廉潔無私，謹言慎行，但無所作爲。仁宗要求御史們不爲小人所迷惑，不屈服於權勢，不對親故存有私心，遇事要當眾審理，秉公而斷。仁宗勉勵御史要先自治，才可治人，一定不可拋棄廉恥，違背禮法。仁宗最後賜給各位御史二十錠鈔，做爲旅

明象牙圓雕人物，雕像著公服冠帶，栩栩如生。

費；隨後，十四位御史分別起巡。

明代巡撫之制始於洪武，形成於宣德年間。巡撫之名在洪武二十四年（西元一三九一年）就曾出現，當時朱元璋派遣太子朱標以巡撫名義視察陝西。永樂十九年朱棣也曾派大臣分巡天下，瞭解民間疾苦。後來又不斷有大臣奉命奔赴各地，或稱採訪，或稱巡視，事畢後還朝。

宣德五年（西元一四三〇年）九月，宣宗開始在各省專設巡撫。當時的江西、浙江、湖廣、河南、山西、山東等地都有專門巡撫。然而這時的巡撫仍有臨時派遣的性質，且與當地巡撫「都御史」不相統屬，雙方時有衝突。朝廷於是授予巡撫「都御史」職銜，設立衙門屬員。明世宗時，朝廷又命巡撫兼提督軍務，任期三至五年或十至二十年不等，管轄範圍爲一省或數省，成爲總攬當地行政、監察、軍事大權的地方長官。原來的地方三司長官職權日益縮小，幾乎變成巡撫的屬員。

豆芽栽培技術迅速發展

明代豆芽生產迅速發展是栽培技術進步的重要表現。

明代豆芽的種類除了黃豆芽，還有綠豆芽。豆芽菜這一名稱的最早記載見於《種樹書》，從《種樹書》可看到明代栽培豆芽的技術簡單易行，適宜在廣大人民家中普及。具體方法是挑選綠豆，用水浸泡兩天兩夜，等綠豆發脹後用新水淘、烘乾，放在浸溼的蘆席上，用溼草覆蓋，就可以得到豆芽菜。黃豆芽的栽培方法與綠豆芽基本一樣。

明代豆芽迅速發展，還表現在對生產豆芽的原則做出了詳細補充。中國古代生產豆芽有三原則：不見風日、適量供應和保持溫度。這後兩條原則明代補充「每日要噴水，一日兩次爲宜，和春冬兩季須將豆芽放於火旁以保持溫度」。至今豆芽生產仍基本離不開這些原則。

盆景、瓶花藝術在明代發展到達昌盛

盆景和瓶花藝術在明代發展到達昌盛的境界。

明以前，中國製造盆景就已有相當深的造詣。明代盆景製作，看重可以放置案頭之上。特點是摹仿畫家，特別是宋代畫家如馬遠、郭熙、劉松年等人的山水畫意境。其取材種類與搭配很講究，選取高可盈尺，本大如臂的天目松；或選取古拙有態的古梅

獨本栽植；或用一枝兩三梗者，栽上三五窠，結爲山林，排匝高下參差，再配上奇石古笋。對盆的選擇及盆景的陳設也有講究，盆要古雅，陳設時小盆景不能架在朱几上，大盆景不能放在官磚上，而以舊石凳或古石蓮磉爲座才佳。

明代瓶花藝術得到大發展，出現了有關專著《瓶花譜》、《瓶史》等，詳細介紹容器和養花用水的選擇，切花的剪取和保養瓶花的配置及插瓶注意事項。

明雕漆雙雀牡丹紋圓盒

關於養花的容器應根據擺設瓶花的環境來行動，大堂裡用高瓶，書齋裡瓶要矮小。養花用水不能用井水，井水味鹹，花不茂盛，宜用河水或天降雨水。切花須揀那些能開放一段時間的，折花要取半開，而不是大開的花。爲了瓶花持久，切花剪取後進行如下處理：梅花切折，用火燒折處，加泥堅固；牡丹初折宜燈灼折處，軟丁就歇；梔子花初折，宜捶碎其根，擦上少許鹽。對瓶子花配置的原則是花與瓶要勻稱，花稍高於瓶；小瓶插花要瘦巧；瓶花每到夜間，宜放在無風處，可觀看數日。以上原則，仍是今日瓶花藝術所要遵循的。

天壇建成

天壇是明清帝王祭祀天地和祈禱豐年的建築。北京天壇亦體現古制，祭天的壇爲圓形，稱「圓丘」；祭地的壇爲方形，稱「方澤」。表明「天圓地方」的觀念在天地壇形制得以表現。

北京的天壇，位於正陽門外東側，沿北京城中軸線與先農壇（原稱山川壇）東西對峙，整個建築群由內外兩重圍牆環繞，佔地四倍於紫禁城

天壇祈年殿

龍鳳石。祈年殿內石板地面的中心，是一塊圓形大理石，上面有天然形成的一龍一鳳的紋樣，叫「龍鳳石」。皇帝祈年祭天時，就跪拜於這塊奇石之上，群臣只能在此石之下跪拜。

的規模。正門面西，內外牆的南面爲方角，北面爲圓角，寓意「天圓地方」之說。

北京天壇建於明成祖永樂十八年（西元一四二〇年），原稱天地壇，整個天壇建築群按使用功能不同分四組：祭天的圜丘及附屬建築；祈年殿及附屬建築；皇帝祭祀前齋宿處齋宮；飼養祭祀牲畜的犧牲所和樂舞人員居住的神樂署。圜丘和祈年殿爲主體，南北相對，以一條長四百餘公尺、寬三十公尺、高出地面四公尺的磚砌甬道丹陛橋連接，中軸線偏東。

圜丘是一個用漢白玉砌成的三層圓形石台，壇面上無其他建築，以合露祭天地。周圍用兩重矮一壝牆環繞，內牆圓形，外牆正方形，兩重圍牆四面正中建有白石欞星門，周圍置三座高大望燈杆，十二座鐵燎爐相陪。壇面中心鋪圓石一塊，外用石塊圍成九環，石塊數均爲九的倍數。壇的北面爲皇穹宇，供「昊天上帝」牌位，祭天時才移至圜丘。皇穹宇平面圓形，單簷藍琉璃攢尖頂，建於白須彌座石基上。皇穹宇前兩側各有配殿，外用圍牆環繞，直徑約六十三公尺，均用磨磚，始有回音之功效。

祈年殿內景

祈年殿是座圓形平面大殿，位天壇中軸線北部，高三十八公尺，上覆

明中期興建的祈年殿、圜丘壇和皇穹宇

三重藍色琉璃瓦屋面，鎏金寶頂，簷柱門窗朱紅油飾，簷中斗拱額枋繪絢麗彩色，立於三層圓形白石台基上，大殿內外用三層木柱支起，內部四根柱，均裝飾華麗輝煌。祈年殿後的皇乾殿功能同皇穹宇一樣。

齋宮外有兩重圍牆，每重圍牆外都有護城河相繞，主殿東向爲磚券無樑殿結構。

天壇在整體規劃佈局及單一建築的藝術造型上，體現了古代匠師卓越空間組織才能和完善的藝術構思，既體現了崇高、神聖和「天人合一」思想，表明「受命於天」主題，又附會「天圓地方」的宇宙觀。

明代出版印刷事業極盛

明代的刻書事業，在宋、元兩代發展的基礎之上，得到了蓬勃發展，遠遠超越了以往歷代，成爲中國出版事業和印刷技術發展史上的極盛時期。

明代由於各級官府重視，官刻本盛行。與此同時，刊刻精良的私家刻本也盛行一時，坊刻本廣泛分佈，印刷裝幀技術日益完善，這些導致了集編、刻、售三位一體書業專行的出現，福建建陽的很多書坊最具代表性。這些書業專行刊行大量的醫書和小說，而且有些書附有插圖，圖文並茂，深受讀者歡迎，行銷海內外。

明代官刻書以內府刻本、監本和藩刻本爲代表。「內府刻本」指宮廷刻書，由司禮監宦官主持，附設經廠，其刻書多爲制詔律令及經史文集。嘉靖年間經廠的工匠有一千二百人之多，刊字匠三一五人，刷印匠一三四人，裱褙匠三九三人，摺配匠一八九人，裁曆匠八十人，黑墨匠七十七人等。司禮監刊書目達一三九種，但經廠本不大為讀書人及藏書家所重視。「監本」即國子監刻本。明代南京、北京皆設國子監，故分南監本和北監本。南京國子監除接收兩湖書院藏書版外，還接收了元集慶路儒藏的各種書版，所以其重印圖籍最著名。北京國子監刻書數量品質較南京差，所刊刻《十三經注疏》為北監最重要之刻書。總計南監刻書約達二七一種，北監刻書有四十一種。藩刻本為明王朝分封的各個親王府所刊刻之書。「藩刻本」刻書量多，校刊精當，成為明代官刻的特色。嘉靖年間晉藩所刻諸總集，萬曆年間吉藩所刻諸子，崇禎年間益藩所刻諸茶書被稱為藩刻三大傑作。

除了官刻書，明代私家刻書風氣甚盛。許多刻書家極富藏書，對保存和傳播古籍貢獻卓著。明初私刻書本不多，但到了中期，私刻異常風行。而明代後期，私刻愈加繁榮，其中最著名的藏書家和刻書家集一身的當推常熟毛氏。毛晉自明萬曆至清順治四十多年間共刻書六百餘部之多，其所刻如《十三經注疏》、《十七史》、《文選李注》、《六十種曲》、《津逮祕書》等均為宏偉巨制，另如《三唐人文集》、《四話人集》、《五唐人集》、《元人十集》、《宋名家詞》等均為雕刻精良的宋版翻雕。毛氏刻書版心下方都印有汲古閣或綠君亭的標記，現在許多圖書館都藏有汲古閣刻本。明代的私家刻書多集中在江、浙兩省。

由於明王朝取消了書籍稅，同時對手工業者採取寬鬆政策，使得許多老字型大小的書坊得以發展。書坊所刻圖書品種多，數量大，以人們日常所需的各種醫書、科技書、經史書及文學作品和通俗讀物為主要內容，但品質不及官刻和私刻。

明代福建建陽的崇化、麻沙兩鎮書坊林立。崇化鎮每月以一、六日為集，那天則書商雲集，甚為繁華。南京地區的刻書在全國也佔有重要地位，共有書坊近六十家，其中以唐姓幾家最為著名。雖然明代的雕版印刷

萬曆十年（西元一五八二年）新安高石山房刊本《目連救母勸善戲文》插圖

技術發展到了頂峰階段，然而不論在官府還是在私人藏書家中，抄書仍被視爲藏書的重要手段。明成祖永樂年編成的《永樂大典》，就有手抄副本一套。抄寫本對收集、保留古代文獻，使之流行公布於世發揮了重要作用。由於許多手抄本一直未付刊印，其價值彌足珍貴，歷來爲後人所珍視。

明代印刷和裝幀技術日益完善。首先是銅活字印刷得到普遍的應用，無錫華氏、安氏兩家的銅活字印書最有名。明代的木活字也較元代更爲流行，可考的約一百餘種。版畫、套版、餖版和拱花技術也達到了很高水準。明代中晚期版畫鼎盛，形成了不同風格的各種流派，如粗放的建寧派、疏朗生動的金陵派和精緻婉麗的徽州派版畫，都極富盛名。同時套印術發展迅猛，出現了三色本、四色本甚至五色本，餖版和拱花技術也相繼問世，使中國雕版印刷技術達到了登峰造極的地步。明代中期書籍的裝訂產生了線裝，並且所刻字體極力摹仿宋體，字體橫輕豎重，方方正正，行格疏朗，成爲一時風尚。

①
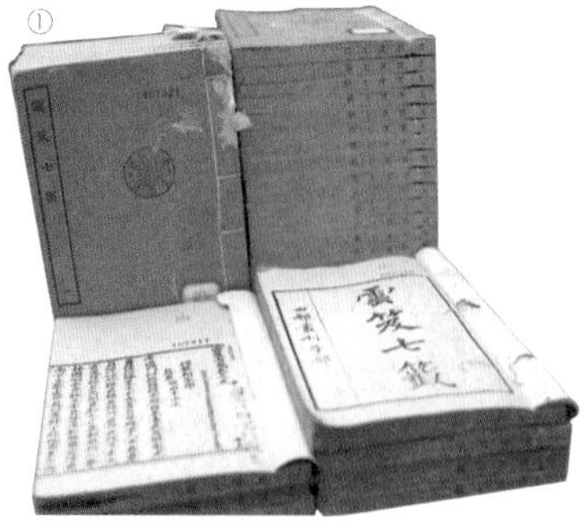

②

③
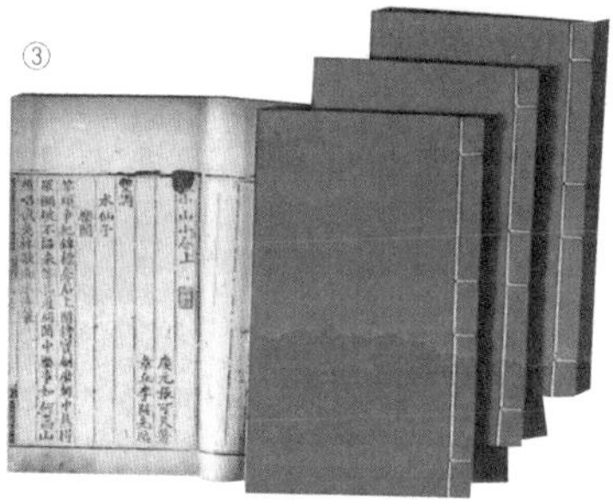

①《雲笈七籤》四庫叢刊本
②明刻本《元文史》
③明刻本《張小山小令》

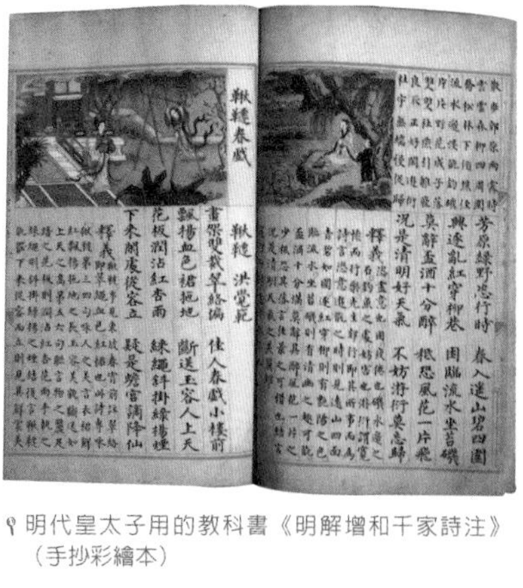

明代皇太子用的教科書《明解增和千家詩注》（手抄彩繪本）

景德鎮發展爲瓷業中心

製瓷工藝發展到明代，進入到以彩瓷爲主的黃金時期，尤以景德鎮名

明代景德鎮瓷器御製廠

聞天下，成爲中國製瓷業的中心。瓷窯從元代的三百餘座猛增至三千餘座，洪武二年（西元一三六九年）建立的御器廠，號稱「天下窯器之所聚」（《二酉委譚》）；所謂「有明一代，至精至美之瓷，莫不出於景德鎮」，景德鎮「工匠來四方，器成天下走」。景德鎮瓷器風格之多、品質之高、產量之大、技藝之精、影響之大，均屬全國之最。宋應星《天工開物》卷七「陶埏・白瓷」條說：全國瓷器「合併數郡，不敵江西饒郡產：：中華四裔，馳名獵取者，皆饒郡浮梁景德鎮之產也」。雖然河北彭城、浙江龍泉、福建德化、江蘇宜興都有不同特點的大量生產，但總不如景德鎮之全面發展。特別是彩瓷、青花瓷及色釉瓷燒造成就更爲顯著。

景德鎮製瓷技術的主要成就是：創造了「脫胎」瓷器，永樂時期的薄胎瓷器便達到了「半脫胎」的程度，成化之後，製胎技術更趨成熟，器壁幾薄如紙，酷似「脫胎」；發明了吹釉法，其具體操作是：用竹筒一節，一端蒙紗後浸入釉中粘釉，之後再將釉漿吹到坯面上，先在裡面吹釉，乾燥後將外面坯體削薄，再在外面吹釉，使施釉更爲均勻，而不會損壞坯體。薄胎和脫胎瓷器常用此法。釉下青花術普遍發展起來，成爲全國瓷器生產的主流；釉上彩達到較成熟的階段，開創了釉下青花和釉上多彩相結合的新工藝。高溫單色釉和低溫單色釉技術有了較大的提高，其優秀品種如永樂宣德時期的銅紅釉、宣德時期的鈷藍釉、正德時期的孔雀銅綠和弘治鐵黃釉，就充分顯示了明代景德鎮窯工的高超技藝。築窯技術也有了重大發展，成功地構築了倒焰式饅頭窯，並創造了階梯式龍窯。

景德鎮的瓷器品種有青花瓷、點彩、釉上彩、鬥彩、五彩等。按照年代的不同，則又可分爲洪武窯、永樂窯、宣德窯、正統窯、景泰窯、天順窯、成化窯、弘治窯、正德窯、嘉靖窯、隆慶窯、萬曆窯、天啓窯、崇禎窯等。

洪武窯出的青花一般色澤偏於暗黑，在圖案裝飾方面多留白地，菊花紋使用較多。

永樂窯造型優美俊秀，體胎厚薄適度，儀態萬方。器型有受外來影響者，如無檔尊、執壺、花澆、折沿盆等，有的還有阿拉伯文字。所造甜白釉半脫瓷器是景德鎮單色釉瓷器發展過程中的一大進步，不僅釉汁細膩潔白，且胎骨極薄，似乎只見釉層不見胎，能映見手指螺紋，還可看到上面刻畫的雲龍花卉和暗款。永樂時期的青花瓷器以其胎、釉精細，青色濃豔、造型多樣和紋飾優美而負盛名，被稱爲「青花瓷生產的黃金時代」。

宣德窯器物造型多種，獨出心裁，製作精工，細膩堅實，不易破裂損傷，器型敦厚，大小器物都很精美，在選料、制樣、畫面、題款上都極爲講究。宣德紅釉被譽爲「寶石紅釉」，釉水瑩厚如脂，色豔寶光四射。

天順窯造型穩重秀美，迴紋、書法亦頗遒勁可喜。

成化窯燒製成功鬥彩，既比青花富麗，又較五彩柔和，形式之美過於宣德窯。其青花瓷在圖案裝飾上趨向於輕鬆、愉快之感。點染描繪，淡雅沉靜，各臻其妙。

正德窯的突出成就是創製了「素三彩」新品種，其特徵是不用紅色，在素瓷胎上直接施釉。孔雀釉瓷的燒製是正德窯的又一成就。

嘉靖窯大量燒造大龍缸、座墩、大罐、葫蘆瓶和大盤等，並創製了大型花瓶，其釉彩和花樣都很豐富。

隆慶窯之青花和五彩可媲美成化窯，而青花則不如嘉靖窯，其精品有青花團龍紋提梁壺、五彩荷蓮水魚缸和五彩鳳紋六方罐等。

萬曆窯器型多樣，數不勝數。精緻之品有九龍盤、五龍四鳳盤和藍地白色花果盤等。

①

②

③
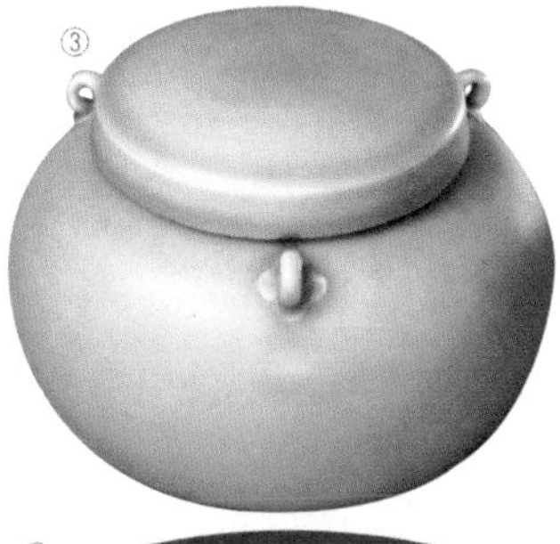
④

①明釉裡紅纏枝菊紋大碗
②明青花紅彩龍紋碗
③明青釉三系蓋罐
④明紅釉盤

崇禎窯僅有民窯，其裝飾富有民間色彩和鄉土氣息。青花瓷器上的禽獸、蟲魚的寫意筆法有八大山人風格，突破了歷來官窯圖案的規範化束縛。

十番鼓、十番鑼鼓流行

十番鼓，又稱十番簫鼓、十番笛，或簡稱十番，僧道稱之爲「梵音」，民間又統稱爲吹打，十番鼓的音樂大多是元明時期的南北曲，十番鼓使用的樂器有笛、管、簫、三弦、提琴、雲鑼、湯鑼、木魚、檀板、大鼓等，在諸多的樂器中，鼓和笛是主要奏樂器，作品結構除曲牌連接或曲牌演變者外，有的插入技藝艱深的鼓獨奏，是最具特色的部分，插入的鼓段可能是一個快鼓段（主板鼓），如《一封書》；或是兩個鼓段——依次爲慢鼓段和快鼓段，如《滿庭芳》；或是三個鼓段——依次爲慢鼓段、中鼓段、快鼓段，如《甘州歌》，鼓段節奏複雜多變，音色力度多采。

有關十番鼓的演奏情況，我們可以從清代李斗《揚州畫舫錄》看出，他在敘述揚州畫舫中演奏十番鼓的情景時說，單皮鼓（板鼓）的擊奏「響如裂竹」，演奏者的形象爲「頭如青山峰，手似白雨點」。由此可見技藝要求之高超，頭部身軀穩重，雙手要迅速靈活，這些特點至今在現代十番鼓中存在著。

十番鑼鼓又稱「十樣錦」，或「十不閑」，也稱「鼓吹」，簡稱十番或鑼鼓，它和十番鼓在所用打擊樂器及其奏法和所用曲牌方面，並不完全一致。

十番鑼鼓的音樂，大多也是元明時期的南北曲、小曲，所用樂器包括管弦與鑼鼓多種，以昂揚熱烈、明快歡樂爲特點，如只用打擊樂器，不用管弦，叫做「清鑼鼓」，俗稱「素鑼鼓」；兼有打擊樂器和管弦，鑼鼓與旋律更替或重疊的，叫做「絲竹鑼鼓」，俗稱「葷鑼鼓」。打擊樂器和管弦均有粗細之分，如管弦中嗩吶和笛爲粗，其他爲細，因此有所謂粗鑼鼓、細鑼鼓、粗細絲竹鑼鼓等等之區分。又，當以笛或笙主奏時，則分別稱「笛吹」、「笙吹」，如有笛吹鑼鼓、笙吹鑼鼓等。因此，十番鑼鼓之中品種相當繁多，節奏變化十分複雜，音樂豐富多采，著名曲目有《下西風》、《萬花燈》、《壽亭侯》等，有的歷史非常久遠。如《下西風》的命名，即是由於它來自元代王實甫雜劇《西廂記》第四本第三折中的「脫布衫」，其曲詞有「下西風黃葉紛飛，染寒烟衰草萋迷」之句，十番鼓和十番鑼鼓在明代已流傳在江蘇蘇州、無錫一帶。

戰車戰船發達

明代戰車戰船作爲軍隊的裝備比前代有了較大的發展。正統十二年（西元一四四七年），針對蒙古騎兵動作快、衝馳力強的特點，總兵官朱冕提出「火車備戰」建議，即將火器與車輛結合，以利用戰車屏障作用，阻擋騎兵衝擊，掩護火器火力的發揮；利用戰車的運載能力，加強重型火器的機動能力。正統十四年土木堡之變後，明朝開始試製和裝備各種戰車，到明末，先後造出正廂車、偏廂車等數十種戰車。

明代製的戰車仍以人力、獸力爲動力，但由於裝備火箭、火銃、火砲等，殺傷力大大加強。明代戰車主要是爲發揮火器進攻和防守的攻能而造，其中以野戰防禦性的居多，亦有進攻性的，如成化年間神機營創製的進攻戰車、弘治時的全勝車等。明代戰車配備一定數量戰鬥人員和多種火器，形成以戰車爲核心的基本戰鬥組織和火力單位。

明代戰車集火力、機動性和防護力於一體的設計思想，與現代戰車的原理完全相同，這在當時是很先進的。

明代戰船種類極其繁多，有蒙衝、鬥艦等幾十甚至上百種。戰船均是透過帆、槳，以人力或風力爲動力，與宋元時代的基本製造技術和結構差不多。但明代戰船透過改進船體結構和武器裝備，提高了其作戰性能。船體結構硬度增強，航速加快，

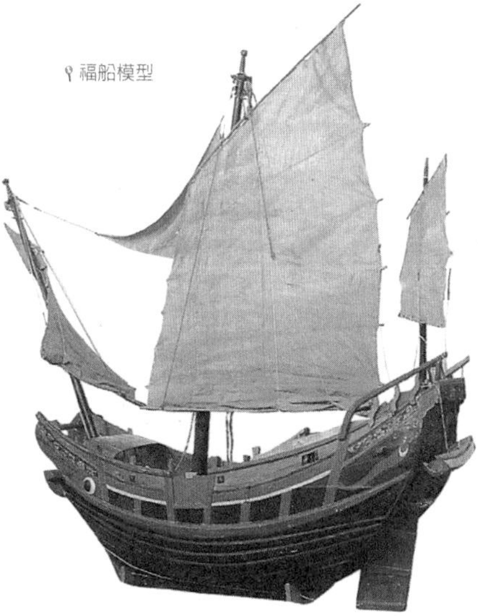

福船模型

明代鐵錨

使之能直接撞擊、犁沉敵船，明初開始，戰船逐漸普遍裝備了火銃、火砲等火器；因而明代戰船形體高大，火力威猛，在抗倭戰爭中屢建功勳。明代還曾專門製造用於海上航行的大海船，鄭和下西洋時乘坐的「寶船」就代表了中國古代造船的最高水準。

此外，由於海岸港汊交錯，不宜大船行駛，故明朝多造「多櫓快船」，以增強海防水軍的機動能力，如鷹船、蜈蚣船等，行駛敏捷，進退自如，並普遍裝備了火器。爲了迎合火攻需要，還製造出兩種專用於火攻的雙體船：子母船和聯環舟。這兩種原理一樣，均是船體的一半裝易燃物，接觸敵船點燃後，船體另一半則由軍士駕駛返回自家營地。

海船模型

明代戰船，在抗擊從十四世紀到十六世紀中葉騷擾沿海地區的倭寇的戰爭中，以及萬曆年間援朝抗倭戰爭中，均發揮了卓著作用。另外，也加強了對海外交往的物質基礎。明初的戰船高度發展，代表了當時世界的先進水準，但中葉以後逐漸衰弱。

流氓地棍猖獗

流氓地棍是明代社會的醜惡現象之一，流氓地棍的勢力在嘉靖、萬曆以後達到空前的膨脹而猖獗一時。

流氓地棍大都以權貴、地主、豪紳、地方惡霸爲靠山，社會背景極其複雜，活動區域主要在經濟生活較爲繁榮、商品經濟發達的南北城鎮地區。他們人數眾多，以團夥性活動爲主，有自己的組織、號令，各有活動範圍與地盤，有的以所糾黨徒人數作爲綽號名稱，像十三太保、三十六天罡、七十二地煞；有的以手中的武器爲綽號，像棒錘、劈柴、鎬子等，這些人爲非作歹，無惡不作，破壞心強烈。

流氓地棍的活動，五花八門，主要以打、搶、訛、騙爲主，蘇州還出現了專門打人的流氓地棍組織「打行」，又名「撞六市」，他們打人有特殊伎倆，或擊胸肋、或擊腰背、下腹，中傷各有期限，或三月死，或五月死，或十月死，一年死，其頭目有綽號「一條龍」的胡龍、綽號「地扁蛇」的朱觀，均是松江打行的班頭。杭州的流氓，一遇到人命案件，就視爲奇貨，或冒充死者親屬，或強作僞證，橫索事主酒食財物，「稍不厭足，公行毆辱，善良被其破家者，俱可指數」（《杭州府志》卷十九）。招搖撞騙、拐賣人口、弄虛作假，更是流氓的慣用手法，甚至有的流氓團夥還染指所在城鎮的經濟領域，導致種種欺騙、坑害顧客的行徑發生，如用假銀、賣假藥、假酒等卑劣行爲，對社會的危害是不可低估的。

娼妓興盛

伴隨明代社會文明的發展進步，城鎮商品經濟繁榮的同時，在明代城鎮文化中出現了具有時代特點的文化畸變，娼妓現象的出現便是一種。

娼妓是古代東西方社會中普遍存在的現象。在明代，娼妓這一亙古行業更趨發展。在洪武、永樂年間，官妓制度較爲盛行，它是唐宋以來官妓制度的順延，明代中期取締了官妓，這是中國娼妓史上的一大變革，自此以後，娼妓完全由私人經營。同時，明政府嚴禁官員出入妓院狎妓宿娼，情節嚴重的，「罷職不述」（《餘園雜記》），儘管有此禁令，但當時的地方官吏及以宰相之尊而挾妓侑酒者都大有人在。到了嘉靖、萬曆以後，皇帝倦於勤政，官員士大夫們則陶情花柳，前期的禁令已形同虛設，僅存一紙空文，享樂靡爛生活風氣興盛一時。

在這種風氣影響下，以南京、北京爲中心，大同、揚州等地的娼妓大

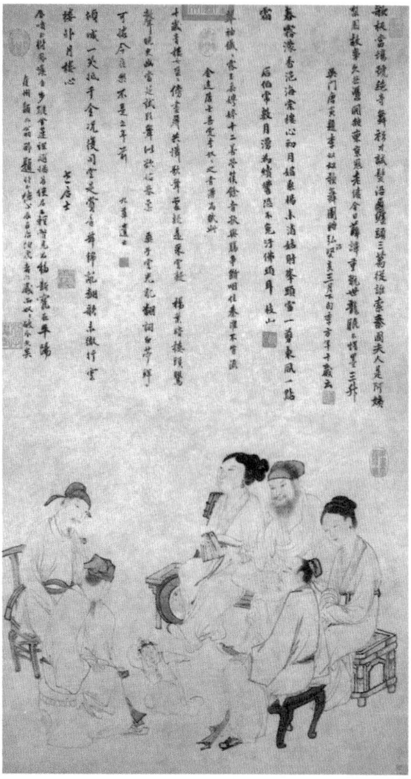

明吳偉《歌舞圖軸》。畫面正中的歌舞女孩，為青樓歌妓李奴奴，年僅十歲，嬌小玲瓏，能歌善舞，周圍衆人傾心觀賞。上有唐寅、祝枝山等文家題詩，佔畫面大半。此圖用白描法，線條纖細，略加頓挫，形象清秀，帶有拙味，繼承了宋元以來的工筆白描人物畫傳統。

量發展起來，致使娼妓遍佈天下。大都會之地，動以數千百計，其他偏州僻邑，往往也有之，終日倚門賣笑、賣淫爲活。

明代出現了許多名妓，如陳圓圓、董小宛、柳如是、李香君、李奴奴、顧媚之流，她們崇尚文學藝術，居處也多清潔幽雅，而且特別注意風貌，屬於高級妓女之列，另外還有大批以出賣色相和肉體爲生的低級妓女。由於明代社會有大量的娼妓存在，所以出現了諸如《金陵六院市語》、《六院彙選江湖方語》、《行院聲嗽》等記錄娼妓俗語的專門書籍。

年節娛樂豐富

明代民間的年節活動內容豐富，

《明憲宗元宵行樂圖卷》。在一派歌舞昇平景象的背後，隱藏著明中葉由盛至衰的危機。

王振鵬的《龍舟奪標圖》，以長卷的形式描繪人們划龍舟的情景，場面宏大，人數衆多。圖中樓台殿閣巍峨屹立，河水環繞，岸柳成行。大小不等的龍舟奮力競渡，浪花飛濺，群鳥驚飛。船上旌旗招展，鼓樂喧天。界畫樓閣俯仰曲折，方員平直，細入毫芒，各盡其態。船夫們奮力划槳的動作和神態刻劃細緻入微。用筆嚴謹秀勁，神氣飛動。

形式多樣，且生動活潑而富有旺盛的生命力。

正月一日「元旦」，民間既是祭神、慶豐收、迎來歲的節日，又是娛樂文化活動最爲豐富多彩的年節。屆時，各地都有相應活動，主要有放鞭炮、舞獅子、要龍燈、逛花市及各項雜技舞蹈、室內外遊藝等傳統項目，據《金瓶梅詞話》記載，明代「爆仗」的種類有紫卜缶、霸王鞭、地老鼠、一大菊、火梨花等數十種；舞獅子以「南方獅子舞」的廣東獅子舞最具代表性；要龍燈也稱「舞龍」和「龍燈舞」，是中國古代獨具特色的傳統民間活動之一，明代更別有一番情趣；屈大均的《廣東新語》中曾提到明代廣州已出現花市。

元宵節的民間遊藝活動主要有鬧花燈、猜花謎和百戲、舞龍、舞獅、踩高蹺、踢球、跑旱船、跳火、打陀螺、剪紙及其他百戲活動。江西建昌府民間，元宵節時，民人以逢箬結棚，通衢都爲燈市，遊人往來賞燈者絡繹不絕，通宵達旦，據正德《瓊台志》記載：元宵節時，該地民間的觀燈賞燈及猜燈謎等遊藝娛樂活動，更別具有一番南國水鄉的節日氣息，頗富地方特色；北京的燈節活動，則從正月初八開始，至十三日進入高潮，到十七日才結束，因這一活動與節日商業相結合，故又稱爲「燈市」。節慶期間，民眾不僅施放煙火，而且還興致勃勃地觀看各種樂作和許許多多歌舞雜耍表演，五光十色的煙火燈影、異彩紛呈的歌舞技藝，匯成了歡樂的海洋，吸引著成千上萬的各階層市民在城中徹夜狂歡和遊玩。

三月清明節，民間更有它獨具特色的遊藝娛樂活動，如有豐富民人生活的郊外春遊踏青；有表示吉祥的折柳插門；有鍛鍊強身健體的打球、蹴鞠、蕩秋千、放風箏、鬥禽等活動，據《帝京景物略》卷五載，北京的民間，清明節時民人就有群集高粱橋踏青的習俗，歲歲清明，正是桃紅柳綠的陽春天氣，人們折下柳枝的嫩葉，插在鬢邊，謂之「簪柳」。就在這一派春色中，人們盡情享受著生命的歡樂。

龍舟競渡與鬥草是明代民間端午節的主要遊藝娛樂活動。明代湖南常

德府民間，每逢端午節時，各坊市刳木為舟，長十餘丈，染成五色，選善於駕舟者「相競中流」；鬥草又名

明憲宗行樂圖。這幅畫描繪了明憲宗觀賞燃放爆竹煙火的場面，不但具有藝術價值，而且透過畫面直接反映了中國古代喜慶佳節燃放煙火的習俗。

「鬥百節」，有鬥花草名，有鬥草之韌性，此俗南北朝盛行，明代民間沿襲之。

明代中元節民間的主要娛樂活動是放河燈，如《帝京景物略》載：每逢七月十五，諸寺建盂蘭盆會，夜於水池放燈。日放河燈經過一天的悶熱，夕陽西下時，城內外的各處水面上就亮起了一盞盞隨波蕩漾的荷花燈，千盞萬盞，燦若群星，這就是明代北京民間中元節放河燈的景象。

重陽節正是秋高氣爽之時，也是進行秋季娛樂活動的大好時光，主要娛樂活動有登高、賞菊、放風箏。冬至節民間娛樂以冰上遊戲為主，有堆雪獅、雪人、雪山、雪燈、打雪仗、打滑撻、溜冰和扒犁等。

每年除夕之夜，明代民人闔家點燈熬夜，辭舊歲，迎新年「守歲」時，也要舉行許多節日慶祝活動與娛樂活動，一邊準備豐富的飲食，另一邊進行各種遊戲，熱鬧非凡。

明牙雕發展

牙雕是雕刻工藝的一種。雕刻工藝是指各種材料的小型雕刻，包括身上佩飾、室內陳設的小擺設、文房用具、日用器皿等；所用的材料有玉、牙、犀角、竹、木等。明代前期工藝大多集中在宮廷，以貴重材料雕刻為主，中期以後民間雕刻工藝大發展，一般材料逐漸取代貴重材料，並出現一些著名的雕刻工藝師。

在明代，象牙雕，與犀角雕刻藝術一樣，已出現新的風尚，即是和

竹、木、金、石等雕刻小型器物，當作案几上與文房四寶一起陳設的珍玩。牙雕藝術品以及其他工藝美術品，當時有官方的手工藝製作，有民間作坊，也有個人手工藝者及文人中工藝愛好者。他們之間有明顯的互相影響。有的文人雅士把犀、牙、竹、木雕刻作爲一種愛好，因而常常出現一些立意清新的作品，在社會上產生很大的影響。

明代比較有名的牙雕作品，有象牙雕送子觀音像、象牙雕荔枝螭紋方盒，皆似民間牙匠所作；象牙雕雙龍筆架，則似官方工匠所作，專供皇家所用；又如，象牙雕松蔭策信圓筆筒，在不同程度上和竹人作品的題材、技法相同。

明象牙雕。圖中左上為松蔭策信圓筆筒，右上為觀音送子像，下為荔枝螭紋方盒。

藏醫出現南北學派

十四世紀中葉，西藏山南地區帕木竹巴萬戶長絳丘堅贊（西元一三〇二～一三六四年）建立帕竹王朝，開啓了對全藏的統治，此後，莊園廣泛建立，改變了原有的行政管理體制，大大促進了西藏地方經濟和文化的繁榮。藏醫學術思想也空前活躍，從十五世紀起，藏醫南北兩大學派開始形成。

在西藏南北各地，《四部醫典》均是其學術觀點的依據。然而，由於南北地理環境和氣候條件等差異，使得醫家所持學術思想各不相同，他們各自在《四部醫典》的基礎上，闡述自己的觀點，傳播學術思想，並繪製了代表各自風格的醫藥掛圖。

藏醫北方學派的創始人爲出身於昂仁地方的名醫強巴・南傑扎桑（西元一三九四～一四七五年）、米尼瑪・圖瓦頓旦、倫汀・列珠以及他們的子孫都是這一派的著名醫家。代表著作有強巴・南傑扎桑的《醫學八支要義如意寶一百二十章》、《藥方祕要・南傑問答錄》、《明燈》，和朱尼瑪・圖瓦頓旦的《四部醫典注釋》等。

他們總結了北方高原地區的臨床

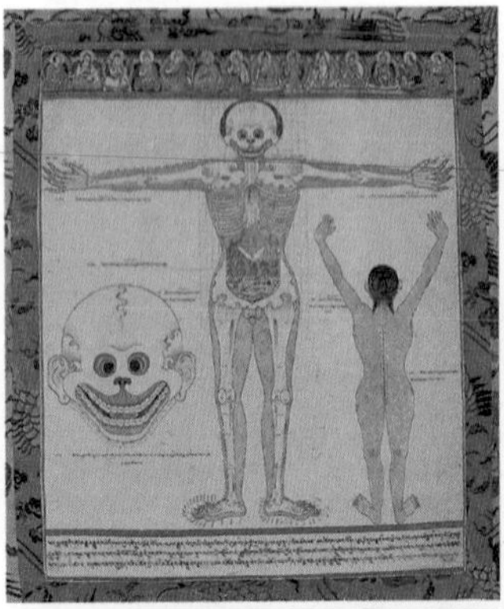

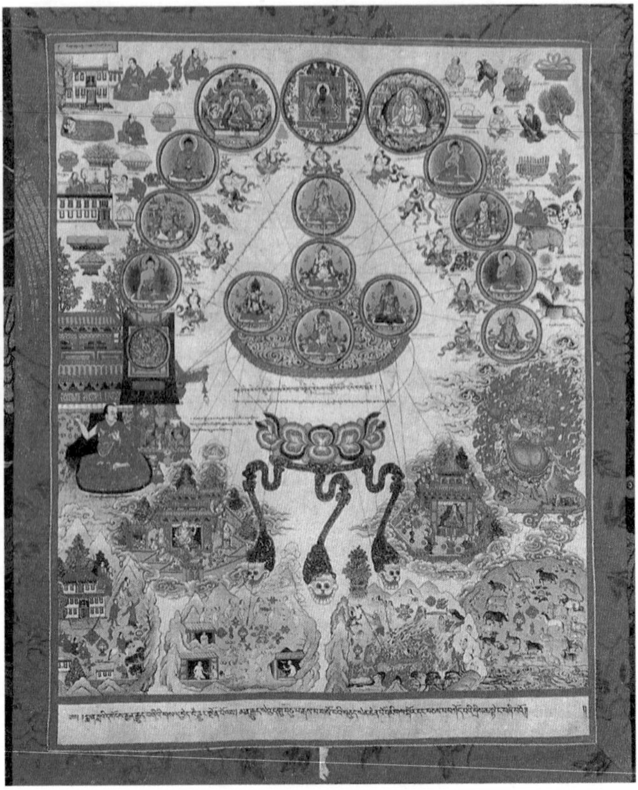

右　圖：藏醫養生圖。藏醫對養生十分重視。《四部醫典・祕訣本集》中專門論述了「養生之道」，其內容涉及居處、飲食、勞逸、藥補和性生活等多方面。圖為《四部醫典》系列掛圖中的「養生方法」之一。

左上圖：人體骨骼（正面）。藏醫認為人體全身骨骼包括牙齒在內共有三〇六塊。

左中圖：人體的生理和病理。此圖用樹的根、幹、枝、葉形象系統地介紹人體的生理功能和病理變化。

左下圖：疾病的治療方法。本圖描繪的是藏醫治療大法，包括補法、瀉法，和隆病（氣病）、赤巴（火病）、培根病（水和土病）治療方法等。

經驗，擅長使用溫熱藥物、方劑藥味，精通人體解剖、臟腑結構與針灸、放血、穿刺穴位等操作技術，形成了這一派的學術風格，特別是對風溼性疾病的治療具有豐富的經驗。流行於薩迦及阿里地區的藏醫上部學派爲貢嘎瓦・卻給多吉創立，而昌狄學派也是藏醫北方學派的支流，其學術思想與北方學派基本相同。

索卡・年姆尼多吉（西元一四三九～一四七五年）是出生於塔勃索卡地方的名醫，他與堅巴・才布多吉、索卡・洛珠蓋布等人相沿成習，在朗縣創立了藏醫南方學派，其著作包括索卡・年姆尼多吉的《銀光寶鑑》、《千萬個舍利》、《與南派醫生通信集》，索卡·洛珠蓋布的《祖先口訣》、《謬見糾生》、《藥物總訣眞人歡樂歌舞》等。由於南方屬於河谷地區，溼地較多，因而他們多使用清鮮藥物，方劑藥味較少，精通地方草藥的鑑別和應用，形成不同於北方學派的學術思想和風格，他們擅長於溼熱病的治療。而由索卡·年姆尼多吉的第二代弟子恰布本欽·多吉帕朗創立的藏醫下部學派則是南方學派的支流，其著作爲《恰布本欽醫學史》。該派的醫學著作《祖先口訣》曾受到第五世達賴的稱讚，在藏醫史上地位很高。

藏醫南北學派創立以後，鼎立長達二百多年，引起了長期的學術爭鳴，湧現出許多醫家和醫學著作，不僅促進藏醫事業的迅速發展，且大大地豐富了藏傳醫藥學寶庫的內容。

人物小事典

明憲宗寵信方士僧道

成化末年，明憲宗朱見深越來越寵信方士僧道，沉溺於神仙佛老、奇巧淫計。方士李孜省、僧繼堯以及和他們串通一氣的太監汪直、尚銘等人都被委以重任、加官受賞。奢靡的風氣也因此流行，國庫一天天空虛。

方士李孜省曾是江西布政司吏，因貪贓枉法被罷廢為民。當時憲宗愛好方術，李孜省學過五雷法，因此李孜省巴結宦官梁芳、錢義，以符籙受到明憲宗的寵信。明憲宗委任他為太常寺丞，御史楊守隨彈劾李孜省，說太常寺丞職司祭祀，應當慎重選人，怎可用「贓穢罪人」，請求罷免。明憲宗不得已，於是把李孜省改為上林苑副監，但更為寵幸。李孜省受到憲宗的寵信，乘勢和梁芳勾結起來，干亂政事。當時傳奉官增多，方士僧道因此升官的有幾千人，其中方士顧玒做了太常寺少卿，方士趙玉芝、凌中也升為太常卿，道士鄧常恩也做了太常寺卿，這幫人都和李孜省狼狽為奸。成化二十一年，朝廷官員有不少人指陳傳奉官的弊端，還抨擊了李孜省、鄧常恩等人。明憲宗因看到天象有變，心存疑懼，貶了李孜省的官，還命令吏部斥罷了五百多名冗濫官員。天下百姓都拍手稱快。然而，到了十月，明憲宗再次擢升李孜省為左通政，李更加作威作福，更借挾鸞術說：「江西人赤心報國」，一時間，江西籍致仕後又重被起用的人無數。且李孜省密封推薦，縉紳升降多出於此。

又有僧繼曉，江夏（今湖北武昌）人，巴結宦官梁芳而受引見，以祕術而得憲宗封為通玄翊教廣善國師，深受憲宗寵愛，所奏請之事幾無不准。繼曉母親朱氏原為娼家之女，繼曉為母親乞旌，憲宗不經核勘竟一口答應。繼曉天天慫恿憲宗做佛事，還在西市建了大永昌寺，逼遷居民幾百家，耗費錢財數十萬。成化二十一年李孜省被革，繼曉也被革為民。

明憲宗一朝，西番僧人受封為法王、大智慧佛、西天佛子、大國師、國師僧師稱號的不計其數，封給真人、高士稱號的方士道士更是遍地都是。成化二十一年李孜省被罷官時，方士僧道曾敗於一時，但隨李的復出更變本加利。直至孝宗即位，僧道寵信才盡失。

白雲觀四御殿。位於北京西城區的白雲觀，是道教著名宮觀。

嚴禁溺女嬰

成化二十一年（西元一四八五年）四月，鑑於民間溺死女嬰的惡習風行，溫州訓導鄭璟申奏朝廷禁溺女嬰，憲宗准奏。鄭璟奏章說：浙江溫州、台州、處州三府的老百姓人家要是生下了女孩，因爲擔心女孩長大成人後需備嫁妝，費用大，往往溺死，這種做法殘忍不仁、傷生壞俗，請求有關機構張貼榜文，嚴厲禁止。當時這種現象不僅出現在上述的三府，寧波、紹興、金華及江西、福建、直隸等地也時有發生，甚至呈惡性蔓延的趨勢。

明憲宗下詔：人命關天，父子至親，現在竟然因爲婚嫁的破費而將女嬰溺死，實在殘忍至極。今後民間婚嫁置辦裝奩要和家產相稱，不許奢侈。再有溺女嬰者，定處以重刑，發配邊遠地區。詔書一下，民間溺女嬰的現象得到了有效的扼制。

潮州音樂發展

潮州音樂是一種古老的綜合性器樂合奏樂種，包括有大鑼鼓、小鑼鼓、弦詩樂、細樂（獨奏或小合奏、包括箏樂）、廟堂音樂等多種，潮州音樂的淵源，可以追溯到明代，它和宋元南戲在潮州的支脈，即孕育了白字戲的正字戲（以用中州語音得名），存在著密切的交流並行關係。潮州音樂最具特色的樂器是嗩吶、潮州二弦、深波（寬邊大鑼）。此外還有多種管弦樂器和打擊樂器，因類別不同而有不同的組合。嗩吶分大小兩種，音色柔和細膩，是鑼鼓樂的主奏樂器，二弦明亮高亢，是弦詩樂的主奏樂器，大鑼鼓、小鑼鼓在室外廣場演奏；源於古樂詩譜的弦詩樂、細樂、廟堂音樂在室內演奏。大鑼鼓宏偉粗獷；小鑼鼓歡快活潑；弦詩樂、細樂典雅清麗；廟堂音樂和宗教儀式有關，也吸收民間歌曲。潮州音樂的演奏，規模有大有小，小的三、五人也可，多時如鑼鼓班在節日或舊日遊神賽會時可達百人以上。

潮州音樂中有的和潮劇音樂關係密切。潮劇在明代稱潮州戲，潮州音樂受到潮州戲的影響，有的結構十分複雜，傳統曲目有《薛剛祭墳》、《關公過五關》等。

潮州音樂流行於廣東潮州汕頭至閩南龍岩等地，是中華音樂文明藝苑中的古老品種之一。

兩湖平原大建垸田

兩湖平原即湖北的江漢平原與湖南的洞庭湖平原，是長江中游地區的兩大沖積平原，土地肥沃，水鄉沼澤地區廣佈。這裡絕大部分地區的地面高於水面，都在江、湖、河的洪枯水位之間，一到汛期常低於河湖水位。爲了開發利用這裡肥沃的土地資源，早在宋代人們就開始築堤圍墾，稱之爲「垸田」。

到明代兩湖平原垸田迅速發展，明中期已有「湖廣熟，天下足」的名諺，可見垸田開墾之盛。清代垸田修建大量增加，清末垸田面積已近五百萬畝，而且興修不少排澇抗旱的水利工程，保證垸田旱澇保收，穩定高產。

垸田周圍都築有堤壩，最長有數十里，最短也有十餘里，作用是阻擋洪水淹沒垸裡農田，另還利用垸內自然河汊加以疏浚形成排灌管道。大垸大多修建了主幹分支兩級渠條以及進水排水涵閘，溝通垸內管道與垸外水系，排灌系統較爲完善。每到江湖河汛期，垸外水位高於垸內農田地面，就關閘防止洪水倒灌；等到垸外河湖水位下降，低於垸內河渠水位時，就開閘自流排澇。如遇天旱缺水或其他需水情況，又可利用外高內低的有利條件，開閘引水灌溉。

垸田裡的土地根據地勢高低，大致分爲四種類型：地勢最高的爲旱地，其次爲稻田、荒沙湖田和湖底水田。其中旱地、稻田可以穩定保收，而且由於實行輪作復種制，土地利用率提高了，土壤也得到改良。

垸田及其排灌工程的大量興建，大大促進了兩湖平原的開墾與利用，同時又爲土地利用的合理化和發展多角經營提供了保障，使兩湖平原漸漸成爲號稱「魚米之鄉」的江南富庶之地。

石刻線畫繁榮

明代手工業比前代有了較大的發展，石刻、拓印技藝也隨之而向更高水準發展。此外，明代戲曲、小說等

達摩面壁圖

文學的發展，也帶動了雕刻版畫藝術的空前發達，更促進了石刻線畫藝術的橫向發展，拓寬了固有題材和體裁形式，使石刻線畫藝術進入了一個新的境界。明代石刻線畫繁榮，主要表現在以下幾個方面：

（一）道、釋人物畫刻石。道、釋人物題材的石刻線畫發展到明代，無論是題材內容、繪製形式，都較以前精細而出新。如以「西方極樂世界」為題材的壁畫，盛行於唐代，但在明代以前未見有石刻拓本。現今陝西省發現一明天順六年（西元一四六二年）繪製的《西方極樂世界圖》碑。此碑五百多年來還未曾拓印，碑石潔淨，線紋清晰，繪製俱精。各種人物近二百種之多，個個都眉目清楚，動作如生。更有趣的是，畫師還增繪一部分兒童划龍舟的生動場面，在佛經繪畫上加入民俗的內容，為石刻繪畫增添了新趣。

明代，石刻線畫描繪三教人物也多了起來，如《鍾馗圖》為石刻線畫中最初出現「鍾馗」題材之作品。《聖跡圖》和《孟氏祖庭圖》原石分別見存於山東曲阜孔廟和鄒縣孟廟中，兩圖都是連環畫，是中國早期長篇傳記形式的石刻連環畫之創始。

以線描技藝體現中國人物畫的優良傳統，要推周萬書畫的《玄天上帝圖》最有代表性，圖寫玄武眞人背風面南而立，神態瀟瀟，氣宇軒昂，衣紋鉤畫，更見筆力工夫。

（二）墓室裡的傳奇戲曲。明代石棺多出土於河南北部，而原陽縣夾灘舊村出土的石棺最具獨特風貌。棺前檔刻一「靈堂」，堂前有孝女捧祭品，孝子跪祭之線畫。石棺上的石刻線畫，已由飛天升仙或西方接引而逐漸與世俗生活相接近。繪刻的人物和環境氣氛漸由森然幽暗轉變為生動明快，宛如民間風俗畫。

（三）古剎、製鹽和黃河圖說。描繪寺廟建築的石刻線畫有《薦福寺堂圖》，圖中小雁塔十五層，是未遭地震破壞前之實景；《河東鹽池圖》全圖描繪了昔日手工製鹽之苦，也是研究鹽業史的重要資料；描繪山河地貌的有《黃河圖說》，圖中將自古以來黃河氾濫受災最嚴重的河南、山東一帶山嶺河川、城郭州縣等，簡明地繪圖標山，對於研究黃河變遷、治理方法和水利，都有參考價值。

（四）天籟閣藏畫選刻上石。晚明時，嘉興人項元汴建「元籍閣」，廣聚古今名人書畫。同郡人周履靖將項氏家藏繪畫中之神品摹勒上石外，又旁搜博採，費時二十年，凡諸家珍藏上自唐閻立本、下至元王若水之作，皆選珉石鐫刻之，名曰《繪林》，可惜未見流傳。

羅教流行

羅教又名羅道、羅祖教，是明清兩代流傳較廣、支派繁盛的大型民間宗教，始創人是山東萊州即墨人羅清（西元一四四二～一五二七年），教徒皆尊稱爲羅祖。他出家後苦修十三年，於成化十八年（西元一四八二年）正式創立羅教，羅教形成的標誌是羅清所著經卷五部六冊，即《苦功悟道卷》等，內容均主要受佛教影響。

羅教奉達摩爲正宗，尊崇六祖慧能，主張「三教共成一理」，「不住齋，不住戒，逢世救劫，因時變遷」（《苦功悟道》卷一），不供佛像，不燒香，不作道場，不設經堂，頗有禪宗宗風。羅教教義採用了佛教的性空說，著重闡發眞空之義。羅氏發揮佛教空論，把世上一切事物包括佛祖、菩薩統統都否定了，只承認一個絕對的永劫不壞的眞空，爲宇宙的根本，它變化出天地日月、山河大地、五穀禾苗，乃至三千諸佛，所以眞空法乃是羅教的哲學基石。羅氏同時又提出「本分家鄉」（即後來的眞空家鄉）和「無生父母」的觀點，從此民間宗教形成「無生父母，眞空家鄉」的八字眞訣。

羅教教義同時也受到道家和道教的影響，並從中吸收了無極、無爲等觀念，用老子的「天下萬物生於無，有生於無」的觀點解釋宇宙萬物的來源。羅教認爲以往佛、道、儒三教的一切修持方法皆是有爲法，都應在掃除之列，唯有無爲妙法——摒棄一切欲念追求，才能眞正使人擺脫現實苦難，返本歸原，了悟大道，所以羅道又被稱爲「無極教」、「無爲教」，羅清又被尊爲「無爲祖」、「無爲居士」、「無爲宗師」。

羅教正式形成以後，在教義和活動上都表現出極大的獨立性，受到正統佛教人士德清、密藏等人的攻擊，也受到政府的嚴禁和鎮壓，經卷被燒毀，一直處在旁門左道的邪教位置上。羅代的第二代分成兩大支派——無爲教和大乘教，其中大乘教又有東西之分。無爲教爲是羅教的正宗。

明廷對西南推行「改土歸流」

中國的西南地區，包括四川、雲南、貴州和烏斯藏（即西藏），居住著苗、瑤、彝、傣、藏等民族，是明代邊疆開發與建設的重點地區之一。

從元代開始，在西南建立了土司制度，以當地少數民族的領袖爲土官土吏，俱由中央授以爵職，並向中央納貢。

明王朝建立以後，在沿襲元代舊制的基礎上，對土司制度進行了改革。主要有：首先，專門設立土司的官署和官職，其名目有宣慰司、宣撫司、招撫司、安撫司、長官司，以及土知府、土知州、土知縣。這些土司的官員，大多是各族大小首領世襲，但必須由中央政府任命批准，並發給委任狀和印信。其次，對土司的控制進一步加強。中央政府除了徵收土貢之外，還加徵其賦稅。而土司除有守禦地方之責外，還要隨時聽從中央政府的調遣，接受地方行政長官的節制。

這些土官因爲是世襲的，他們的割據性特別強，常常因爭奪財產和土地而互相仇殺火拼，反抗明朝政府。明廷在平定這些戰亂後，在條件成熟的地方就裁撤土司，改設可調任的流官，此辦法稱爲「改土歸流」。

爨文。爨文是中國彝民先民使用的一種表意的單音節文字。

圖為貴州省大方縣發現的明成化二十一年的銅鐘，鐘面有鑄爨、漢兩種文字，是現存最早的爨文文獻。

永樂十一年（西元一四一三年）貴州思南、思州發生衝突，明政府派兵平息，分其地爲八府四川，設貴州布政使司，同時對土官制度予以革新，「府以下參用土官」，實行「流土合治」。進而由「流土合治」而實行「改土歸流」，廢除土司，權歸流官，推行與內地相同的地方行政制度。這是明政府邊區政治體制的一次大變革。明統治者實行「改土歸流」的目的，是爲了便於對邊區的直接統治，但在客觀上卻有利於邊區地方經濟的發展，對當時少數民族地區社會制度的轉變，產生一種催化劑的作用。

在明代，「改土歸流」較大規模

的推動只有兩次。但是，明朝政府在推行「改土歸流」政策時，遭遇到少數民族上層分子的不斷反抗。明弘治八年（西元一四九五年）「改馬湖府爲流官知府」，但由於發生少數民族上層分子的反抗，而又重用土官。嘉靖三年（西元一五二四年）馬湖府兩次歸流，但結果是「流官再設而土夷隨叛，殺人奪地比昔更甚」，使得明廷只好改任土官爲知府，恢復土司制度。土司制度不僅行於貴州、雲南、四川，還推廣於湖南、湖北及廣西等地少數民族聚居的地區。「改土歸流」政策較徹底和大規模的推行，則是在清朝時期。

科舉制度鼎盛

科舉制度始創於隋朝，形成於唐朝，盛行於明朝，持續至清末，在中國存在了一千三百多年，是歷代王朝設科考試用以選拔官吏的制度。

明朝立國之初，即注意搜羅和培養人材，一面開科取士，一面又重視設立學校，太學爲明初培養了相當數量的官吏。然而不到幾十年，明宣宗以後科舉及第升官機遇以絕對優勢壓倒太學，這是科舉制度在明朝達到鼎盛的表現。從表面看，似乎學校與科舉並重，或學校與科舉融爲一體，但實際應科舉的人多在家讀書，並不進學校，使學校有名無實。即使學校認眞教育，其目標及內容都與科舉有直接關係，學校實際上變成科舉的預備場所，淪爲科舉的附庸。

科舉制度在明朝達到鼎盛的另一

明仇英《觀榜圖》

個表現，是非科舉不得做官。

從明中葉起，非進士不入翰林，非翰林不入內閣。南北禮部尚書、侍郎及吏部右侍郎，非翰林不任。進士一選庶吉士，就被視爲未來之宰相。所以在明代，入學中舉，考中進士，謀得高官厚祿，已深入士人之心，遠超唐、宋兩代，一直延續到清末。

明代科舉制度鼎盛的又一表現是盛行以八股文取士。八股文取士產生於明憲宗成化年間（西元一四六五年至一四八七年），這一特殊文體對明、清四百餘年的教育與學風有極大影響。

科舉制度自隋創以來，經過唐、宋之發展，至明代達到鼎盛且定型。明洪武十七年（西元一三八四年）規定每三年舉行一次，考試的程序分爲地方考試、省級考試和中央考試，從此至清末成爲定制。

地方考試稱爲「院試」，考生先參加知縣或知府主持的縣試或府試，錄取後再由中央派往各省的學台主持院試。院試錄取者即稱「秀才」，秀才可不出公差並免納田糧；秀才每年由學台考試一次，叫做歲考，作用是督學。大試之年的前一年，由學台主持科考，府、州、縣等的生員經過科舉成績列爲一等、二等和三等的前三名的，准予參加省城鄉試。

鄉試逢子、午、卯、酉年舉行。考試分三場，每場三日，例定八月九日爲第一場，試以《論語》文一，《中庸》或《大學》文一，《孟子》文一，五言八韻詩一首；十二日爲第二場，試以五經文一；十五日爲第三場，試以策問五道。三場皆先一日入場，後一日出場。科舉考試中的常科是定期考試，鄉試錄取者稱「舉人」，第一名舉人稱「解元」，舉人可於第二年進京參加中央考試。

中央考試的第一步爲在禮部舉行的會試，逢辰、戌、丑、未年的三月舉行。共試三場，每場三日，三場所試項目同樣是四書文、五言八韻詩、五經文及策問，會試中者稱「貢士」或「進士」，第一名稱「會元」。會試後，於四月二十一日舉行殿試，凡貢士均參加殿試，試後根據成績重行排列名次，殿試只考策問，策問答卷

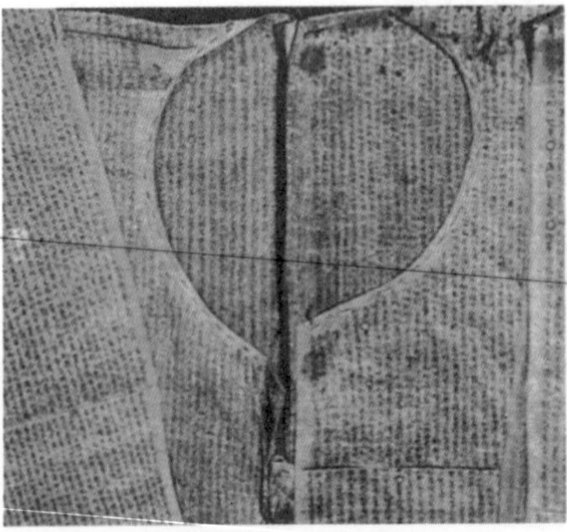

科舉考試夾帶衣，上書四書。

的起收及中間的書寫均有一定格式及字數限制，並且強調書法。書寫的字體要求黑、大、圓、光，即字體方正、筆畫光圓、墨色烏黑，當時稱為「院體」或「館閣體」。殿試只一天，貢生必須以大部分時間用於安排格式、計劃字數及書寫上面。殿試依成績分為三甲，一甲三人稱「進士及第」，二甲若干人為「進士出身」，三甲若干人為「同進士出身」。一甲第一名稱「狀元」，如果鄉試、會試、殿試均考取第一名，俗稱「連中三元」。一甲第二名「榜眼」，第三名「探花」，合稱「三鼎甲」。殿試一甲三名立即授職，狀元授翰林院修撰，榜眼、探花授翰林院編修，其餘二、三甲進士再經朝考，綜合前後成績，擇優選入翰林院為庶吉士。餘者分發各部任主事，或分外地任縣官。

武科試士內容，與文科不同，以技勇之重，初試馬上箭，二場試步下箭，三場試策一道。

科舉的考官據考試級別，分中央和地方兩級。中央及兩京的主考官主要由翰林官充任。各省考官則先由儒官、儒士內聘明經公正者充任，後景泰三年（西元一四五二年）改為由布、按二司與巡撫御史推現職教官主試。景泰五年起全部用翰林充會試的考官。

明代科舉制度的鼎盛，對於選拔才識之士、鞏固統治發揮重要作用，像于謙、海瑞、張居正、史可法等人就是由科舉選拔而得到重用的。但同時科舉制度也有不少弊端，明中葉八股文的盛行，更是敗壞了學風。

文化小事典

八股文定型

八股文是明清科舉制度所規定的一種應試文體，又稱八比文、時文、四書文、制藝、制義等。

八股文源於唐代帖經墨義、宋代經義和元代八比法。明初對科舉文體雖有要求，不過寫法或偶或散，無定規。到了成化年間，經王鏊、謝遷、章懋等人提倡，八股文逐漸形成較嚴格的程序，定型下來；此後一直沿用，由明前期直至清代戊戌變法，達四百多年，隨著科舉制度停止而廢除。

八股文要求文章必須有四段對偶排比的文字，共包括八股。全文由破題、承題、起講、入手、起股、中股、後股、束股、大結等部分組成。「破題」兩句，說破題目要義；「承題」用四、五句，承破題之意引申而言；「起講」開始闡發議論；「入手」引入本題，為議論入手處；「起股」用四、五句或八、九句雙行文字始發議論；「中股」是全篇重點，必須盡情發揮；「後股」或推開，或墊襯，振起全篇精神；「束股」回應、提醒全篇而加以收束；「大結」為結束語。

八股文還有其他規定：題目必用《四書》、《五經》的原文；內容的闡發必須以朱熹的《四書集注》等程朱學派注釋為準，不得擅自生發，獨出新論；字數也有規定，如明朝用《五經》義一道，五百字；《四書》義一道，三百字，超過者即不合格。

眼科著作《銀海精微》流傳

《銀海精微》是中國古代一部較全面的眼科著作。作者不詳，據推測此書大約完成於元代至明代中期。因道家稱目爲「銀海」，故名《銀梅精微》。今有多種刻印本和英文譯本。宋代以前的醫書中，眼科知識大多在醫學類或全書中以篇章的形式加以介紹，中醫眼科著作寥寥無幾。現存的眼科著作僅有宋代的《祕傳眼科龍木論》和元代倪維德的《原機啓微》等，其以《銀海精微》的內容最爲全面系統。

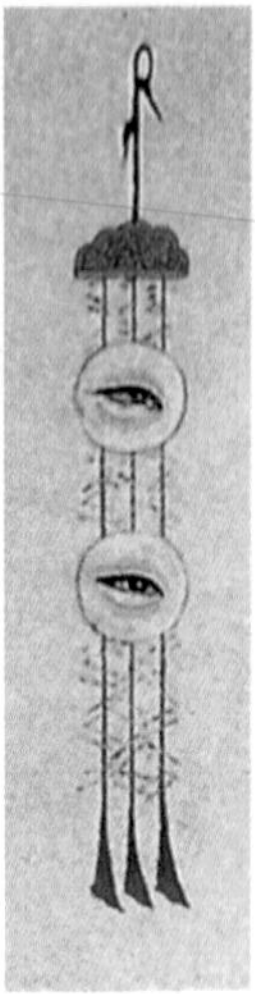
世代相沿的眼藥幌子

《銀海精微》共二卷，介紹了內外多種眼病的治療方法。該書首先論述五輪八廓，並附有示意圖，依次列出了八十三種內外眼病的症狀、病因病理及治療措施。將審視瞳人、風輪、白仁、胞瞼二眥作爲眼科望診的四要素，主張採用藥物和手術進行綜合診治以及內服、外治藥配合使用。同時，書末附上了一百三十四種眼科常用藥物的性味、產地、功治簡介等，極具臨床使用價值。書中還提出了「瞳神開大者，以酸收之；焦小者，以辛散之」等的用藥原則及治療白內障的「金針拔障術」。該書條理清晰，敘述簡練，且圖文並茂，方便實用，是明清以來重要的眼科專著。

《四庫全書總目提要》評價說：「其辨析諸證，頗爲明晰。其法補瀉兼施，寒溫互用，亦無偏主一格之弊。」

弋陽腔流行全國

弋陽腔簡稱「弋腔」，通稱高腔，是宋元南戲流傳到江西弋陽後，與當地方言、民間音樂結合，並吸收北曲演變而成的。它最晚在元代後期已出現，明、清時在南北各地繁衍發展，成爲民間主要聲腔之一。

明初至明中葉，弋陽腔已流行於安徽、浙江、江蘇、湖南、湖北、福建、廣東、雲南、貴州及南京、北京等地，並已發生演變。嘉靖年間，弋陽腔在贛東北的樂平變爲「樂平腔」，在徽州變爲「徽州調」，在池州青陽變爲「青陽腔」（又名「池州調」）；萬曆時又演變出「四平腔」。另外還有「義烏腔」、「太平腔」，都出自於弋陽腔。這些劇種在贛東北、皖南、浙西南興起，在南方形成了民間戲曲興旺發達的局面。

而諸腔調中流傳最廣、影響最大的則是青陽腔，四川、湖北、河南、山西的「清戲」，山東的柳子戲，都由其演變而來。在北方，弋陽腔與北京語音結合演變出「京腔」。到清乾隆年間，曾出現「六大名班，九門輪轉」的盛況，「崑弋大戲」被宮廷採用。由弋陽腔演變出來的弋陽諸腔，雖各有發展變化，但基本上保留了弋陽腔固有的特徵，因而構成了一種聲腔系統——「高腔腔系」。

弋陽腔可流行全國，除與明初軍隊的駐防調動、移民的遷徙、明中葉後商業貿易的發展關係密切外，更重要是弋陽腔本身的內容和藝術形式易被群眾所接納。首先，弋陽腔繼承和發展了南戲演唱時那種「隨心令」、「順口可歌」的民間藝術創作傳統；演唱聯套曲牌，但不受固定曲譜的規範和約束，藝人演唱時可吸收土腔土調以迎合觀眾口味。另外，弋陽腔可「錯用鄉語」，即可用方言土語，不必用「官話」，使它可與當地鄉音鄉語結合，成爲地方化聲腔。其次，弋陽腔對昆曲等傳奇劇本採取「改調歌之」移植上演的做法，並用「滾」的手法插入通俗的韻文、散文，使大眾更易接受。因此三點，弋陽腔在全國流行並與各地的鄉語鄉音、民間藝術結合而發生變化，成爲當地的高腔。

弋陽腔的唱腔結構最初來自南戲的曲牌聯套制，角色行當也繼襲南戲，分生、旦、淨、末、丑。之後幾經嬗變，突破了曲牌聯套的格式，發展了「滾調」、「徒歌」和「幫腔」，逐步形成了弋陽腔的固有特徵。弋陽腔徒歌、幫腔、滾調這種演唱形式，配以鑼、鼓節制、幫襯，形成了「鐃鼓喧闐，唱口囂雜」、「其調諠」的弋陽腔及其腔系的傳統風格。

明代弋陽腔及其流變的青陽、徽州、四平等諸腔的演出劇碼，現存一百二十種左右，著名的有《織錦記》、《同窗記》、《賣水記》、《破窯記》、《金貂記》等。這些劇碼，一部分是繼承宋元南戲的傳統戲，一部分是從海鹽、崑山等腔吸收過來的，散發著濃厚的鄉土氣息。

王守仁主張知行合一

明武宗正德三年（西元一五〇八年），心學集大成者王守仁（西元一四七二～一五二九年）講學於貴陽文明書院，首次提出知行合一說。

王守仁早年遵循朱學，他遍讀朱

子著作，特別執著探究其格物窮理之學，但朱熹思想中「心」與「理」、「知」與「行」二分的矛盾使他開始懷疑朱學，「格竹」的失敗更加深了王守仁對朱學的反感。他認識到朱熹的思想體系雖然博大精深，但始終無法解決內在的知與外在的理的轉化與溝通。他認爲格物致知過程中無法將外在的理轉化爲內在的知，而且格物致知與正心誠意之間也存在著不可調和的矛盾，縱然格得草木之理，也與自家的道德修養無關，所以朱學的缺憾就在於將心與理解析爲二，把知與行分離開來。

與朱熹思想相對立，王守仁主張心與理一，知與行合。爲此他重新解釋《大學》，特與朱學分道而行。朱將《大學》分爲經傳，並補寫格物致知傳，王則認爲原無經傳可分，更無經傳可補；朱重視格物致知的認識方法，將格致工夫置於誠意之前，王則以誠意爲本，格致輔之；朱釋致知爲窮理，王則從致知引出致良知。他還把《大學》中修、齊、治、平的活動解釋爲格物、致知、正心、誠意的修養過程。而且王守仁所理解的格物致知不再是一種認識活動而變爲內心的道德修養，格物不是格心外之物，而是按良知行動，叫「正物」或「正事」；致知不是窮心外之理，而是體認自心之良知。格物致知只在心上做，心外無物，心外無理。朱學析心、理爲二的弊病在王守仁的心學體系中得到克服。

海外貿易開拓

明代的海外貿易較之宋、元兩代有長足發展，通商範圍、商品種類和數量都有所發展，海外貿易領域隨著時間的推移和社會發展逐漸開拓。宋代的中國，商品經濟已有極大發展。重利的蒙元統治者也十分重視貿易的發展，這些都爲明代海外貿易的進一步拓展奠定了一定的基礎，是明代海外貿易新局面出現的前提。

明代海外貿易以明中葉嘉靖年間斷代分前後兩期。前期以官方壟斷的朝貢貿易爲主要方式。朱明王朝定鼎之初，攻擊殘元勢力，防護北方邊境是明太祖關注的重點，而沿海則重在防禦，爲此推行「片板不許下海」的嚴厲海禁；但爲了上層階級奢侈品和香料的大量需求，朝貢和貿易相結合的「朝貢貿易」被官方所壟斷和控制。明太祖在太倉黃渡設立市舶司專門管理朝貢貿易事務，但不久即被撤銷，並在寧波、泉州、廣州三地設置，到洪武七年（西元一三七四年）

明代用於航海的水羅盤（通高9公分，底徑14.4公分，口外徑12公分，口內徑8公分，盤高7公分）

後固定下來，成爲明王朝發展與海外諸國貿易關係的專門機構，分別管轄與日本、琉球和南洋各國的朝貢事宜，但對其間隔、時間、人數和攜帶物品數量有嚴格的規定，並有「勘合」作爲貿易往來的憑證。這時的海外貿易包括朝貢物品和附進品都不徵稅。這一局面維持到孝宗弘治年間，才規定了一定數量稅率。

永樂帝在海外貿易方面推行了較爲靈活和開放的政策，雖這時的海禁更爲嚴格，但海外貿易卻空前繁榮，朝貢貿易達到全盛期。它以鄭和七下西洋爲頂點，使中國的通商範圍大爲拓展，以永樂三年開始到宣德八年（西元一四〇五年到一四三三年）前後二十八年中，鄭和率領一支龐大的商船隊巡洋，所到之處包括越南、暹羅、馬來半島、南洋群島、印度、波斯、阿拉伯及非洲東岸的索馬里等在內三十多國，並將隨船攜帶的大量貨物與所到之國進行易貨貿易，使明王朝的直接通商範圍遍及亞非大陸。由於這次外交的成功，亞、非各國紛紛與明王朝建立了穩定的政治和經貿關係，海外貿易額、貿易品種都大幅提高，這時海外貿易的地域和規模達到了前所未有的全盛狀態。此後，由官方壟斷的朝貢貿易漸次衰落，到世宗嘉靖年間，遂被私人海外貿易所逐步取代。

早在朝貢貿易壟斷海外貿易之際，就有私人走私活動，但其發展非常緩慢，從事此貿易活動的多是沿海大官僚、大地主和大商人，其雄厚的財力讓他們有能力製造航海大船，並得到官府的庇護。朱紈奉命到浙江和福建打擊走私貿易，但遭到了失敗，爲明後期私人海外貿易的發展提供了契機，隨後海禁被部分解除，私人海外貿易取得了合法地位。福建漳州海澄月港開放，成爲私人海外貿易的進出口。明政府在此設置了管理私人海外貿易的專門機構海防館（後改名爲督餉館），管理也日趨完善，並制訂了稅法通則，對徵稅方式、稅種、稅率等作出了明確規定，還以頒發行票的方式控制和限定出海船隻的數量和貿易地點。這時的貿易活動主要在南洋展開，而與汶萊以西的南洋各國的交易更爲頻繁。

海禁的部分解除，並未使走私貿易銷聲匿跡，相反的，由於高額的稅率，沿海破產人口的增多，海防廢弛，走私活動更爲猖獗，尤其是被嚴禁的中日貿易。這時每年到達日本的商船約在三十至七十艘之間。

明代的海外貿易，中國輸出的商品以絲綢、生絲、瓷器爲主，兼及銅器、鐵器、食品、日用品及牲畜等，以之換取海外各國的特產和香料。《明會典》中記載的各國貢品已有四十多種，多是犀角、象牙、玳瑁、瑪瑙等奢侈品和香料，而萬曆十七年（西元一五八九年）制定的《陸餉貨物抽稅則例》列舉的商品有一百多種，除香料和奢侈品外，還有少量手工業品，流入中國的白銀數量也很大。

明代海外貿易的拓展，不僅促進了明朝商品經濟的發展和資本主義的萌芽，同時也擴大了中國與海外各國的交流和政治文化往來。

宮廷教育形成

宮廷教育是一種有別於官學的特殊教育制度，以皇帝及皇太子為核心。明代宮廷教育，除宗學以外，皇帝和太子教育有專職教官、專門教材、專門的教學場所和講學禮儀。主要分經筵和日講，前者只給皇帝開設，後者皇帝和皇太子均開。

「經筵」制度規定每年春、秋季起講學，每月逢二的日子舉行。春秋講各九講，春講從農曆二月十二至五月初二，秋講從八月十二到十月初二止。經筵時，皇帝乘肩輿至文華殿，朝臣大員身穿朝服依品級排列兩旁，翰林院春坊等官及國子監祭酒，在開講禮樂中向皇帝進講經史，預先

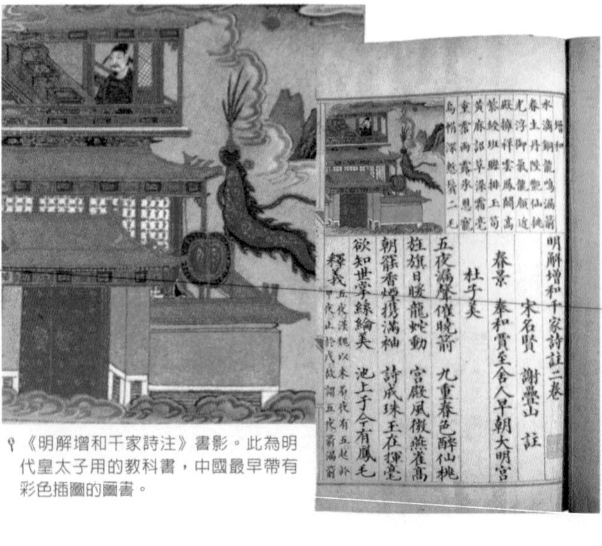

《明解增和千家詩注》書影。此為明代皇太子用的教科書，中國最早帶有彩色插圖的圖書。

由翰林院準備好的講章一式兩份，講官、皇帝各一份，講官僅照章宣讀一遍而已，講罷皇帝即賜群臣宴，無多少實質性的教育內容。

「日講」，即每日給皇帝進講，形式十分簡單，一年四季寒暑不輟。講學時，不用侍衛、侍儀、執事等官，也不用朝臣大員侍聽。皇帝來文華殿，聽講讀官進講經史。講讀官由內閣學士一人擔任。日講教學相當嚴格，課程安排也有長期計畫，講學時間一般在上午。後萬曆年間張居正鑑於神宗年少，故延長時間至下午，稱「午講」。每逢三、七、九日，皇帝臨朝處理政務或接受朝臣朝覲，則不排日講。日講的教學內容主要是儒家經典、歷朝正史、宋明理學典要、明朝皇帝先祖制誥及祖規遺訓、典章制度、處理政務的經驗方法及文翰詩賦等，視朝之日不開講學，但派翰林院文學之士入宮輔導皇帝詩文書法，或諮詢解答疑難。入選爲教官的，均是各具所長的飽學之士。

皇太子的日講在東宮進行，根據年齡及知識水準安排教學內容和教學計畫，較有系統，講讀官亦由翰林院士擔任。

書院再次勃興

明朝初年書院僅洙泗、尼山兩所，是單純的教育機構，沒有什麼特色。沉寂了一百三十餘年，到了成化、弘治年間，書院復興運動稍起。到正德、嘉靖年間，以陽明學派爲主導的書院教育運動再次勃興，形成不可阻擋的文化思潮。

明朝中葉書院的勃興，有其深刻的政治、學術、教育諸方面的原因。明孝宗鑑於當時的政治危機，力圖革新政治，在政治、經濟、文化諸領域進行改良。首先，在政治上，廣開言路，廣納有爲人才。弘治年間，孝宗就曾對大學士劉健說過講官講章時，可直言無諱，不必顧忌，一時間敢言直諫之士和有文武之才的人才，紛紛爲朝廷所任用。其次，孝宗不顧祖訓，大膽徵聘宣導與朱子學相異趣的以「整治人心」爲指歸的大儒陳獻章，開始革新長久束縛人們思想的「述朱」式理學和八股教育，轉向新儒學發展。陳獻章江門之學首開弘治和正德年間反程朱理學之風。其弟子湛甘泉到處建書院以祀其師，在京爲官時，與王守仁講學論道，提倡以「治心」爲本的新學來革新程朱理學與理學教育的痼疾。

其三，陽明學派對王陽明（守仁）的推崇，是推動嘉靖年間書院運

明正德年間創建的寄暢園兩景（江蘇省無錫市）

動勃興的直接原因。王守仁繼以陳獻章爲宗師的江門學派之後，將書院運動推向了高潮，並主導了明中葉的書院教育思潮。王守仁爲拯救明王朝政治、道德、教育諸危機，以其超群膽識和講學才能宣傳他的「知行合一」、「知行並進」、「心即理」、「致良知」學說，反對程朱理學的「知先行後」學說，並先後恢復新建龍岡、貴陽文明、濂溪、白鹿洞、稽山、陽明書院等，形成陽明學思想體系和以該體系爲核心的「陽明學派」。陽明學派紛建書院、講舍、聯講會，聚徒講學，引起一股書院講學熱潮，打破了成化、弘治以前的學術僵化局面，開啓了以王守仁爲權威和陽明學派爲主導的「心學」教育風氣，推動明清之際進步思潮的勃興。王守仁死後，陽明學派在桂萼當國、視陽明學爲僞學並大禁的壓迫下，仍日益興盛，各地廣建祠祭祀王陽明，到處設書院宣講陽明學，使陽明學廣播海內、朝野之內，批判程朱的教育思潮急速高漲。

其四，以陽明學爲時代主題和學術旨趣的書院教育運動，在中後期更加發展。陽明派書院講學的重要人物自王艮、王畿等，直至明末的劉宗周等，在長期書院講學和廣建書院的運動中，逐步形成陽明學派各支派領袖人物，加上他們在政治、學術上的地位和影響，推動了明朝中後期書院教育運動的持續發展。

文化小事典

岳麓書院成名

岳麓書院位於湖南岳麓山，宋開寶九年（西元九七六年），由潭州（長沙）太守宋洞創建，為當時四大書院之一。岳麓書院歷史悠久，歷經滄桑，到明中葉書院復興中，時人受陽明學的洗禮，利用書院的多方面條件作為傳播陽明學的重要基地，使之煥發生機。加之嘉靖年間政府扶持，私人資助，岳麓書院在明代成為著名的書院之一。政府撥給和私人捐助的學田有二千二百餘畝，水塘四十一個，屋基三十一處，為岳麓書院的成名奠定相當雄厚的經濟基礎。

正德二年（西元一五〇七年），岳麓書院開始復興，第二年陳論主持院內教事，向人們傳播「知行合一」說。但是陳論學宗湛甘泉，陽明學的傳播只作為教學的次要方面。到嘉靖年間，岳麓書院學風轉向以研習陽明學為主的改革，陽明學取得主導地位。陽明的高足弟子季本在這一轉變中起主導作用。嘉靖十八年（西元一五三九年）長沙知府季本大力修復岳麓書院，並親自登壇開講，以至四方人士多從其研習陽明學。當時正是政府剛剛頒行毀禁書院令的時候，季本的勇氣令人欽佩。隨後，江右王門健將羅洪先也至岳麓書院講學。萬曆十年，浙中王門弟子張元忭以使事至長沙，亦赴岳麓講學。張元忭是王畿的弟子，他講學時常勸學人必須悟修並進。萬曆天啓之際，江右王門當時號稱「天下忠直」的名士鄒元標也到岳麓講學。在陽明學派爭奪這所朱熹曾任講的「道學正脈」陣地時，湖湘學派的理學之士不甘理學傳統為時風所異化，極力抗爭，在岳麓書院形成學者間「理學」與「心學」學派的明爭暗鬥。如張元忭在書院講「文成之學，而究竟不出於朱子」，鄒元標回「其一規一矩，必合當然之天則」。這些辯論使岳麓注重躬行實踐的傳統仍常存，同時也促進了陽明學派自身學風的改造。

陽明派鉅子紛到岳麓登壇講學，使岳麓書院聲名大噪，成為明代著名書院之一，在明中葉的書院復興運動中發揮了重要作用。

吳門畫派崛起

吳門畫派是明代中期在蘇州地區崛起的繪畫流派，它繼明代前期宮廷院畫和浙派的興盛之後，一躍而成為畫壇的盟主，其中沈周和文徵明是在文學、書法和繪畫藝術方面取得卓越成就的大家，先後成為畫壇的領袖人物；同時湧現出許多富有個性特色的畫家。該畫派的核心人物沈周和文徵明都是長州（今江蘇吳縣，明時為蘇州府縣）人。吳縣春秋時為吳王闔閭建都之地，又稱「吳門」，故畫派以「吳門」命名，吳派畫家的藝術主要繼承了宋元以來文人畫的傳統，大多接受良好的古典文化教育和藝術陶養，他們的作品是時代文化精神的結晶，因而也是中國文人畫發展過程中出現的又一個高峰。

在明代，吳派的聲勢最為浩大，延續時間最長、影響也最為深遠。吳門畫派的興起絕非畫家之間的偶然組合，而是在一定的社會經濟、政治、文化的氛圍中孕育成長起來的，此地繁榮富庶、文風昌盛、藝術傳統悠久，加上畫家本身的傑出才能，在社會名士的熱心獎掖和支持下，終於造就了吳派在中國繪畫史上二百多年的絢爛篇章。

沈周

沈周（西元一四二七～一五〇九年），字啓南，號石田，晚號白石翁，長州人，出身於吳城大家，祖父沈澄、伯父貞吉、父恆吉都是吳中著名儒生。沈周幼承家學，他繪畫從初學到成一代大師大致經歷了以下幾個時期：

四十歲以前，沈周受到老師杜瓊、劉珏和父祖輩的較深影響，繪畫處在師法前人的奠基階段，如《幽居圖》、《採菱圖》，與杜瓊、劉珏合作的《壽徐有貞六十山水合冊》、《廬山高圖》等都是這個時期的畫跡。

沈周的作品四十歲以後拓為大幅，這不能簡單地理解為畫幅尺寸的擴大，同時也包含著筆墨逐漸放開，氣魄轉向雄逸沉厚的風格變革，這一階段大致延續了十五年左右。在這段時期裡，沈周進一步廣取博覽，上至唐宋青綠山水、董巨江南山水、趙孟頫的小青綠山水，以至南宋李唐、馬遠剛健挺拔的筆法等，無不認真揣摩，擷取菁華，豐富著自己的素養，同時他對元四家的學習始終不輟，尤其對黃公望、吳鎮用功頗深。他四十七歲時所畫的一幅《仿董巨山水軸》，山巒的圓渾、山頭密攢苔點和山腳佈置卵石等形態，柔和流暢的披麻皴筆法、陡墨皴染濃墨提醒的畫法等，都得到董巨的遺韻，但在佈局上有自己的匠意。

沈周晚年在繼續探求黃公望的筆墨意韻外，尤醉心於吳鎮，以鍛煉更加簡潔、沉鬱的畫法，他把吳鎮的粗豪和黃公望的松秀、王蒙的靈動和馬夏的剛健、米氏雲山的渾宏等巧妙地融合成一體，終形成了「粗枝大葉」而又天真燦爛的獨特風格。晚年學仿

沈周《廬山高圖》。《廬山高圖》是沈周四十一歲時特為老師陳寬七十大壽所作，為表達對恩師的崇仰，極力畫出廬山仰之彌高、氣勢壯闊宏偉的景象，構圖的深邃繁複、皴染的縝密靈活，以及黑白虛實的巧妙安排，善用濃墨點苔焦墨提醒的技法，都深得王蒙的真髓但更透出一股蓬勃明朗的氣息。

前人代表作品的，有六十一歲追摹黃公望的《仿子久富春山居圖卷》、六十二歲《仿子久富春圖》和《臨黃公望深山曲塢圖卷》、六十六歲《摹米元暉大姚村圖》、七十四歲《臨巨然白雲肖寺圖卷》、七十九歲《臨黃公望富春大嶺圖》及《仿高克恭雨霽圖》等，沈周的繪畫深植於民族傳統藝術的土壤裡，攝取著前代大師的精英，因而能夠在深廣的根基上，建造起自己的藝術殿堂。

沈周一生的作品，除了部分仿古之作，大部分是「本乎天然」的創作，這一類作品的題材共分三類：一是繪寫江南眞景山水，如《兩江名勝圖冊》、《蘇台記勝圖冊》、《吳門十二景》、《洞庭雨山圖卷》、《張公洞圖卷》等，善於概括集中景物的特徵，透過簡潔的藝術語言，構思出富有詩意的境界，沈周晚年形成平中寓變、以虛托實的特殊結構形態，在許多作品中顯現出來，對文徵明的山水產生很大的影響；二是題材雖非描繪具體的山川物景，然境界富有詩意，充分表達出畫家陶醉在自然界裡心曠神怡的意緒，如《落花詩意圖》、《雲際停舟圖》、《登高吟詩圖》等；在花鳥領域，沈周也有突出的成就，他繼承了錢選水墨輕色的傳統，同時又適當地加入了山水畫水墨潑染的技法，此外他還善用沒骨設色法畫花卉蔬菜。

沈周一生未曾做官，以處士終身。沈周高潔的人品，恬淡溫和的性格以及詩、書、畫的廣博才能，博得各方人士的尊敬，譽重吳中，流播四方，很自然地成爲畫派的領袖。

文徵明

文徵明在沈周晚年脫穎而出，在詩、書、畫各方面具備著廣博的修養，聲名日盛。他的詩作「傳情而發，娟秀妍雅」，被譽爲「吳中四大才子」；書法初學歐陽詢，後法黃庭堅、米芾、趙孟頫，形成俊邁清拔的風格；在繪畫上，遠窺宋元，近接沈周，已逐漸出現自家的面貌。文徵明爲人敦厚安貧、不趨權貴，他平生作畫「三不肯應」，即不爲藩王貴戚、宦官和外國人作畫，他樂於扶掖後進，從學弟子很多，故在沈周晚年和去世後，文徵明成爲畫派的核心人物，主盟畫壇五十年。

和沈周一樣，文徵明對前代大師的追模研習也是不遺餘力的，陳繼儒《泥古錄》對他學習傳統的過程有一個歸納：「文待詔自元四大家以至子昂、伯駒、董源，臣然及馬夏間三出入。」他早期仿古作品中，含有較重的學習前人技法的意義，如《仿黃鶴山樵山水圖》，構景和筆墨技法全似

文徵明《石湖清勝圖卷》

文徵明《墨竹圖軸》

王蒙，《天平記遊圖》具有黃公望松秀蒼潤的格調。

表現文人的居住環境和日常生活是文徵明作品常見的題材，其中如爲朋友華夏前後兩次所繪的《眞賞齋圖卷》、《茗上草堂圖》、《聽泉圖》、《臨流幽賞圖》、《清秋訪友圖》等，俱是傳世的名作。這些作品基於畫家的親身生活感受，透過「意匠經營」，創造出或雄偉深遠、或清雅明潔、或荒疏空明的境界，多方面地表現出文人的情愫和理想。

吳中和江南地區秀麗的湖山名勝，是文徵明常遊的地方，因此，他留下了許多詩篇和生動的圖畫。文徵明的山水畫較之沈周有更濃厚的文人氣息，在晚年的細筆山水和青綠山水中尤其明顯，這些作品在構圖上更爲

文徵明八十八歲時所作《真賞齋圖卷》

平實和均衡，很少作重山複水、峰轉路迴、層層深遠的景色，即使是景物較複雜的山水，也是力求佈景平衡，後景畫得和前景一樣明晰，追求著一種視角直觀的平面感，具有濃重的裝飾意味和形式美感。

文徵明兼善人物和花鳥。他的人物畫吸收了李公麟流暢勁拔的線描技法，又融和著元人的簡潔灑脫；他四十八歲時所作的《湘君湘夫人圖》是其人物畫的典型之作。文徵明的花鳥畫屬於文人寫意畫的範疇，以竹、菊、蘭、水仙等為主要題材。文徵明一生勤於創作，至老不衰，在他九十高齡時，仍手不釋筆。

唐寅《孟蜀宮妓圖》

唐寅

唐寅（西元一四七〇～一五二三年），字子畏，一字伯虎，號六如居士，江蘇吳縣人。他出生於商賈家庭，二十九歲時應天府中解元，次年會試北京，因考場舞弊案罹禍下獄，被罷爲吏，不就而歸，後築室桃花塢，以鬻文賣畫爲生。他才氣橫溢，性格狂放，傳世有很多關於他笑傲名教的軼聞傳說。唐寅畫先學沈周，後受周臣的影響，上追南宋李、馬、夏的畫藝，同時又繼承了文人畫的蓄蘊，形成自己獨特的面貌，在山水畫、人物畫和花鳥畫方面都有佳作。

唐寅的山水畫多取崇山峻嶺的雄險景致，亦善繪溪橋亭榭的田園風情，如早期作品《騎驢歸思圖》、中年的《山路松聲圖》、晚年的《西州話舊圖》都是傳世傑作；他對人物畫也特別擅長，多描繪歷史故事與仕女像，特別出名的有《孟蜀宮妓圖》、《秋風紈扇圖》等，活現出紈扇仕女楚楚動人的風韻。唐寅的花鳥畫表現出他的多才多藝，著名作品有《墨梅圖》、《枯枝鸜鵒圖》等。

仇英

仇英（約西元一五〇五～一五五二年），字實父，號十洲，江蘇太倉人，後居蘇州。他出身貧苦，拜院體

仇英《桃源仙境圖軸》

畫家周臣爲師，又與文徵明、唐寅結識。經過長期觀摩和悉心臨仿，他的畫藝大進。

他擅長畫人物、山水、花鳥、界畫，尤長於臨摹，主要以工筆重彩的三趙（伯駒、伯嘯、孟頫）作品爲主，傳世的《桃源仙境圖》、《棧道圖》可謂顯例。《桃源仙境圖》繪重岩疊嶺在青山白雲環繞下，幾位隱士臨流賞琴，遙見遠處樓閣隱現；純用石青的大片山石肅整有矩，秀麗高雅，與悠閒的人物情景交融，儼如脫塵的神仙景象。而《蓮溪漁隱圖》則山清水秀、用色典雅，有文人畫韻味，可稱作疏淡的小青綠風格。

仇英還能作水墨寫意畫，傳世有《柳下眠琴圖》、《右軍書扇圖》，他專重人物的《職貢圖》或帶背景的《修竹仕女圖》、《摹蕭照中興瑞應圖》，人物各具神采，服飾器物造型謹嚴，線描勁爽，表現出極高造詣。

仇英躋身於「吳門四家」行列，應歸結於他的勤奮不倦，作畫時有「耳不聞鼓吹闐駢之聲」的專注精神。他的摹古作品大都也參入自己的筆意，有時代特色，於他在世時就飮譽各地，對於明清宮廷、民間與文人的繪畫都留下相當的影響。

明官學體系嚴密

明朝官學，即由國家政府所設，由政府派遣教官教學與管理，其經費、生員、課業及學生資格與出路等，都由政府負責。明代的官學體系非常嚴密，從中央到地方分爲中央官學和地方官學兩大系統。

中央官學

中央官學系統的學校有貴冑性質的宗學，普通性質的有兩京國子監、太學，專門性質的有武學、醫學、陰陽學等。

「宗學」是設於兩京的貴冑子弟學校，學業五年，招十歲以上的宗室子弟；並從王府長史、紀善、伴讀、教授等宮中擇優秀者爲教師。宗學教材有《皇明祖訓》、《孝順事實》、《爲善陰騭》和《四書》、《五經》、《通鑑》、《性理》等。每年還進行提拔學官的考試。

「兩京國子監」則是設於京師的最高學府，往南京的稱「南雍」，北京的稱「北雍」。國子監學生來源分官生和民生兩類。官生又分兩等，一等是品官子弟，另一等是土司子弟和海外留學生。官生由皇帝指派分定，初有伴皇子學習的任務，後歸入專門的宮廷教育體系中去。民生由各地文官保送。

洪武四年（西元一三七一年）以前，官生是民生的兩倍，洪武十五年後，民生數額大大超過官生；至洪武三十年，民生一八二六名，而官生則只有三名。這是因爲明初政治內鬥激烈，文教政策也發生變化，功臣大批被殺，其子弟自然不能入監成官生，而且科舉取士之途成爲入仕必然途徑，自然民生數額上升。

永樂年間國子監開始收會試落榜的舉人，承擔了培訓官學教官的職責。南北國子監以北方爲尊，但內部結構相同，設五廳、六堂。五廳爲繩愆廳、博士廳、典籍廳、典簿廳，掌饌廳；六堂爲率性堂、修道堂、誠心堂、正義堂、崇志堂、廣業堂。規模恢宏，設置齊備。

國子監的教官有祭酒、司業、監丞、博士、助教、學正、學錄、典籍、典簿、掌饌等，均由朝廷任命，管理校中一切事務。國子監生員按入學年限及學識編班，每班選齋長一名，監督他們的功課。教官管理學生一律以學規爲準繩，學校管理極爲嚴厲，嚴禁學生鬧事，輕者記過打板子，重者發配或殺頭。

國子監的教學內容有《御制大誥》、《大明律令》、《四書》、《五經》、《說苑》，後又加上《御制爲善陰騭》、《孝順事實》、《五倫書》等。其中最重要的是明太祖朱元璋自己寫的《大誥》，分續編、三編、大誥武臣等，共四冊；主要列舉他所殺之人的罪狀，教人引以爲誡，守本分、納田租、出夫役，替朝廷當差的訓詞等。凡不合專制統治的言論文字，「課士不以命題，科舉不以取士」。

一頂烏紗帽成了官的標誌，摘去烏紗帽即為罷官。圖為明代烏紗帽。

國子監生員學習按學業好壞、積分，從廣業堂依次升至六堂之首的率性堂。明代國子監還推行監生歷事制度，即分配生員到政府各衙門實習，以便於他們在學期間熟悉瞭解政事和關心實務，也利於檢查教學品質。

另外，「武學」隸屬於兵部，以培訓在職武官爲任務，後也收十歲以上的軍籍子弟，既傳授軍事戰術和武藝，又授《武經七書》以加強軍事理論學習。「醫學」和「陰陽學」則主要培養天文和醫藥方面人才，規模均較小。

地方官學

地方官學系統的學校有儒學性質的府、州縣、衛儒學和各司儒學等。

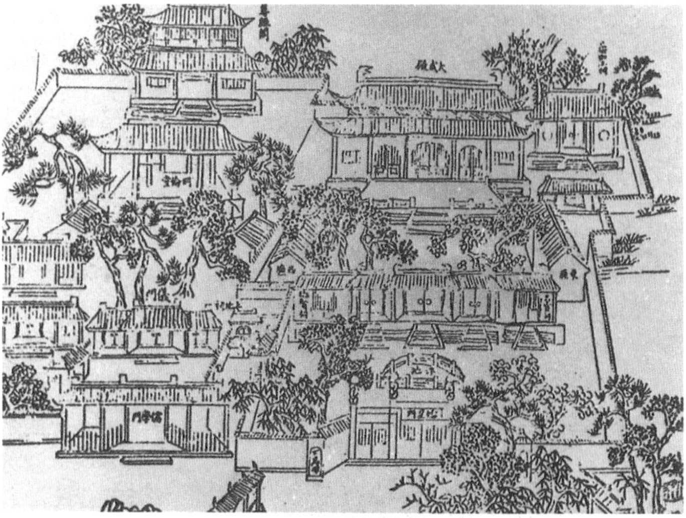

明代縣學圖

洪武二年以後，大規模興建學校，府設教授，州設學正，縣設教諭各一名；且都設訓導，府四、州三、縣二。生員數：府學四十，州學三十，縣學二十人。師生每月每人供給六斗食米及魚肉。宣德元年（西元一四二六年）又增廣生員數，京府學員六十，外府州縣依次爲四十、三十、二十。英宗正統十二年（西元一四四七年）又再增補。三個時期生員，分稱廩膳、增廣、附學生員。成化中又規定爲軍人子弟開立的衛學，四衛以上軍生八十人，三衛以上六十人，二或一衛四十人，有司儒學軍生二十人，土司子弟允許入附近儒學，無定額。

地方官學教學內容與中央各類官學相同，統一標準是科舉考試，地方官學還每年向中央官學輸送生員。地方教官的考核標準亦以每年科舉取士的多少爲標準，附加教官自身的考試。

地方官學的教學不像國子監那樣分堂教學，而是分科教學，開始爲六科，後縮爲四科，分別是禮科（含經、史、律、誥、禮、儀、文學等）、射科（軍事體育）、書（書法）、數（數學）。

此外，明代還設社學作爲州、縣學的預備學校，招收平民子弟，但時興時廢，主要取決於地方官的積極性和社學教育是否與科舉有關。到明中後期，則由以教化爲本轉化爲以科舉爲目的的地方官學。

明官學體系嚴密，並建立了相對獨立的教育行政體系，但仍與官府行政系統平行。

文化小事典

飛雲樓展現明代木構樓閣特色

明代發展了中國古代建築的傳統，獲得了不少成就，特別是在木構架房屋建築方面尤為突出，技術超過了前代。位於山西省萬榮縣東嶽廟內的飛雲樓，是明代著名木構樓閣建築之一，它顯示了明代木構樓閣的特色。

飛雲樓約建於明正德年間，雖經明、清兩代多次重修，仍基本保持原貌。它在造型方面受宋代樓閣建築的影響，將平台、披簷、龜頭殿、十字脊屋頂等多種處理手法組合在一座建築中，呈現出雄偉華麗的風格。飛雲樓為三層，全高二三．一九公尺。底層平面是正方形，二、三層各面部凸出一個十字脊歇山頂的抱廈，平面呈亞字形。各向立面有三個歇山頂、六層簷口，角部有八個翼角。全樓有大小八十二條琉璃屋脊及各類附有雕飾的斗拱。層簷疊角，形象非常奇特。

飛雲樓為整體式結構，各層平面的尺寸並不相同，開間大小也有變化，不同於遼代木構樓閣，由構造相同的各層相疊而成，外觀呈簡單重複的規律性變化。飛雲樓的主要荷載由貫穿三層的四根通天柱承擔，柱高一五．四五公尺。四柱由枋木相聯成為井筒，外簷構架全部搭接在井筒上，運用了插接、擱置、懸挑、垂吊等多種構造方法，使外簷樑枋跟井筒結構緊密結合，渾然一體。這種整體性構架可滿足由不同氣候條件決定的千變萬化的功能要求，給各層空間的結構、門窗的設置提供極大的靈活性。飛雲樓可說是明代建築技術進步的體現。

山西萬榮縣東岳廟飛雲樓

明朝

明長城體系完成

明滅元後，爲了防禦蒙古南下侵擾，大力修築長城。明長城利用秦、北魏、北齊、隋和金修築的長城，先後經過十八次加修，起於洪武年間，止於萬曆年間，歷時二百多年方完成。明長城西起祁連山下，東到鴨綠江邊，全長五六六〇公里，稱爲「萬里長城」毫不爲過。明長城建築水準在歷代王朝中達到最高階段。

長城的主體是城牆，明代以前多用土築，明代所築的長城因地段不同、地方材料不同，而各具特點。按築城材料和構造看，有條石牆、塊石牆、磚牆、夯土牆及木板牆等數種；也有因地制宜、隨山就勢的劈山牆，利用險峻峭壁的山險牆；在黃河突口

左圖：已修繕完工之山海關「天下第一關」城樓
右圖：經山海關向南延伸至渤海的入海長城老龍頭

冬季還有冰牆等。而這多種牆體中，又以磚石牆、夯土牆最多。

城牆的高度也視地形起伏和險要程度而有所不同。居庸關和八達嶺附近及古北口、慕田峪等處的長城很有代表性，這些地段城牆高大堅實，城牆表面下部砌條石，上部爲磚包砌，內部填土和碎石，頂面鋪方磚，牆高平均約七至八公尺，牆基平均寬約六．五公尺，頂部高五．八公尺，淨寬四．五公尺，可容五馬並馳或十人並行。頂面一般隨地勢斜鋪，在險要地改爲台階，牆頂靠裡一面用磚砌築一公尺多高的女牆，而向外一面砌成高約二公尺的垛口，每一垛口設瞭望孔和射擊孔，每隔一段有吐水咀，將牆頂雨水排出牆外。牆身上隔一定距離設一券門，券門內有磚或石砌的階梯通至城牆頂上，守城士兵由此上落。

在長城上每隔三十至一百公尺建有一個突出牆外的台子，與城高相同而實心者稱爲「牆台」（也叫「馬面」）；高出城牆而空心者稱爲「敵台」。牆台在實戰中有很大作用，可使攻城者受到上部及左右兩方的射擊，有效地保衛著城牆的安全。平時牆台也是士兵巡哨之處，有的牆台上還有小屋，爲躲避雨雪之用。敵台一般高出牆體一至三層，下部可駐紮士兵、存儲彈藥武器，並開有箭窗，頂層用作瞭望放哨。這種騎牆敵台是明代名將戚繼光所創，規模小者可駐兵十幾人，大者可駐上百人。

烽火台又稱「烽堠」、「煙墩」、「烽燧」，功用在報警和傳遞軍情。台上貯薪，遇有敵情時白天焚煙、夜間舉火。多爲獨立的高台，彼此相距十五公里，台址選在便於互相瞭望的高崗或峰巔。多數在長城兩側，也有伸展到長城以外很遠處，還有的是向關隘州府乃至首都聯繫的烽火台。烽火台的材料和構造與長城相同。

關隘爲險要交通孔道的防禦組群，由駐兵的城堡、出入的關城、密集的烽堠、敵台和多道城牆組成。關城是主體，建有甕城、城樓、角樓、敵樓、鋪房等，兩側與長城相連。現存著名關城有山海關、嘉峪關、居庸關、古北口、雁門關等，地形險要，建築雄偉。還有許多段落具有很強的觀賞價值，如北京延慶縣八達嶺段、懷柔縣慕田峪段、密雲縣司馬台段、河北省灤平縣金山嶺段等。

明代長城沿線分設九鎮，自東向西爲遼東、薊鎮、宣府、大同、山西、延綏、寧夏、固原、甘肅，每鎮均有重兵把守。長城的關口很多，是進出長城的孔道，每鎮所轄多至數百，全線共有一千以上，其中著名的有數十座，如山海關、居庸關、雁門關等。這幾處都是拱圍北京的戰略要地，修築得最爲堅固。自居庸關向西至山西偏關一段分成南北二線，稱作裡、外長城。

明朝除在北部修萬里長城外，也曾在貴州一帶築長城三八〇餘里。

明代長城建設，是既集前代之大成，又獨具特色。首先，強調點線集合，與城牆緊密結合，形成以點護線的築城體系。其次，加強長城的防禦縱深，構築專用於防守的墩台，在重要的防禦點上層層設城塞、營壘；在重點防區構築外濠、外牆和內濠、內牆，牆上增敵台，周邊築關堡、烽堠，形成外長城護內長城、內長城護內的三關築城體系。其三，是砌築技術的創新，明長城牆高、牆厚均勻較前代增加，並在後期出現了用以射

左圖：修築長城施工包工隊工牌
右圖：明長城中保存最完整、最具代表性的段落之一「八達嶺長城」

擊、觀察、掩蔽並貯有物資、裝備的空心敵台，進一步增強了城牆的防禦能力。

唐宋派興起

明嘉靖初年，爲了矯正李夢陽、何景明等前七子「文必秦漢」的崇古、復古之風，王愼中、唐順之、李開先等人，以唐宋歐陽修、曾鞏等人平實的散文風格相號召，以期糾正前代七子摹擬古人、文字詰屈聱牙而缺乏思想內容的作文流弊，唐宋派正式興起。

王愼中、唐順之、茅坤、歸有光等唐宋派散文家一開始就明確地提出了反對復古派的文學主張，以與復古派相抗衡，他們要求擺脫束縛，尋求思想感情的自然流露，認爲韓愈、歐陽修、曾鞏、蘇軾等唐宋散文家眞正領會了三代兩漢文章風範，與前、後七子摹擬古人文句的做法是有所區別的。至於對唐宋古文的學習，唐宋派散文家提倡吸取其文章神理，直抒胸臆，不事雕琢，用自然樸素的語言寫出自己的眞知灼見。

爲了弘揚其文學主張，唐宋派散文家選編了一些唐宋散文，給人們提供了學習和參考的儀範，唐順之所編《文編》，選《左傳》、《國語》、《史記》及韓、柳、歐、蘇、曾王等大量作品。茅坤所編《唐宋八大家文鈔》達一百六十四卷，極力加以提倡，後者盛行全國，影響很大，幾乎使李夢陽、何景明等人文集受到遏制。

唐宋派散文家之一唐順之書法手跡七言律詩

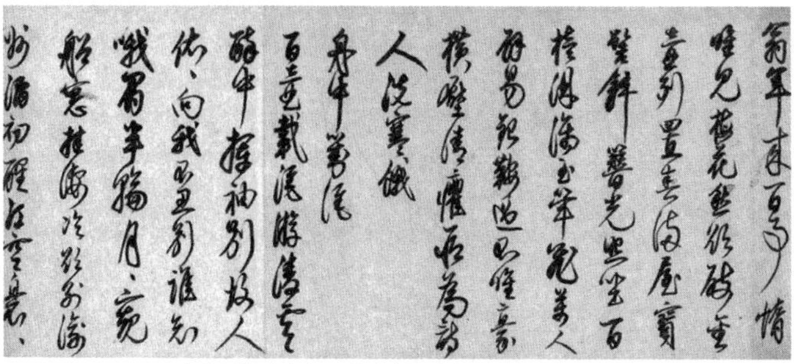

唐宋派散文家之一茅坤書陸游劍南詩墨跡（局部）

唐宋派散文家中創作成就最高者爲歸有光。他以一窮鄉老儒的身分毅然與聲勢烜赫的後七子抗衡，表現了其難能可貴的傲骨。其散文創作博採唐宋各家的長處，被稱爲當時的歐陽修。他善於抒情、記事，多經解、題跋、論議、贈序、墓志、碑銘、行狀、祭文及制義等，尤其以描寫身邊瑣事、庭闈人情的作品著名，代表作有《項脊軒志》、《先妣事略》、《寒花葬志》等，無不即事抒情，如敘家常，平淡自然地娓娓道來而又別具神韻。歸有光被推崇爲明代第一散文家，直啓桐城派。

菸草進入中國

菸草是一年生草木植物，原產於美洲。十六世紀傳至歐洲，約在十六世紀中後期始引入中國。

菸草傳入中國，大致通過南北兩線。南線：一路自菲律賓傳入閩、廣，再傳至兩湖及西南各地，在中國最早明確提到菸草的，是明朝張介賓《景岳全書》記載：「煙草（菸草）自古未聞，近自我明萬曆時，出於閩廣之間……今則西南一方，無分老幼，朝夕不能間矣」；另一路是自呂宋傳入澳門，再經台灣傳入內地。北線主要由日本經朝鮮傳入中國東北。初時，中、朝兩國曾以重刑嚴禁傳輸，但無甚效果。菸草傳入中國後，曾據其外來語音和其形態、味感等而有多種名稱，如「淡巴菰」、「相思草」、「金絲煙」、「芬草」、「返魂煙」、「返魂香」等，從這些名稱中亦可見其當時的「魅力」和對人們健康的侵害。之所以在中國稱之爲「煙」，據清《煙草譜》記載，是由於它「乾其葉而吸之有煙」。

中國引進菸草，初期主要是以之爲藥，但由於菸草有使人通體俱快，別具風味的感覺和能使人吸之成癮的特性，因此明清之際迅速傳遍全國。方以智《物理小識》說：「煙草，萬曆末行攜至漳、泉者……漸傳至九邊。」

菸草的傳入和流行導致了種植面積的不斷擴大，進而產生了與糧爭地的衝突。明、清期間雖曾屢禁令，但因官僚庇護、種菸利厚、好嗜者眾等原因而收效幾無。相反的，菸草種植面積不斷擴大，並形成相對集中的產區，各種名煙亦應運而生。至十八世紀末，出現了許多優質煙品，如湖南「衡煙」、江西「蒲城煙」、山西「青煙」、雲南「蘭花香煙」、浙江「奇品煙」、陝甘「水煙」等。

人物小事典

正德帝即位荒淫無度

弘治十八年（西元一五〇五年）五月，明孝宗駕崩，其長子朱厚照即位，以次年為正德元年，大赦天下，是為武宗。武宗即位之初，就重用東宮宦官劉瑾、馬永成、谷大用、魏彬、張永、邱聚、高鳳、羅祥等八人，時稱「八虎」。這八名宦官終日誘武宗耽於聲色犬馬之間，使其疏懶於政事。所有政令法度全由八虎操縱，明王朝統治日趨腐朽。

正德元年（西元一五〇六年）二月，禮部都給事周璽等上奏諫阻武宗觀遊，請求勤於王政。武宗雖認為所諫之事有理，但始終不能改悔，仍然每日飼鷹、飼犬，揮霍浮靡。四月，五府六部等衙門以英國公張懋為首聯合上疏，要明武宗不要過多微服出行，縱情逸樂。武宗感於奏疏言辭懇切，加以採納，但荒淫之性仍然不改。

正德二年八月，明武宗在劉瑾等宦官引導蠱惑下修建豹房。武宗即位初，曾命令宦官仿照京師店鋪在宮中設店，他穿上賣貨人的衣服出售貨物，遇到爭議就叫宦官充當市正調解，在酒店中又有所謂當壚婦供武宗淫樂。這次修建豹房也是武宗為其享樂而建，位於西華門側。每天武宗居於其中，命教坊樂工陪侍左右，縱情享樂。從此，武宗連宮殿也不去了，那些教坊樂工因為皇帝見幸，也都不可一世。

武宗耽於酒色，每次都日高數丈時方才視朝，令侍衛執役等都不能久立，縱橫坐臥，棄杖滿地，而外國使節和來朝見的官吏也疲於久等。正德元年八月，大學士劉健奏請皇帝勤於政務，其言辭十分感人，然而武宗表面答應，說自己也憂國憂民，但終究不能改。武宗的怠政及大肆揮霍，使得國庫空虛；而武宗藉大婚之事，仍揮霍無度。

正德元年十月，朝廷眾臣聯合請求誅殺以劉瑾為首的「八虎」，清理朝政。最終事未成功，相反，司禮中官王岳和大學士謝遷、劉健等反遭劉瑾陷害。劉瑾的權勢經過這次變故變得更加強大，朝廷內外大權盡歸於他。

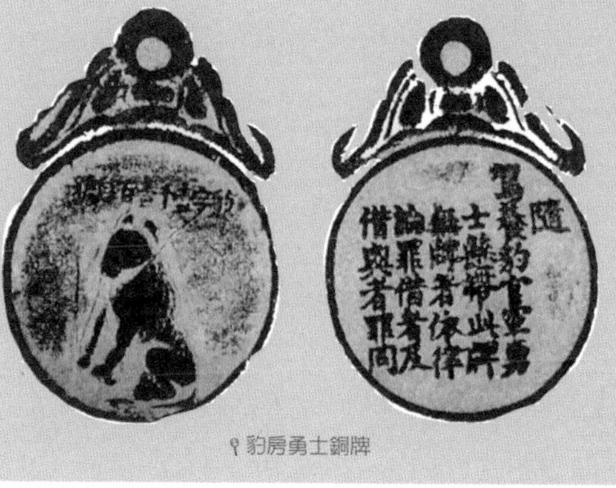

豹房勇士銅牌

版畫各流派出現

明代是中國版畫藝術的黃金時代，這一時期版畫藝術隨著雕版印刷的普及和俗民文學的發展，呈現出相當繁盛的局面。官辦的刻印業與民間印書坊肆並行發展，印書業的發展帶來版畫藝術的繁榮，版畫插圖的種類和數量日益增多，這些插圖對傳播知識有加速作用，尤其是增強了文學藝術作品的感染力。明代版畫在文人、書商和刻工的努力經營下繁榮發展，出現了風格迥異的版畫流派，為後世留下一批珍貴的版畫傑作。

明代版畫藝術的發展有以下幾方面的特點：

一是刻工精細。當時的雕刻工匠對自己的作品認真之至，一版完工後見有一二處不合意即碎版重刻。另外，由於各地書坊林立，雕工在技藝上競相較量，這種競爭的風氣促使工匠在雕刻技藝上精益求精，版畫藝術隨之迅速提高。

二是版畫的內容豐富，除宗教性版畫外，欣賞性版畫大大興起，小說、戲曲、傳奇、地理、譜錄都有大量版畫插圖，畫譜逐漸流行，木版年畫和木刻連環畫也開始形成。當時出版的一些重要文學作品如《西廂記》、《水滸傳》、《牡丹亭》、《玉簪記》等都有大量插圖，圖文並茂。除文學作品外，有關科學知識的書中也有不少精美的版畫插圖。如明朝萬代年間的《萬寶全書》，這是一部流行民間的百科知識小叢書，內分天文、地輿、節令、醫術、卜相、琴學、書畫等三十多個門類，每一門類都有大小不等的插圖，這些圖解增強了書的可讀性，也擴大了其影響面。此外，一些地方志和工具書的雕版插圖在明代也應有盡有。

明代高松畫譜

明代版畫藝術發展的第三個特點是彩印技術發達，製作了大量書畫譜。《十竹齋書畫譜》、《蘿軒變古箋譜》、《芥子園畫傳》等都是中國版畫史上的傑作。這種能按原畫的筆墨濃淡、設色深淺的變化，以浮水印來印成五彩的套色版畫，開歷史彩印的先河，在世界印刷史上佔據重要地位。此外，這一時期還出現一種大型的巨幅木刻，現在發現的《石守信報功圖》等作品，都是縱橫在二、三百公分以上的畫面，結構宏偉，氣勢磅礴。

明代書坊林立，版畫藝術在競爭中形成了各種流派，具有各自的地方特點和個人風格。明代版畫的主要流派有新安派、建安派、金陵派和武林派。「新安派」又稱「徽派」，以安徽歙縣爲中心，以刻製精工聞名於世。當地黃、汪、劉、鄭、飽諸家代代有相傳，名手輩出。其中黃氏刻工最爲著名，父子兄弟相傳達十輩之久，形成數百人以刻版爲業的專業團隊。他們既有藝術才能，又能勤勤懇懇以刀版爲業，他們的智慧與勤勞使中國版畫出現了由粗略向精美、由古樸向秀麗的轉折。新安派版畫的風格精細秀美，共傳世作品有《養正圖解》、《古烈女傳》、《金瓶梅》、《琵琶記》等插圖。「建安派」以福建建陽爲中心，這一派人多爲民間工匠所爲，文人畫家參與其事者不多，保存了民間藝術眞率質樸的風格。「金陵派」以江蘇南京爲中心，所刻以戲曲、小說爲多。金陵刻工精巧的代表作有魏少峰《三國演義》，劉希賢、張承祖刻《金陵梵刹志》，陳聘洲等刻《西廂記》，和套色凸版《十竹齋書畫譜》，爲金陵版畫增添了異彩。「武林派」以浙江杭州爲中心，杭州風景秀麗，山水名勝吸引著文人畫家，武林版畫的內容因此偏重於景物的描寫。

版畫是明代藝術中最爲發達的一種，它附屬於印書業而發展，對普及文化和科學技術助益良多。版畫藝術的發展需要繪、刻、印三方面技術的配合，各地的畫家、刻工和書商合作創製版畫，在交流與競爭中，使中國版畫藝術在明代進入鼎盛時期。

高消費之風盛行

明代中葉，經濟高度繁榮，社會財富積累逐漸增加，人們手中可支配的貨幣財富日益增多，因此，傳統的儉樸觀念受到強烈衝擊，奢侈豪華的生活觀念繼而興起，高消費在當時的社會逐漸形成時尚。

首先，高消費表現在飲食方向，愈來愈多的金錢投入酒宴上面。明代的文學著作《金瓶梅》中就記載有當時的酒席，花費最少也在三五兩銀子左右，這相當於當時貧寒家庭四個月的生活費足，足見奢侈之一斑。有人爲了請客吃喝，竟不惜出賣房產，釀成嚴重的後果。

其次，服飾方面所消耗的金錢也很可觀。隨著經濟的繁榮，人們愈發注重外表穿著的品質。官僚的服飾衣料就有杭綾、秋羅、松羅、軟綢、綿綢、潞綢、硬紗等各式

明代錢幣

綾羅綢緞，大家閨秀的首飾穿戴更是前代所未有。這可從當時的一些文學著作中看出。

再次，人們更多的金錢則是花費在居住環境的改善方面，花費一般都在數十、數百乃至數千金左右。明代中葉，在江南開始興起私人造園之風，「凡家累千金，垣屋稍治，必欲治一園」。除園林的建築規模外，各建築內的傢俱陳設也頗爲豪華。曾有一個姓周的揚州人，用金、銀、珍珠、瑪瑙、翡翠、象牙作原料，雕刻成山水、人物、花卉、亭台、樓閣，鑲嵌於檀梨漆器之上，足見當時豪華奢侈之風氣。

除飲食、服飾和居住環境外，當時在紅白喜事方面的鋪張也很大。在孝敬長輩的傳統觀念影響下，再加上對於風水的迷信，人們不惜花費巨金購置墓地，操辦葬禮，甚至有時爲了一塊被認爲是好的墓地，家族之間不惜大動干戈。白事況且如此，紅事更不用想像。每逢婚姻大喜之日，水陸之途，「繡袱冒箱筒如鱗」，爲一婚姻，男方往往「傾竭其家」，爲婚姻以後的家庭生活帶來不良影響。

奢侈豪華的高消費之風來源於當時豐厚的社會財富。但由於過多地將財富用於消費，減少了對生產的投資，特別是一些關係國計民生大事的基礎手工業，在一定程度上也阻礙了社會經濟的發展。

明式傢俱形成

中國傢俱在唐以前爲適應席地而坐的起居方式，多爲低型。唐以後起居方式改爲垂足而坐，傢俱也隨之改爲高型。宋元傢俱，實物甚少，明代前期實物也不多。

自嘉靖（西元一五二二年）以後，商品經濟有了明顯發展，並出現了資本主義萌芽。此時，手工業水準有所提高，工匠獲得更多的自由，從業人數增加，促進了傢俱業的發展。明後期，江南和南海地區的大城市日益繁榮，市鎮迅速興起。與此同時，江南的傢俱業也有很大發展，質和量都達到高峰，並逐步形成明式傢俱的特色。明式傢俱多用南洋進口的優質硬木，諸如黃花梨、紫檀木、紅木、鐵木、杞梓木等，質地堅硬，色澤柔潤，紋理優美。據說很多是明初鄭和下西洋時帶回中國的。

隨著傢俱業的發展，硬木傢俱越來越多爲一般家庭使用。這種風氣的形成，經濟發展和社會繁榮是一個重要原因，但硬木傢俱的大量製作，又和南陲產木料地區的開發、海禁開後

東南亞木材的輸入有直接關係。明中期以後，江南某些城鎮成爲傢俱的重要產地，現存明式傢俱多爲蘇州製作，故又稱明式傢俱爲「蘇州傢俱」。

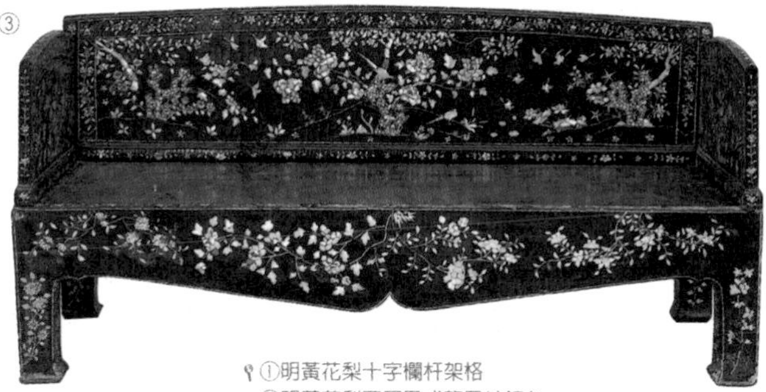

①明黃花梨十字欄杆架格
②明黃花梨五屏風式龍鳳紋鏡台
③明黃花梨十字連方圍子羅漢床

中國傢俱與中國建築一樣，都採用木架構造的形式，用榫卯結合，牢固美觀。明代傢俱有以下幾項藝術特點：（一）造形簡潔，單純質樸，明快大方；（二）不雕琢、不裝飾，充分顯示優質硬木質地、色澤、紋理的自然美；（三）加工精細嚴謹，一絲不苟，顯得精緻高雅；（四）比例合度，整體與局部、局部與局部都很合諧；（五）尺度科學，合乎人體功能要求；（六）種類很多，一般分六大類，即椅凳、桌案、床榻、廚櫃、台架、屏座，每類又有很多種，造型非常豐富；（七）重點裝飾，畫龍點睛，例如牙子、捲口、銅活的利用，少而精，既有使用功能，又有裝飾作用。以上幾點說明明式傢俱已具有很高的藝術水準，在中國傢俱史上造頂峰。

舞台藝術全面繁榮

明代戲曲在繼承宋元南戲和北劇雜劇的基礎上，經過各聲腔劇種藝人們長期而廣泛的歷練，在唱、念、做、舞及舞台美術等方面，都有全面的發展與提高，使戲曲藝術逐漸走向成熟，進入了繁榮時期。

明代不同的戲曲聲腔，有不同的音樂風格。但無論是向「雅」的方向發展的崑山腔，還是走「俗」風的弋陽腔，都很講究歌唱藝術。首先是講究唱「聲」，以崑山腔論，唱工要求正五音、清四呼、明四聲，辨陰陽等，更要求唱法技巧，如魏良輔《南詞引正》說：「曲有三絕，字清為一絕，腔純為二絕，板正為三絕。」其次是講究唱「情」，明代戲曲家大都意識到情的重要，潘之恆說「曲為情關」，「悲喜之情已具曲中，一顰一笑，自有餘韻」（《亙史·雜篇》卷四〈曲餘〉），他強調唱曲子必須把曲中蘊含的各種感情變化唱出來。

在戲曲實際演出中，為了講究藝術效果，藝人們不得不發揮自己的創造才能，改造劇本的念白，使之通俗化、性格化、戲劇化，在「念」上下工夫。

從這幅《明人演戲圖》中，可想見當年戲劇上演的景況。

明代戲曲中的舞蹈，大多是用來表現鬼神的行動，如朱期《玉丸記》傳奇「天威迅烈」一齣，集中安排了一場熱鬧的鬼神群舞，登場作舞者有風鬼、龍王、雨師、風婆、電姑、雷神等。在戲曲演出中，有時故意穿插一點民間舞蹈，如阮大鋮《雙金榜》之「燈遊」中，有鬧滾燈、跳竹馬、舞梨花槍等民間舞蹈。隨著戲曲表演藝術的成熟，舞蹈成了塑造人物形象和表現戲劇張力不可缺少的藝術手段。

武術和雜技是構成戲曲舞蹈的重要來源，戲曲藝人不斷地把武術與雜技中的精彩表演吸收過來，將其舞蹈化和戲劇化，以助塑造人物和表現劇情。明代的傳奇作家們常常在以生旦爲主的劇本中，有意地安排幾場武戲。武戲是中國戲曲獨特的體裁，明人寫作的劇本中，有不少武戲場子，注意在武打中塑造人物；當時的武戲，有時用眞刀眞槍，以此悚動和吸引觀眾。

中國戲曲的行頭、砌末、臉譜、舞台裝置等屬於舞台美術方面技藝在明代後期有了很大的改進。「時衣」——現實生活中出現的時髦服裝不斷地被吸收到舞台上來，戲曲行頭煥然一新。臉譜在戲曲演出中逐步定型和豐富起來，如《千金記》說項羽是「黑臉老官」、「黑臉爺爺」；《蕉帕記》說關勝「末，紅臉大刀」；《鳴鳳記》中的嚴嵩是白臉裝扮（表奸臣）。另外，明代的舞台裝置也有人在作舞台佈景的嘗試。

除上述幾方面外，明代虛實結合的舞台方法也是當時藝術繁榮的一面。明代在舞台上抒情、敘事與寫景的方法，比宋元時代要豐富得多，藉助簡單的砌末道具和桌椅等無固定意義的舞台陳設，以演員的表演來表現腳色活動的環境；在假定的舞台空間和時間中，透過表演調撥觀眾的想像，演員和觀眾共同來完成眞與美的創造，逐漸地成了公認的藝術原則。這種虛實結合的方法一直流傳至今，歷久不衰。

戲曲演員的體驗與表現戲曲藝術塑造人物以傳神生動爲上乘，爲了達到傳神的境界，演員除了練好唱念做舞的基本功，還必須把人物內心節奏的體驗與恰到好處的表現技巧善加結合起來，這條藝術原則在明代人的演出中得到日益成功的體現。

明代人論戲突出的強調「情」，同時也強調「技」，強調「眞」。情，被擺在更爲關鍵的地位上，所謂「情到眞時事亦眞」（馮夢龍《灑雪堂》傳奇卷末落場詩）。只有準確地把握住角色的內心情感，表演才能獲得「眞」的基礎，才有達到傳神的可能。因此，一些成功的藝人以生活爲師，認眞揣摩體驗，並且用高度的表演技巧創造出富有美感的藝術形象。

戚家軍建立

明朝中葉以後，爲適應戰爭發展的需要，在軍隊中出現了一些冷熱兵器配合、步兵騎兵與火器部隊協同的新編制部隊，戚繼光組建的戚家軍就是其中較爲典型的一支部隊。

戚繼光（西元一五二八～一五八七年），字元敬，號南塘，山東蓬萊人，出身武將世家。初在山東專事防倭，任登州衛指揮僉事。嘉靖三十四年（西元一五五五年）秋改調浙江都司僉書，翌年任參將，鎮守寧波、紹興、台州、金華等地，置身於抗倭最前線。鑑於明軍兵惰將驕、紀律鬆弛、戰鬥力低等弱點，戚繼光兩上〈練兵議〉，並以「殺賊保民」相號召，在嘉靖三十八年九月親自到義烏、金華招募素質良好的礦工和農民入伍，經過數月的精心編制和嚴格訓練，組成了三千多人的新軍。隨後，戚繼光又在台州等地招募漁民，組成水軍。戚繼光根據江南多沼澤和倭寇習慣使用重箭、長槍的特點，創造一種訓練新軍的特別戰陣「鴛鴦陣」。「鴛鴦陣」以火器和弓箭作掩護，長短兵器配合，以十二人爲一陣，一人在前面爲隊長，次兩人持牌（圓、長各一），又次兩人持狼筅，又次四人持長槍，再次兩人持短兵器，最末一人爲火兵，以利整體作戰。敵進百步內始發火器，六十步內再

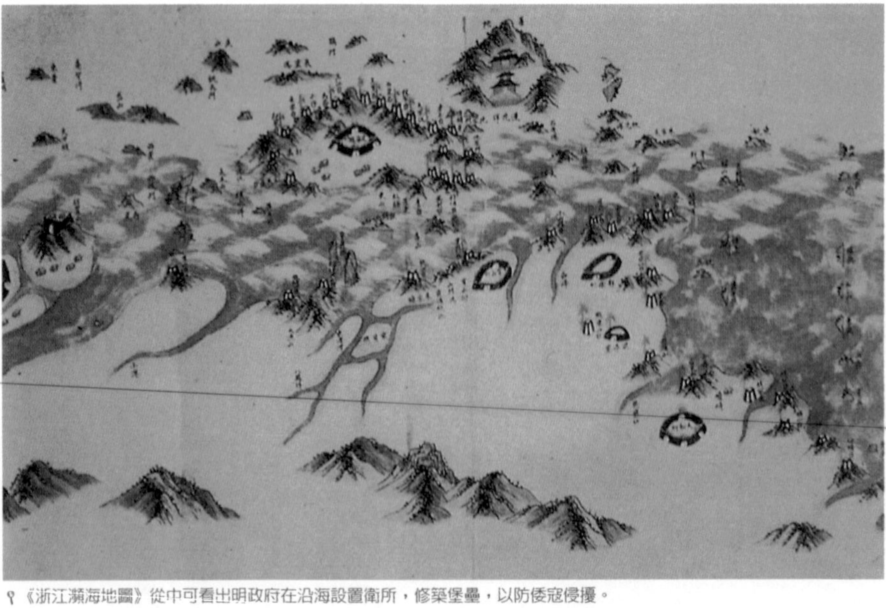

《浙江瀕海地圖》從中可看出明政府在沿海設置衛所，修築堡壘，以防倭寇侵擾。

左圖：戚繼光像
右圖：浙江寧波鎮海（明）抗倭戚遠城

射弩箭，敵再進則用鴛鴦陣衝殺。根據戰時需要，「鴛鴦陣」還可變爲「兩才陣」或「三才陣」，以更有效地殺敵。戚繼光還創造了「地形制陣法」，視步伐便利，不斷更新戰艦、火器和兵械。新軍在戚繼光領導下紀律嚴明，對倭英勇作戰，對百姓秋毫無犯，屢立戰功，戰鬥力很強，被人們譽爲「戚家軍」。

東南抗倭時，戚家軍總兵力約三千至六千人，步砲混合編組，冷熱兵器混成編制。鎮守薊門時，兵力達數萬人，由獨立的騎兵、步兵、車兵等兵種組成，各種管形火器約三〇四〇至四二二〇支（門）。在薊門，戚繼光編練過七個車營。每個車營均含車兵、步兵、騎兵、輜重兵各一營。車兵營分二部，一部分四司，一司分四局，一局分四宗，一宗由二十人、一輛戰車構成。每輛戰車用四人推挽，車上裝備各種火器。

嘉靖三十九年二月初八，朝臣們在討論擒獲王直之功時，稱讚戚繼光「督兵有紀」。此後，「戚家軍」在東南沿海抗倭戰爭中英勇善戰，師出必勝，威震東南，享譽天下。

八綱辨證論提出

明代的醫學十分昌盛，極大地促進了醫學理論的進步。十六世紀，醫家在總結前人理論成就的基礎上，完整地提出了八綱辨證論，是中國傳統醫學進一步走向成熟的重要里程碑。

「八綱」即陰、陽、表、裡、寒、熱、虛、實八類論證的總稱，是中醫學辨證的基本綱要和方法；與四診合稱爲「四診八綱」。透過四診掌握病情的具體材料之後，根據人體正氣的盈虧、病邪的性質及其盛衰，疾病所在部位深淺等情況，進行綜合分析，歸納為八類證候，俗稱為「八綱辨證」。八綱中的「陰陽」指疾病的類別，「表裡」指病變部位的深淺，「寒熱」指疾病的性質，「虛實」指邪正雙方的消長盛衰。八綱中又以陰、陽兩綱為其總綱，有統領六綱的意義。

此前，醫家對其已有認識並自覺地應用於臨床實踐中，但缺乏對其作系統完整的概括和闡述。十六世紀醫家張三錫在《醫學六要》中較明確地說：古人治病大法有八，陰、陽、表、裡、寒、熱、虛、實，關於八綱辨證論治內容第一次被完整而系統地提了出來，隨後，張介賓進一步提出，陰陽為綱，表裡、寒熱、虛實為變的二綱六變說，這一理論被完善並成為此後醫界確定病變部位及性質的慣用法則。

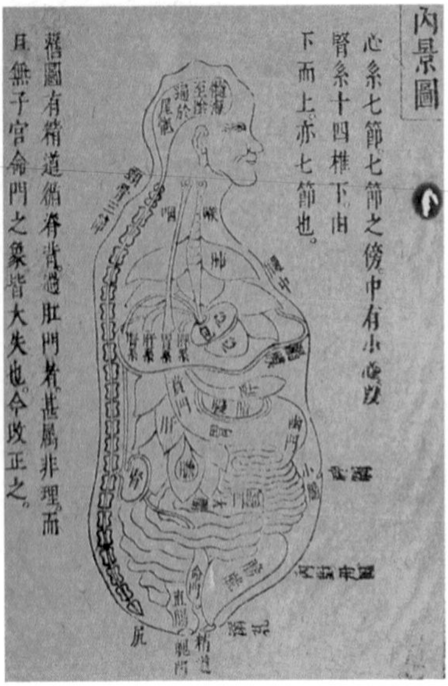

明代醫家張介賓《類經圖翼》中的《內景圖》，是中國古代的人體內臟解剖圖。

拳法門類大量出現

明代中期，民間武術普遍發展，出現了蔚為壯觀的龐雜景象，一方面拳、棍、刀、槍等諸技門派林立，競相爭雄；另一方面民間拳械譜及歌訣等也不斷出現。明代拳法的發展是多方面的，尤其拳種的大量出現，拳譜、拳訣的發展，以及有關訓練方式及要求的論述等，均是這一時期的突出成就。

明代出現了眾多的拳術門類，戚繼光《紀效新書》卷十四〈拳經捷要篇〉列舉了十六家：宋太祖三十二勢長拳、六步拳、猴拳、化拳、溫家七十二行拳、三十六合鎖、二十四棄探馬、八閃翻、十二短、呂紅八下、綿張短打、巴子拳、山東李半天之腿，鷹爪王之拿、千跌張之跌、張伯敬之打。戚家世居山東，其所述拳家當以北方拳種為主；明代學者鄭若曾所著《江南經略》所列拳派則與戚氏所述不同，其列十一家為：趙家拳（趙太祖神拳三十六勢、蕪湖下西川二十四勢、抹陵關下韓童掌拳六路）、南拳（似風、似蔽、似進、似退、凡四路）、北拳（供看拳凡四路）、西家拳（六路）、溫家鉤掛拳（十二路）、孫家披掛拳（四路）、張飛神拳（四路）、霸王拳（七路）、猴拳（三十六路）、童子拜觀音神拳（五十三齋）、九滾十八跌打擒拿及眠張短打破法、九內紅八下等破法、三十六拿法、三十六解法、七十二跌法、七十二解法（卷八〈兵器總論〉）。鄭若曾所列拳家多以南方拳種爲主，當時大江南北的拳種絕非上述二十多種。如出自少林寺的「少林拳法」和流傳於江南的「內家拳法」就未包括在內。

明代拳法的顯著發展還表現在「拳譜」和「拳勢歌」的出現。唐順之《武編》前集卷五記載溫家拳勢名稱，並敘述了招法使用的原則及具體用法，其後還附有練腿功之法，這是中國迄今爲止所見到的最早拳譜。「拳勢歌」是反映拳勢方法變化的文句，多帶韻律，可以說唱，便於記誦，故以歌稱。明趙光裕《新鐫武經標題正議注釋》附〈陣法馬步時法〉一卷中記有「邵陵（少林）拳勢歌」兩首，是這一時期具有代表性的作品之一。明代各家拳法基本上處在專擅一技的發展階段，針對這種現象，當時一些武術家提出了「兼而習之」的觀點。戚繼光說：「若以各家拳法兼而習之，正如常山蛇陣法，擊首則尾應，擊尾則首應，擊其身而首尾相應，此謂上下周全，無有不勝。」正是在這種認識的基礎上，戚繼光採取民間十六家拳法之善者，匯成了三十二勢拳法。

有關拳法訓練方式、內容及採用器物輔助的訓練的記述也多見於史籍，被認爲是明代少林寺僧玄機和尚所傳的少林拳法，也是首先講究步法、手法、肘法、腿法、身法而達到「周身俱活」，便可「隨其所用」（《拳經・拳法備變》）。採用器物輔助訓練也是當時拳法中的重要內容。

少林武術盛況空前

明代少林武術活動盛況空前，明人詩文中頗多詠述少林僧習武事，如焦宏祚《少林寺詩》云：「借閑古殿仍談武，鳥立空階似答詩。處處樓台皆隨喜，何緣覓得且多枝。」此時少林武僧還經常以其精湛的武技，爲遊人表演。

少林僧習武內容主要有兩類：一類是單練，如劍者、鞭者、戟者等；另一類則是對搏技能，即所謂掌搏、手搏、拳搏、搏擊等，習武內容較前期大爲豐富。這一發展顯然與當時民間武術的蓬勃發展有直接的關聯。

少林拳是少林武術中主要內容之

一，此時有較大的發展，不僅有「拳勢歌」問世，且較拳、表演拳法的現象也多見。少林武僧反對「花拳」，因此在拳法習練方面以手搏爲主，講究傳統的徒搏技能。少林僧除習練拳勢和手搏外，亦習一些特技，如「黑夜釘身」、「烏鴉瓦飛」法等。

當時少林寺僧雖習拳，但不以拳聞，而以棍名。少林寺拳法在明代末尚處於不斷完善中。而少林棍有勢、有路、有譜，在當時已形成完備的棍術體系。同時還有「邵陵（少林）棍法歌」二首問世，其歌爲七言句，採用生動的語句說明了少林棍勢的攻防變化，以便爲寺僧掌握要領。這反映了少林寺僧對棍術的重視和對棍法研究的深化。

在當時民間武術蓬勃發展的形勢下，少林寺與社會上的武術交流也頻繁起來，出寺尋藝和入寺交流學藝的現象不斷，如少林寺僧劉德長、洪記、廣按等人都是嫌技未益精，而遍遊天下，以後技藝大進。少林棍法也曾得抗倭名將俞大猷的指點。宣德之後，入少林寺習武者日眾，使少林寺武術更廣播四方，少林武術本身的內容也日趨豐富和發展了。

年畫開始復興

年畫是民間新春活動時，用來裝飾環境、望能避邪納福和喜慶吉祥的特殊畫種，其淵源可追溯到黃帝時代。《山海經》中就有在門戶畫上神荼、鬱壘和虎的形象，以對付凶神惡煞的說法。明代以前的年畫大多是徒手畫成，內容也只止於門神、桃符、鍾馗等形象。

明代建國以後，經濟逐漸得到恢復和發展，繪畫藝術也隨之發展起來，木刻版畫逐漸興旺，形成了天津楊柳青、蘇州桃花塢、山東濰縣楊家埠、河南朱仙鎮等若干年畫生產地。年畫越來越成爲當時老百姓喜聞樂見的藝術形式。年畫的題材也逐漸多樣化，神仙壽星、生活風俗、歷史故事、娃娃美人、奇花異卉等都成了年畫的內容。例如在近年收集到的刻印年畫中就有《九九消寒之圖》（一八四八年刊印）、《一團和氣圖》（一五六五年刊印）、《南極壽星圖》（一五六七年刊印）、《朱拓壽星圖》等。其中《九九消寒之圖》中央畫有梅花一枝，共有八十一片花瓣，四周環繞著從入冬的「一九」到「九九」人們的織布、宴飲、賀歲、賞燈、耕田、遊春等項活動，以及羊馱聚寶盆的吉祥內容，寄託著人們對幸福生活的渴望。《南極壽星圖》則是

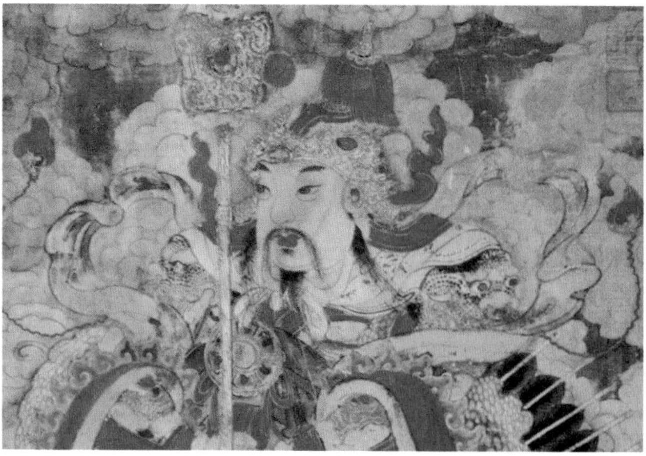

門神．秦叔寶（局部）

隆額皓首的南極仙翁的拱手像，右上角題有：「南極之精，東華之英，壽我邦家，億萬斯齡。」左上角還有假託名畫家蔣嵩「三松筆」的題款。

明代的木版年畫在畫法風格上，

木板年畫．魚樂圖

都是用墨版印出線條，再由人工施彩；輪廓鮮明，色彩濃麗，具有繪畫效果。後期也有套版彩印的年畫。

著名的楊柳青年畫約始於明代萬曆年間，其生產基地位於今日天津市西郊的楊柳青鎮，當時就有一定的刊印年畫的規模。蘇州的桃花塢、山東濰縣的楊家埠、河南開封朱仙鎮等地的木版年畫，最遲在明末都已有獨特完整的產品面世。

史學通俗化

明代史學獲得了更加豐富的通俗形式，明代學者在促進史學通俗化做的工作，是對前人歷史撰著的節選、摘錄、重編，由此而產生許多節本、選本、摘抄本、類編本、重撰本，以至蒙學讀物。

關於節選舊史，有通史、皇朝史和史論三種。馬維銘撰《史書纂略》二二〇卷，取「二十一史」本紀、列傳，各撮取之略，依通史體例，彙成一書，這是通史性質的；茅國縉撰

《晉史刪》四十卷、王思義撰《宋史纂要》二十卷等，都是根據學史節選編成的，這是皇朝史方面的；項篤壽的《全史論贊》八十卷、沈國元的《二十一史論贊》都是書選歷代正史史論彙輯成書的，這是有關史論方面。

關於摘抄舊史，明人的史鈔既多且雜，摘抄內容多因人而異。如茅坤的《史記鈔》六十五卷反映出摘抄者對古文的興趣；趙維寰的《讀史快編》四十四卷反映了摘錄者獵奇的主首；楊以任的《讀史四集》四卷，目的是摘錄、編輯諸史中事蹟之可快、可恨、有膽、有識者。

關於改編舊史，可分爲三種情況：一是按編年體寫成的，如丘濬所撰《世史正綱》三十二卷，上起秦始皇，迄明洪武元年，全書意在專明正統；二是按紀傳體改編的，如范理撰的《讀史備忘》八卷，上自西漢、下迄唐代，諸帝列於前，諸臣敘於後；三是按類書形式改編的，如唐順之撰《史纂左編》一二四卷，以歷代史書所載君臣事蹟類輯成編的，全書分君、相、名、臣、謀臣、后等二十四門，意在取千古治亂興衰之大者，著重著其所以然。

明代史學的通俗形式，還有一些是屬於蒙學、鄉塾讀本。顧錫疇撰《綱鑑正史約》三十六卷，編年紀事，反映出歷代史梗概。梁夢龍編《史要編》十卷，雜採諸史之文，編者的意圖，一是傳播簡便的歷史知識，二是希望讀者粗知史學的表現形式；編者的這一意圖，今日看來仍然可取。明代還有一本程登吉編的《幼學瓊林》，是一本關於中國歷史文化知識的通俗蒙學讀本，在當時和後來直至今世都有很大影響。

白蓮教演變

明代是中國民間宗教史上劃時代的新時期。在這時期的民間宗教迅速興旺，異常活躍，教派眾多。明代的民間宗教就其主流而言，乃是元末白蓮教的繼續和發展，雖然並無嚴格意義上的教主傳承和組織的接續，但在教義的基本傾向上、經典的撰著流佈上、組織規則與活動方式上，眾多教派都接受了白蓮教的影響。白蓮教已成爲明、清兩代民間宗教的泛稱，官力也習慣用「白蓮教」一詞來指稱一切所謂「邪教」和異端，若有牽連便遭鎮壓。

白蓮教從宋元到明清演變，主要有三個階段：早期宋元階段是淨土阿彌陀信仰，結蓮社做佛事以求往生西

方淨土，這個階段的反叛性不強，所以能爲蒙古貴族所容納；中期元末明初階段引入彌勒信仰，彌勒是未來佛，彌勒下凡便意味著明王出世，必然帶來變天思想，易成爲民變的旗幟，從此白蓮教便成爲一種反叛的宗教，既爲元後期統治者所不容、又爲明初統治者（曾藉白蓮教定天下）所禁斷；後期是明中葉至清末，以羅教的興起爲轉機，形成數以百計的教門，大都引入了無生老母信仰，正式產生了明清民間宗教獨有的最高創造神和救世主，同時保留阿彌陀和彌勒信仰，突顯「三期末劫」說，更加具有反叛性，因而受到當權者更加殘酷的鎮壓，白蓮教的活動暫緩告一段落。後期的教門多是羅教的衍支或受羅教影響，所以羅教取代白蓮教起了關鍵作用。

人物小事典

海瑞冒死上疏

嘉靖四十五年（西元一五六六年）二月，戶部雲南司主事海瑞冒「觸忤當死」之險，上〈治安疏〉論時弊，刺君過，觸怒龍顏，因而被捕入獄。

海瑞，字汝賢，號剛峰，海南瓊山人。中年鄉試得中舉人，曾兩次會試不中，之後到福建南平為官，歷任淳安、興國知縣。嘉靖四十三年十月，升為戶部雲南司主事。次年二月，海瑞為明世宗二十餘年不見大臣、不理朝政，深居西苑，只求長生不死之術，致使國事日益衰敗，特買好棺材、訣別妻子、遣散僮僕，冒死上〈治安疏〉。

疏中說：「皇上即位之初，政令一新，天下欣然望治。但為時不久，即生妄念，企求長生不老，一心求神仙，竭民膏脂，濫興土木，二十餘年不見朝，法紀弛廢，以猜嫌誹謗戮辱臣工，致使天下吏貪官橫，民不聊生，水旱無時，盜賊茲熾。且賦役日增，四方紛紛仿效陛下，大肆浪費，求神拜佛，使得十室九空。甚至有人說：『嘉靖者，家家皆淨無財可用也。』陛下應幡然悔過，日理朝政，以洗數十年君道不正之積誤，洗刷數十年來小人阿諛奉承，臣職不明之恥。」〈治安疏〉言辭激烈，切中時弊，直指皇帝，疏言一出，人稱「天下第一疏」、「萬世治安疏」。世宗見疏勃然大怒，擲疏在地，便要逮捕海瑞，經勸阻，將疏留朝中數月，但仍將海瑞下獄論死。同年十二月，世宗死。同月二十七日，海瑞獲釋，官復原職，不久升大理寺丞。

伊斯蘭教經堂教育興起

明代以前的伊斯蘭教育存在嚴重缺陷：一方面穆斯林對阿文經典囫圇其辭，不甚了了；另一方面司鐸者只有口譯口講，難得普及。鑑於這種狀況，陝西經師胡登州（西元一五二二～一五九七年）一改以往以家庭爲主、以口傳手抄《古蘭經》爲主的辦法，借鑑中國傳統的私塾教育和阿拉伯經學教育的經驗和模式，建立起正規的經堂教育制度，開一代風氣，被尊稱爲「胡太師祖」。

胡登州以清眞寺爲經堂，阿訇爲教師，以經典爲讀本，招收一定數量的回族子弟，由阿訇集體傳習經典，學生畢業時掛幛（標示學歷之錦帛）、穿衣（回教禮服），學生的衣食住費用由教民供給。經堂教育後來形成兩大經學學派：陝西學派和山東學派。陝西學派以胡登州及其初傳弟子爲代表，其學精而專，一般專攻阿文經典不講其他；山東學派以常志美、李永壽爲代表，其重博而熟，長於波斯文，講課時阿文、波文兼授，除此以外還有一些小的學派。

經堂教育在發展過程中由單純學習《古蘭經》擴展爲系統的宗教教育，有《古蘭經》、《聖訓》的經典注釋課，有教義學、教法學、阿文語法修辭等，讀本並無統一規定，但逐漸形成「十三本經」，即有十三本書是經堂學生必讀的，在中國已流傳了數百年。

整個經堂教育的時間有五、六年之久，這種經堂教育形成了具有中國特色的伊斯蘭教育制度，培養出了一大批中國穆斯林學者和人才。

明代所建的西安化覺巷清真寺碑樓

《古蘭經》抄本（十四世紀）

楊氏父子描金

楊氏父子即楊塤及其父兩人。他倆都是明代的描金名匠，在描金技術上均有所創新，同時在中日漆工藝的交流上也有所貢獻。

描金，包括《髹飾錄》描飾門中的描金、陽識門中的識文描金及斑斕門中的描金與其他髹法相結合的幾個品種。「描金」，又名「泥金畫漆」，以黑漆作地的最常見，朱漆地次之。描金原料，有的只用一種金箔，故花紋金色如一；但有淡有濃，北京匠稱之爲「搜金」。山水風景多

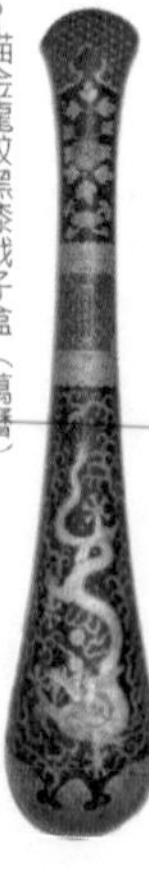

描金龍紋黑漆戥子盒（萬曆）

用此法來描繪近嶺遠峰的顯晦明滅，或一坡一石的向背陰陽。有的用兩種或三種金箔描金，如田赤金、蘇大赤金、庫金，一種比一種顏色深，用它們作畫，猶如設色，可以隨類賦彩；《髹飾錄》稱之爲「彩金像」。楊氏父子在描金原料的使用上就有所發展。

楊塤的父親於明宣德年間曾被派到日本傳授泥金畫漆的技術。楊塤也向他父親學習，並有所發展。他描金時，用五色金鈿並絕，不只用舊法，有時純用金。所以他描金的各種物品，顏色恰到好處，呈現出天眞燦爛；連日本人見到後也讚嘆不已，「以爲不可及」。中國的描金漆器在戰國時已達到很高的水準，並逐步傳入日本；但到明朝中期，日本的描金（蒔繪）有很大的發展，反過來又影響中國。楊塤吸收了日本的技法而有所創新，於是反過去又影響了日本。中日的漆工藝正是在這種交互影響的背景下共同前進的。

北曲衰落，南曲變革

北曲雜劇是一種較成熟的劇種，在音樂方面已形成相當嚴格的規範，不僅講究宮調聯套，而且有成功的弦索伴奏。它在宮廷教坊和市井勾欄中已有長期流行的歷史。明嘉靖以來，由於商品經濟發展加速，東南沿海城市各種行業和娛樂場所的興起，再加上以江南通都大邑的觀眾爲主要對象的南戲諸腔大盛，北曲雜劇已在明代前期呈衰落之勢，逐漸失去了在昔日舞台上的地位。

嘉靖末年，北曲雜劇已不流行。何良俊說：「今教坊所唱，率多時曲。此等雜劇古詞，皆不傳習。三本（指《㑳梅香》、《倩女離魂》、《王粲登樓》）中，獨《㑳梅香》頭一折『點絳唇』尚有人會唱。至第二折『驚飛幽鳥』與《倩女離魂》內『人去陽台』、《王粲登樓》內『塵滿征衣』，人久不聞，不知弦索中有此曲矣。」當時會唱北曲的人已不多，所以何良俊深感憂慮地說：「近日多尚海鹽南曲……甚者北土亦移耽之。更數世後，北曲亦失傳矣。」（《曲論》）爲了挽救北曲，何良俊曾聘請南教坊的老樂工頓仁教其家樂演習北曲，但也無濟於事。

正當北曲走向衰落的時候，南曲諸聲腔也由於追求時尚的異調新聲而開始了自身的變革。在嘉靖以前，南戲的各種聲腔已經存在，最有影響的是弋陽腔、海鹽腔、餘姚腔和崑山腔等。

明嘉靖、隆慶年間，以魏良輔爲代表的一批戲曲音樂家集南北曲演唱之經驗，對崑山腔進行了全面而成功的改革，這次改革在中國戲曲聲腔發展史上產生了重大影響。

魏良輔不滿於當時的「南曲率平直無意致」，於是「轉喉押調，度爲新聲。疾徐高下清濁之數，一依本宮；取字齒唇間，跌換巧掇，恆以深邈助其淒唳」（余懷《寄暢園聞歌記》載《虞初新志》）。他從清唱入手，在宮調、平仄、氣韻、聲口等方面苦心研磨，結果「盡洗乖聲，別開堂奧。調用水磨，拍捱冷板聲則平上去入之婉協，字則頭腹尾音之畢勻。功深鎔琢，氣無煙火。啓口輕圓，收音純細」（沈寵綏《度曲須知‧曲運隆衰》）。本來就「體局靜好」的崑山腔，經此一番「水磨」功夫，就「較海鹽腔更爲清柔而婉折」了。

稍後，音樂家、劇作家梁辰魚把改革的崑山腔推進到一種戲曲聲腔。他按崑山新腔的嚴整格律寫成《浣紗記》傳奇，立即風靡劇壇。改革後的崑山腔因此劇的風行而得以推廣和傳播，崑山腔成了貴族、官僚、地主們追趨的新鮮玩藝兒。

明行匠戶制度

明代沿襲了元代的匠戶制度，將人戶分爲民、軍、匠三等。其中匠籍全爲手工業者，軍籍中也有不少在各都司衛所管轄的軍器局中服役者，稱爲「軍匠」。從法律地位上說，這些被編入特殊戶籍的工匠和軍匠比一般民戶爲低，他們要世代承襲，且爲了便於勾補而不許分戶。匠、軍戶若想脫離原戶籍極爲困難，須經皇帝特旨批准方可，而身隸匠、軍籍是不得應試儕於士流的。明代匠戶分爲輪班和住坐兩類。明代前期，官營手工業處於鼎盛時期，工匠總數大體上在三十萬人上下浮動，其中八〇％屬於輪班匠，二〇％屬於住坐匠。住坐匠一般附籍於京師及其附近，就地服役；而輪班匠則住在原籍，按其遠近，排定班次輪流到指定地點（多爲京師）服役。

明代在人身束縛和工作自由度方面改變較大的是官營手工業和重大工程的主要承擔者輪班匠。洪武十九年（西元一三八六年）正式確立了輪班匠的徵集規定，即各地劃入匠籍的工匠分爲若干班次，每三年到京師服役三個月。但政府各部門每年需求不一，再加計劃不周，有時到京師的工匠「無工可役」。洪武二十六年遂進行改革，打破了三年一班的硬性規定，根據各部門實際需要重新規定五種班次；景泰五年（西元一四五四年）再次進行匠役改革，全國劃一爲四年一班，終明未變。

輪班匠的勞動是無償的，要受工官作頭的管制盤剝，工匠以怠工、隱冒、逃亡等手段進行反抗，明政府不得不制定了合於商品經濟發展的以銀代役法。成化二十一年（西元一四八五年）規定，輪班匠願出銀代役者，「每名每月南匠出銀九錢，免赴京」，「北匠出銀六錢，隨即批放」。弘治十八年（西元一五〇五年）取消了南、北匠差別，改為可徵銀代役，無力交銀者仍親身服役。嘉靖四十一年（西元一五六二年）起，輪班匠一律徵銀，政府則以銀僱工。這樣，輪班匠實際已名存實亡，身隸匠籍者可自由從事工商業，人身束縛大為削弱。明中期開始的逐步深化的匠役改革無疑促進了民間手工業生產的發展。到了清入關後，持續了四個半世紀的匠戶制度才正式終結。

人物小事典

張居正改革

張居正自逐走高拱出任內閣首輔後，為扭轉嘉靖、隆慶以來軍政腐敗、財政破產、民不聊生、危機嚴重的局面，以除舊佈新、振綱除弊和富國強兵為宗旨，在政治、軍事、經濟等方面進行一系列的改革。

在整頓吏治方面，張居正認為明中葉以來，「吏治不清，貪官為害」，「吏不恤民，驅民為盜」，因此為政必須「尊主權，課吏職，信賞罰，一號令」，「凡事務實，勿事虛文」，故於萬曆元年（西元一五七三年）十一月奏請明神宗實行章奏考成法。章奏隨事考成，一切以事之大小緩急為限，誤者抵罪。考成法實施以後，政府各部門的辦事效能得到提高，撫、巡的職掌也分清了。張居正還加強對各級官員的考核，做到「月有考，歲有稽」，法必遵行，言必有效，使大小官員不敢怠忽職守，一切政令「雖萬里外，朝下而夕奉行」。

在整飭邊防方面，張居正重用抗倭名將戚繼光鎮守薊門，李成梁鎮守遼東，整頓邊防，並主張各民族友好相處，支持王崇古的建議，改善和蒙古的關係，封韃靼俺答為順義王，在大同等地開設茶馬市，與蒙古進行貿易，使西北邊塞二十多年平靜安定，北部邊患得以解除。

在整頓經濟方面，張居正針對官僚地主侵佔土地逃避賦役、人民負擔加重的情況，提出在全國清丈田地，對各府、州、縣的勳戚莊田、職田、屯田、民田一律重新清丈，並任用戶部尚書張學顏主持清丈田地。丈量土地始於萬曆六年，結束於萬曆九年，結果使全國納稅的土地從弘治年間的四百多萬頃上升到七百多萬頃，增加了國家的田賦收入。萬曆九年，張居正下令在全國廣泛推行一條鞭法，「總括一縣之賦役，量地計丁，一概征銀，官為分解，雇役應付」，這是中國賦役制度史上的一大變革，有利於減輕農民的負擔和商品經濟的發展。同時，張居正還下令裁減驛站及冗員，節省財政開支。

在興修水利方面，張居正重用治河專家潘季馴治理黃河和淮河，使黃河水不再入淮，大大減少了水災，保障了農業生產的正常發展。

經過十年的努力，張居正的改革措施多數得到實施並取得顯著成效，「海內肅清，四夷讋服，太倉粟可支數年」，「天下晏然」。但卻受到官僚大地主的反對和抵制。萬曆十年張居正一死，改革也隨之終止。

張居正像

珠算廣泛使用

隨著明代商業經濟的繁榮，珠算術得到廣泛使用，逐漸取代了籌算，並先後傳到日本、朝鮮、東南亞各國。

明代流傳的珠算教材——《算法統宗》（明抄本）

珠算是以算盤爲工具作數字計算的一種方法。「珠算」一詞，最早見於漢代徐岳撰的《數術記遺》。其中記載：「珠算，控帶四時，經緯之才。」但當時的珠算與現今通行的珠算有所不同。元代時，已較多應用珠算。元代劉因寫的《靜修先生文集》中有題爲〈算盤〉的五言絕句；元代畫家王振鵬《乾坤一擔圖》中有一算盤圖；元末陶宗儀《南村輟耕錄》中有「算盤珠」比喻；元曲中也提到了「算盤」。

明代，珠算極爲盛行。明洪武四年（西元一三七一年）新刻的《魁本對相四言雜字》是現存最早載有算盤圖的書；徐心魯訂正的《盤珠算法》（西元一五七三年）是現存最早的珠算書。而明程大位編的《算法統宗》則是歷史上作用最大、流行最廣的珠算書。

珠算的四則運算，是用一套口訣指導撥珠完成。明代稱加減法爲「上法」和「退法」，其口訣爲珠算所特有，最早見於吳敬《九章演算法比類大全》（西元一四五〇年）。乘法所用的「九九」口訣於春秋戰國時已在籌算中應用，起源甚早。至於珠算的歸除口訣則在元代告成。元代楊輝在《乘除通變算寶》中，敘述了「九歸」，他在當時流傳的四句「古括」上，添注了新的口訣三十二句，與現今口訣接近；元代朱世傑的《算學啓蒙》（西元一二九九年）載有九歸口訣三十六句，和現今通行的口訣大致相同。

開始使用地雷和水雷

明朝初年（十五世紀初），中國

已開始使用地雷。地雷是設置在地下或地面的爆炸性火器，早期的地雷構造比較簡單，多爲石殼，內裝火藥，插入引信後密封於地下，加以僞裝。當敵接近，引信發火，引爆地雷，後多次改進。萬曆八年（西元一五八〇年），戚繼光曾製「鋼輪發火」裝置地雷：在一木匣內裝鋼輪和燧石，用繩捲於鋼輪軸上引出，拉動絆繩，匣中的燧石下落，帶動鋼輪轉動，與火石急劇摩擦發火，引爆地雷，大大提高地雷發火時機的準確性和可靠性；由於彈體的多樣性，點火方式也多樣化。地雷十多種，用鐵、石、陶或瓷製成，發火裝置有觸發、絆發、拉發等，佈設方式也多樣化，有單發地雷，也有「子母雷」。

水雷是佈設在水中的爆炸武器，內設起炸裝置和炸藥，和地雷原理一樣。明代水雷主要有四種，即水底龍王砲、混江龍、水底雷、即濟雷，類似現在的漂雷和沉雷。最早的水雷當屬「水底雷」，它是世界上最早的人工操縱機械擊發的錨雷，實際上是一種拉發錨雷，將鐵殼雷放入密封大木箱內，沉入水中，下用鐵錨定位，上用繩索連發火裝置拉到岸上，敵船接近，岸上伏兵拉火引爆。水底龍王砲是世界上最早以香作引信的定時爆炸漂雷，用香作引信，點燃香頭，香盡火發，進而爆炸。混江龍也是用繩索拉動發火裝置等。

種痘發明

明朝中葉以後，不僅中國傳統醫學獲得了顯著進展，在預防醫學方面也成績斐然，這方面的最突出代表就是種痘的發明及在民間的傳播。

自從西元二世紀天花傳入中國以後，這種波及面廣、危害嚴重、流行史甚長的烈性傳染病危及了無數人的生命，晉代醫家葛洪的《肘後備急方》對其作了最早的描述。對此疾病的預防和治療，古代醫家曾進行了不懈探索，並取得了一些成果。而種痘的發明正是這不懈努力的結果。

種痘起源於何時，現在尚無法確定，一八八四年刊行的《種痘新書》說它是由唐開元年間江南趙氏創製的；一七一三年朱純嘏《痘疹定論》說它出現於宋神宗時，發明人爲峨嵋山神醫，該人曾爲丞相王旦的兒子接種人痘預防天花。然而一七二七年俞茂鯤《痘科金鏡賦集解》說種痘出現於明隆慶年間（西元一五六七年至一五七二年），該文獻表明當時寧國府已有很多人接受這一預防天花的方法，從此這種方法始在民間廣爲傳播。

人痘接種術發明以後，由於諸多原因，未能及時推廣，一切都在民間醫家之間自發進行，後來才逐漸被兒科醫生所掌握。一六八一年，康熙皇帝認識到這是一種行之有效的預防天花的方法，詔令江西種痘醫生朱蒓嘏爲皇室貴戚的子孫種痘，取得了良好的效果。清政府藉此機會迅速向全國推廣，使得無數的人因此受惠。一七四二年頒布的《醫家金鑑》詳細記載了人痘接種術。

至於當時種痘方法，據一六九五年成書的《張氏醫通》記載，主要有痘衣法和鼻衣法（包括漿苗法、旱苗法、水苗法），在傳播過程中，其技術不斷改進。清末奕梁《種痘心得》介紹的痘種選育方法，與現代疫苗的科學原理完全相同。當時種痘技術相當完善，且成功率很高，據張琰《種痘新書》記載，在種痘的六、七千人中，失敗者僅二、三十人，成功率高達九七%。因此，其技術在全國城鄉得以迅速推廣並傳播到國外，一六八八年俄國就派人來中國學習種痘技術，在傳播到土耳其後，由英國駐土耳其公使夫人蒙塔古帶回英國推廣，從此，在歐、亞、美各大洲廣泛傳播。而一七九六年，英國人琴納創造的牛痘預防天花的技術則是直接受中國人痘技術的啓發而獲得成功的。

押租制盛行

明代中後期，中國農業生產力提高，商品和貨幣關係有一定的發展，農民向地主交租，由實物分成租向實物定額租和貨幣定額租轉化。與此同時，由於土地集中、人口增長，農村兩極分化日益嚴重，農民抗租頻繁，地主爲了防止佃農欠租，在出租土地時向佃農索取一筆押金作爲保證，形成一種新的租佃制度——押租制。

押租制規定：凡以田出租，必先取押租銀兩，其銀無息；正租穀照常徵收，但有押少租重、押重租輕的情況；起租之日，押租錢照數退還；地主不退押租錢文，不能隨便換佃等。這樣佃農在交納押租後，一般照交正租，如果欠租，地主就在押金中扣除；押金沒有利息，退佃時歸還佃農。如押金數量不大，地主往往藉故不歸還；但當押金超過一定數額，佃農可減納正租。押金未退，或押租關係尚未滿期，地主不能隨意換佃。有些地區佃農還可以將已交納押金的土地轉佃別人。押租多少，隨正租輕重、土地肥瘠、人口密度等而有很大區別，愈是人口密集、土地肥沃的地區，押租愈加沉重。押租額常超過正租額，從一、二倍至五、六倍，甚至七倍、八倍、數十倍。提高押金數量稱爲加押，越到後來，加押現象愈爲普遍。

押租制保證了地主地租的實現，限制了佃農在土地上的移動自由，強化了地主與佃農的租佃關係，因而不利於生產力的進步。

蘇州園林大規模興建

明代私家花園的建造，比以前各代有長足的發展，尤其明中葉以後，私家園林大規模興建，形成私家園林的全盛時期。蘇州興建園林多達二百七十餘處，爲宇內之冠。

蘇州地處江南，山明水秀，氣候宜人，自然景色優美，自古爲富饒繁

蘇州留園中山池

拙政園腰門

蘇州滄浪亭門前臨水建築

拙政園中水池

華之地。這是蘇州園林興起的自然條件。蘇州園林的興建可上溯到春秋時期，吳王闔閭、夫差就曾建長樂宮、姑蘇台、海靈館、館娃閣等，這些是富麗的宮苑。其後歷代達官貴人、文人墨客也都在此建園，如西晉的顧辟疆園，東晉的虎丘別業，五代吳越國的廣陵王金谷園，北宋的五畝園、滄浪亭、樂圃、綠水園，南宋的萬卷堂，元代的獅子林等，都非常聞名。這是蘇州園林的歷史沿革。

而進入明代，蘇州成爲著名的絲織業中心，建園造院之風日盛。凡官吏富商以至一般士民，無不造園，出現了大規模興建園林的風氣和熱潮。現存蘇州園林中保存較爲完整的有七十餘處，其中明代創建的有拙政園、惠蔭園、環秀山莊和留園。

蘇州園林不論面積大小，皆具特色，而且都體現了江南園林所具有的疊石理水、花木種類繁多、佈局有法、風格淡雅的特點，每座園林幾乎都包括了當時造園手段的精華。其格局大都以山、水、泉、石爲骨骼，以花、木、草、樹爲烘托，以亭、台、樓、榭爲連綴，自然要素和人工創造融爲一體，並形成各自不同的獨特風格。

蘇州的私家園林著名的有拙政園、留園、藝圃、獅子林和滄浪亭等，其中拙政園、留園、獅子林和滄浪亭號稱蘇州四大名園。

藝圃位於蘇州市區內，明代始建，明末改稱藝圃，迄今仍保持明代風格。全園面積不大，佈局以水面爲中心，池周佈置建築、山石、花木。南部以山景爲主，池北以水榭爲主，除環繞水池的主體風景外，還分出若干小的風景區，增加景觀層次變化，西南隅自月洞門入，自成一區，幽靜素雅，整座園林自然開朗，頗具山林之趣。

拙政園位於蘇州市婁門內東北側，明正德八年（西元一五一三年）前後，由王獻臣創建，其取晉潘岳《閒居賦》之「拙者之爲政」爲園名。現園基本爲清末規模，經修復擴建，面積約六十二畝，分爲東區、中區、西區，亦即原「歸田園居」、「拙政園」、「補園」三部分。

留園位於蘇州市閶門外，原屬明嘉靖時太僕寺卿徐時泰的東園，清嘉慶時劉恕改建，並改名寒碧山莊，俗稱劉園，佔地約三十畝。太平天國時蘇州諸園多毀於戰火，唯此園獨存，清光緒初年易主，改名留園。

獅子林爲元末至正年間所建；滄浪亭爲五代吳越國王公貴族別墅，北宋蘇舜欽改爲滄浪亭。此外，還有怡園、網獅園、暢園、壺園等。

作爲中國古典園林中最具代表性的一批傑作，蘇州園林在中國古典園林建築史上佔有重要地位。

煉丹持續進行

明代，煉丹技術在前人研究成果的基礎上，設備和方法都有極大改進，工藝水準不斷提高，煉丹活動持續進行。

丹藥大致爲兩種，一是氧化汞，一是鉛的化合物。煉製氧化汞的前提條件是提取純淨的汞，中國煉汞技術到宋代已由未濟爐式（上火下凝式）向蒸餾法過渡，在明代記錄煉丹成果的主要典籍《墨娥小錄》中，已介紹了一種新的「抽汞法」。這是現存最早的有關蒸餾法升煉水銀的文獻記錄，它操作簡單，產出率高，適於大規模生產，據宋應星《天工開物》記載，採用這種方法，每爐可用朱砂三十斤。

明代煉丹爐

明代十二生肖藥瓶（部分）

從漢代開始，煉丹家即已透過在空氣中對水銀進行低溫焙燒或在密閉的土釜中加熱水銀與鉛丹的混合物以製成氧化汞。明代發明了升煉粉霜的「鹽硝礬法」配方，按陳實功《外科正宗》（西元一六一七年）記錄的配方，可製得純淨的氧化汞。除此之外，在製造汞的氯化物方面也取得了很大進步。汞的氯化物有兩種，即氯化亞汞（Hg_2Cl_2），俗稱甘粉或輕粉；氯化汞（$HgCl_2$），俗稱「升汞」或「粉霜」。明代鄺璠《便民圖纂》記載了一種以明礬、白鹽、水銀爲原料燒製輕粉的方法，精簡而合理，至今仍在中醫上應用。而《墨娥小錄》記錄的兩種粉霜的方法：鹽硝礬法和成霜法，都較前代有較大改進。

在煉製鉛及其化合物時，明代煉丹家的技術也有重大突破，陸容《菽園雜記》和李時珍《本草綱目》對此都有詳細的記載，他們將硝石和礬石合用，能產生強烈的氧化作用，是製鉛丹方法的一大進步。

明代煉丹術的持續發展和技術的進步，對後代中醫藥學、金屬冶煉等都產生了較爲直接的影響。

《本草綱目》集本草學大成

醫藥學著作的大量編撰是明代醫藥學空前發展的顯著標誌之一。萬曆六年（西元一五七八年），傑出醫藥學家李時珍編成集本草學之大成的《本草綱目》，代表了這一時期中藥學的最高成就，大大地豐富了中國乃至世界的醫藥學寶庫。

李時珍（西元一五一八～一五九三年），字東璧，號瀕湖，晚號瀕湖山人，湖北蘄州（今湖北蘄春）人。

他出生於醫學世家，其父李言聞曾撰《四珍發明》等書，擔任過太醫院吏目。在家庭環境的薰陶下，李時珍自幼喜愛醫藥。但其父卻希望他能科舉出仕，十四歲那年，他考中秀才，十七歲後連續三次鄉試未中，並因此積勞成疾，二十歲從武昌鄉試回家，重病一個多月。這成了他人生道路上的一大轉機，從此，他積十年之久，足不出戶，潛心研讀經、史、子、集、傳、聲韻、農圃、醫卜、星相、樂府等著作，於學無不涉獵，尤其喜讀醫學著作，這些都爲他從事醫藥研究和著書立說打下了堅實的理論基礎。

除了從典籍中學習以外，李時珍還特別注重實務的總結和積累，《瀕湖醫案》一書正是他總結醫療實務的產物。而且他博採眾長，不斷向各方

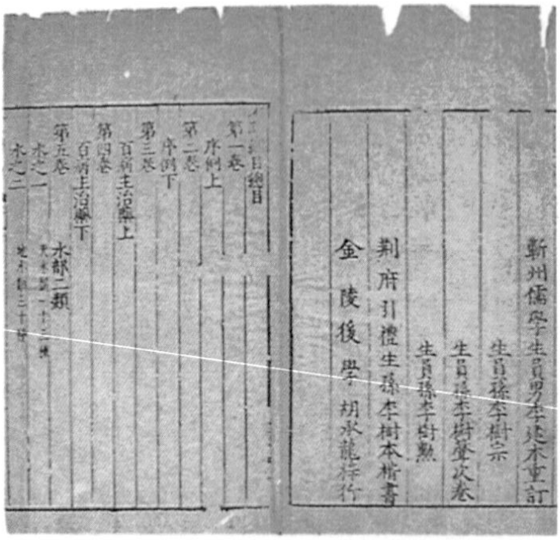

萬曆十八年（西元一五九〇年）刊行的《本草綱目》書影

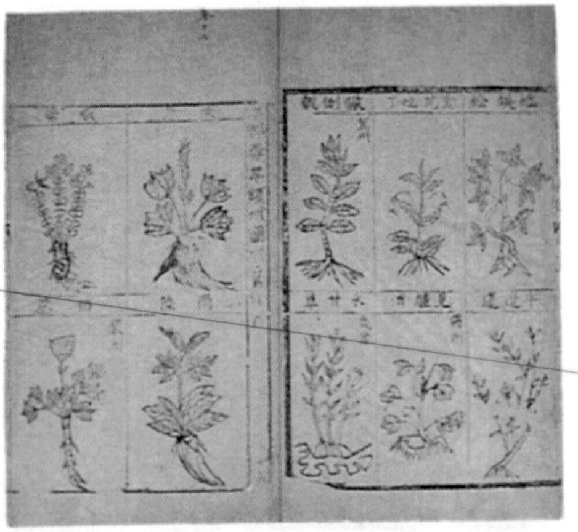

金陵版《本草綱目》藥物圖譜

人士請教，搜集了大量簡單有效的單方、驗方，編成《瀕湖集簡方》。

從他三十四歲那年開始，李時珍即著手編纂《本草綱目》，經過長達二十七年的艱苦努力。在宋代唐慎微《經史證類備急本草》基礎上，參閱了八百多種文獻資料，經過三次大修改，於萬曆六年（西元一五七八年）他六十歲時完成了這部具有劃時代意義的藥物學巨著，成爲中國藥學史上的一個重要里程碑。

李時珍採藥塑像

《本草綱目》共五十二卷，卷一、二概述了本草歷史和藥性理論；卷三、四以藥原爲張目，羅列了各種草藥的主治病，比前代以病名爲綱的做法前進了一大步；其餘四十八卷，按水、火、土、金石、草、穀、菜、果、木、服器、蟲、鱗、介、禽、獸、人等，將一八九二種藥物分爲十六部，各列若干類展開論述，例如草部又分爲山草、芳草、隰草、毒草、蔓草、水草、石草、苔、雜草、有名未用等六十類，每種藥標正名爲綱，綱下列目，綱目清晰，並對各種藥進行釋名、集解、辨疑、解說其修治（炮炙）、氣味、主治、發明及附方，內容極爲豐富，包含了動、植、礦物等各方面的內容，可謂關於自然知識的博物學著作。

該書附藥物圖一一〇九幅，方劑一一〇九六首，其中八千多首是李時珍自己收集和擬定的。在對十六世紀以前中國藥物學作了全面總結以後，增收了宋以後出現的三七四種藥物，如三七、番紅花、曼陀羅花、土茯苓等都被後世廣泛使用，透過對一些藥物基原、性能的研究辨析，在實際考察和對文獻進行考據的基礎上，糾正了以前本草學著作的一些錯誤，尤其是批駁了服食水銀、雄黃成仙的說法。以較先進的方法對藥物進行分類，以取代沿續一千四百多年的三品分類體系；以綱目爲構架將各種藥物分類編排，成爲一部獨創體例的藥物學著作，從而全面系統地展示了藥學體系和內容。《本草綱目》還包含了各種藥物的藥性藥效、藥物栽培、炮炙製劑及其在各種病症治療的應用等

《本草品彙精要》之《製酒工藝圖》

多方面的內容。

除了藥學以外，李時珍對醫學也有重要貢獻，其中尤值一提的是其人體解剖學成就。《本草綱目》是中國醫學史上首次獨創性地提出腦爲全身主宰這一說法的著作，衝破了心是人體中心的傳統說法。保存於《本草綱目》中的單方、驗方是李時珍挖掘民間醫藥寶藏的結果，許多爲後代醫家所慣用，其中抗衰老藥物就有近四百種，健身長壽的方劑有五五〇首之多，包括膏、丹、丸、散、酒、粥、服食、外用擦洗等劑型和用法，記載了有關長壽、輕身、卻病、容顏等案例數十則。

樑上塵。房樑上的塵土，古代本草認為有治腹痛、噎、中惡、鼻衄、小兒軟癤等功用。此圖足以反映中國古代醫藥學家探求藥物的思路之奇。

作爲一部包含了豐富自然百科知識的名著，其內容涉及植物學、動物學、礦物學、地質學、化學、物理學及天文學、氣象學等許多科學領域。在植物學方面，李時珍《本草綱目》透過對一〇九四種植物的根、莖、葉、花果的特點及其性味、外形、皮核及生長習性、生長過程、生長環境與人類生活的關係等各種因素進行分析、歸納、比較，得出了較符合科學的結論。而書中對四四四種動物藥按蟲、鱗、禽、獸、人等六部進行的分類，基本和現代動物學的分類系統一致，同時也蘊含了生物進化論的思想，對動物爲適應生活環境而改變生存方式的研究以及動物遺傳與相關變異現象的描述，都具有重要的科學價值。《本草綱目》共記載礦物藥二六五種，以鈉、鉀、鈣等十九種單體元素及其化合物爲準則分類編排，並詳細介紹了每種物質的來源、鑑別和化學性質，記載了蒸餾、蒸發、昇華、重結晶、風化、沉澱、乾燥、燒灼、傾瀉等各種製藥化學方面的反應方法。

長達十年的潛心研究，爲李時珍的著述在史學、哲學、文字學、訓詁學等方面奠定了深厚的基礎，長期的醫療實踐及其跋山涉水，躬身民間虛心學習的嚴謹態度，無疑是《本草綱目》取得獨創性、科學性成就的至關重要的原因。他實地考察了湖廣、河北、河南、江西，安徽、江蘇等省，深入林區、礦井、菜畦，向農夫、漁民、獵人、車夫等虛心求教。加之他對此前醫藥學成就的批判性總結，使《本草綱目》不僅集本草學之大成，而且最終成爲一部中國古代科學的巨著，涉及藥物、醫學和幾乎所有的自然科學領域。

吳承恩寫成《西遊記》

吳承恩（約西元一五〇〇～一五八二），明代小說家，字汝忠，號射陽山人。祖籍江蘇漣水人，後居淮安山陽。他出身於「兩世相繼爲學官」而後沒落爲商人的家庭，其父雖經商爲業，卻博覽群書且關心時政，富有正義感，對吳承恩的思想有著直接的影響。吳承恩年少時聰慧過人，以其文名揚鄉里，然而屢試不第，中年始補歲貢生；迫於家境，作過短時期的長興縣丞、荊府紀善之職，長期以賣文爲生，清貧度日，晚年於鄉里貧老而終。

吳承恩一生創作的詩、詞、文不少，可惜大多已不存；後經人遍索遺稿，彙編爲《射陽先生存稿》四卷。他酷愛野史奇聞，曾仿唐傳奇而作《禹鼎志》，是部有鑑戒意味的短篇志怪小說。他一生中最著名、最有影響力的，是他的長篇神話小說《西遊記》。

《西遊記》是明代小說中的「四大奇書」之一，是吳承恩在歷代民間傳說、說話藝人和無名作者創作的基礎上加工改造，融入自己對現實生活的感受而創作出的極具現實意義的古典長篇神話小說。它的成書，經歷了七百多年漫長的演變過程。作爲小說主體線索的唐僧取經之事，是根據唐代貞觀年間和尙玄奘獨自赴天竺（今印度）取經一事演化而來。玄奘遠道取經實屬不易，途中種種異聞奇遇，難免帶有傳奇色彩。他口述成書《大唐西域記》，後其弟子依此撰《大唐大慈恩寺三藏法師傳》，已具神話色彩，流傳開去，便愈傳愈奇。宋代時取經故事已是說話藝人的重要題材，話本《大唐三藏取經詩話》已初具《西遊記》一書的故事輪廓，主角唐僧已由神通廣大、可降妖服怪的猴行者取代，是小說中孫悟空的雛型。而深沙神即爲沙和尙之前身。元代出現的《西遊記平話》有了黑豬精豬八

《西遊記》木刻雕版

江蘇淮安吳承恩墓

戒，主要情節與小說《西遊記》極接近，可能吳承恩是以其作為底本再創作的。孫悟空的形象也經歷了漫長的演化融合過程。吳承恩家鄉流傳的被鎖鎖在淮陰龜山腳下那個神通廣大的猴精無支祁，顯然是孫悟空形象組成的素材之一。

由於作者的再創造，賦予了小說另一種浪漫想像和生命力，使小說具有了鮮明的時代精神。

《西遊記》的藝術成就極高，它以神性、人性和物性（自然性）三者合一的方式來塑造人物。孫悟空的形象在中國文學史上獨具特色，有神的威力卻不乏俗世中人和動物的習性，在古代同類小說中亦極罕見。小說透過豐富大膽的藝術想像，創造了一個絢麗神奇的神話世界，故事情節曲折生動，奇幻精采，充滿了濃厚的魅力。小說的語言是在口語的基礎上加工提煉而成，生動而流暢，富於表現力。人物語言個性鮮明，有極強的生活氣息，具有幽默詼諧性。在結構上，小說以取經人物的活動為中心，依次展開情節，枝幹分明，頗具匠心。

《西遊記》成書後即產生極大影響。明代朱鼎臣刪節成《唐三藏西遊釋厄傳》十卷、楊致和仿作《西遊記傳》，明、清兩代均有各種續、補之作競相出現。《西遊記》中的故事被改編爲戲曲演出，如《鬧天宮》、《芭蕉扇》、《三打白骨精》等，至今仍受觀眾喜愛。此外，《西遊記》引起了人們對神怪題材的高度興趣，出現了以神魔相戰的形式來寫歷史事件的小說，如《封神演義》等，但功力均不如《西遊記》。

傳奇廣泛流行

傳奇就是以唱南曲爲主的南戲系統中各腔演出的各種劇種的總稱。明代初期，由於朱元璋父子專制統治而受到一定的限制，到明代中葉，特別是嘉靖、萬曆年間，社會經濟繁榮，各種工商業如紡織、製瓷等明顯發展，人們的娛樂需求迅速膨脹，南戲在這種形勢下迅速發展起來，出現了盛極一時的海鹽、餘姚、弋陽、崑山四大聲腔，隨著南戲的興盛，傳奇得以廣泛流傳。

傳奇的流行首先表現在它的理論成就上，明代後期，何良俊、王世貞、徐復祚和凌濛初在前人創作的基礎上，對傳奇作了理論上的探索，在《閒情偶寄》一書的詞曲部和演習部中，對劇本結構、語言、音樂與表演等方面作了很系統的論述。

明代傳奇的輝煌奠基於有一大批劇本的問世，約有二千六百多種。其中每一劇本又可分爲幾種聲腔來演唱，按時間可大抵分爲兩個階段：

明代前期：主要指明洪武到嘉靖年間，即西元一三六八年至一五二一年。這個時期的作品有李日華的《南西廂記》、王濟的《連環記》、蘇復之的《金印記》，但由於這些作者多爲朝廷大官或名門藝學，因此創作的作品就不免帶有上層社會的局限性，宣揚的是忠孝節義和功名利祿，如《伍倫全備忠孝記》。

明代後期：指從嘉靖到崇禎年間，即西元一五二二年至一六四四年。這一時期，由於南戲被普遍重視，出現了一大批深具影響力的作家和作品，湯顯祖及他所創作的《牡丹亭》便是一個典型的例子。和明代前

萬曆年間刊行的《南琵琶記》插圖

期相比，這一時期的作品在內容上有了明顯變化，較能反映出社會現實。首先是對社會黑暗和官員暴虐貪婪的揭露，如《鳴鳳記》、《磨忠記》鞭撻了專橫跋扈的權貴與宦官。其次就是對個性解放的大膽提倡，激烈抨擊封建禮教，如上面提到的湯顯祖的《牡丹亭》。

明代傳奇的創作成就除大量劇本的問世外，還表現在舞台藝術的高度發展方面。在音樂方面，四種不同聲腔的戲曲各具特色，如崑山腔在發揮南曲流麗悠遠、淒婉細膩的基礎上，又汲取了北曲激昂慷慨的格調，成爲南北曲之大成者。在表演藝術上，崑山腔將南曲的七個腳色發展到十二個腳色，使演員能專心致力於某個腳色的揣摩。在舞台美術上，服裝、化妝和臉譜的應用對於人物的塑造和氣氛的渲染無疑有積極的推動作用。

傳奇表演多舞蹈

宋元雜劇發展至明代名爲「傳奇」，它已突破了雜劇四折一人唱到底的形式限制，角色分行和表演藝術有了進一步發展，整齊緊湊的結構、複雜的情節、細緻的人物刻劃等，已與近代戲曲十分接近。

傳奇中的舞蹈，在吸收繼承宋元雜劇遺制的同時，也有許多新的創造，已成爲傳奇表演藝術諸多構成因素中不可缺少的部分。明代張岱在《陶庵夢幻》中記載了西施進入吳宮，向吳王夫差獻舞的動人情景：五人中一人獨舞扮西施，四人作兩對穿插對舞，長袖與綢帶舞成環狀，繞身旋轉飄搖，身姿步態婀娜輕柔，還有執各種華美道具和彩燈的集體舞襯托，其場面之繁華使觀者爲之驚嘆。從此中我們可以看出當時傳奇中舞蹈場面的完美與精妙。

除了宮廷中的舞蹈場面壯觀外，在貴族家庭戲班演出中，舞蹈段落的編排表演也是十分精美的。

明代傳奇中的舞蹈具有相當高的水準，不僅繼承了古典歌舞的優點，而且還廣集民間舞蹈中的元素來豐富自己的表現，明傳奇吸收民間舞蹈的事實可從大量的劇碼中找到例證。《跳和合》、《跳鍾馗》、《跳

財神。年節前供奉財神，據說來年可以招財進寶，發家致富，所以不少人家皆有奉財神之舉，相沿成習。

虎》、《舞鶴》、《啞子背瘋》、《跳八戒》、《白猿開路》等民間舞蹈歷史悠久，流傳廣泛，並一直保存至今。其中《啞子背瘋》是人們非常熟悉又喜聞樂見的民間舞蹈，由一名演員扮成兩個人物，或男或女，或老或少，其裝扮方法爲一身兩用，以男、女爲例：舞者上身著女裝，腰後裝曲膝假體，合成女身；下身著男裝，腹前裝假頭與軀幹，合爲男體。舞時，舞者的身首動態爲女子，並與腰後假女下肢相應，腿腳步伐須男性化，又要與假男上體相協，酷似背人者與被背者兩人共舞。這種舞蹈在湖南、廣西及東北各省都有流傳。

明傳奇在吸收古典舞與民間舞的同時，又大量吸收武術、雜技，應用於各種武打場面。明代傳奇演出中已逐漸演變成用道具式、經過美化而不易傷人的武器來表演。許多雜技和劇情關係不大，但作爲戲曲表演也是缺少不得的。

明代傳奇演出中，除大量運用舞蹈、武術和雜技手段，或緊或鬆地與劇情、人物相結合，加強戲曲的藝術感染力及觀賞性外，也有戲曲和樂舞同場相間串演的情況。明代在家宴中樂舞與戲曲穿插表演時，規模與演出形式當然會發生很多變化，但這種戲曲與舞蹈串聯演出的做法，對戲曲與舞蹈的進一步融合，無疑也發揮了一定的推動作用。

推行一條鞭法

萬曆九年（西元一五八一年），張居正進行賦稅改革，在全國推行一條鞭法，以平均賦役負擔，增加財政收入。

一條鞭法的主要內容爲以下三項：（一）田賦除實收實物外，也可以用銀兩折納；（二）可以錢代役；（三）丁糧由地方官吏直接辦理，廢除糧長、里長辦理徵解賦役之法。

「一條鞭法」的基本精神是通計一省丁糧，均派一省徭役，將均徭、里甲與夏秋兩稅合而爲一，攤丁入畝，量地計丁，而後按畝徵銀。當然，由於各地情況不同，攤派比例也不同，有的以丁爲主，田爲輔；有的以田爲主，丁爲輔；有的丁田各居其半。因爲是將賦、役等各種條目合併爲一條，所以稱之爲「一條鞭法」。

實行一條鞭法，簡化了賦役手續，是中國賦役制度上的一大改革，儘管當時引發許多爭論，但實際上徭役可以錢代役之法，使農民得以離開土地，成爲城鎮手工業勞動力，並促進貨幣地租之產生及部分農作物之商品化，有利於商品經濟發展和資本主義生產萌芽。

自一條鞭法實行之後，國庫日益充盈，而豪民大戶則多對張居正產生不滿，並竭力阻撓反對，一條鞭法實施不久即行停止。但是，以錢銀代替實物稅和勞役的做法卻保留了下來。

家伎舞蹈延續

家伎舞蹈是介乎宮廷舞蹈和民間舞蹈之間的一種舞蹈，兩漢魏晉南北朝及至唐宋之間，貴族士大夫私養家伎風氣很盛，許多家伎都是能歌善舞的藝人。隨著戲曲藝術的興起和純舞的逐漸凋零，元明以來，家伎娛客也多演戲曲，但這些家庭藝伎的組成及表演內容，並非嚴格意義上的戲班，所以家伎舞蹈與戲曲表演常穿插或組合進行，純舞和單純的樂舞表演雖早不如前代那樣繁盛，卻仍然佔有一席之地。

明人袁宏道《迎春歌》描寫熱鬧的「行春之儀」遊行表演隊舞時，有「白衣合掌觀音舞」句。表演此舞時，舞者穿著潔白的衣服，扮成觀音大士的樣子，額上頂著一個碗，手持兩碗，敲打擊節而舞，頗具宗教風味。據張岱《陶庵夢憶》說，萬曆年間，江蘇常熟侍御錢岱家，一年四季都要演戲歌舞，每次宴客「徹席後令女樂十人齊舞，且舞且歌，過夜半方散」。

由於家伎多是受過嚴格的舞蹈基本功與技巧訓練的，因此他們的舞藝相當高超，有不少家伎舞者名傳後世。明末秦淮十大名妓大多數能舞善歌。

明代家伎除女伎以外，還有善於男扮女妝而舞的男伎人，正如沈德符《顧曲雜言．舞名》所說：「今之學舞者……亦男子女妝以悅客。」明代這些男性舞伎，腰肢柔韌，腿功靈活，整個身段表演娉婷婀娜，其功力也是十分高超的，這很可能是後世戲曲男演女角之濫觴。

明兵學繁榮

明代是中國兵學的繁榮時期，當時戰爭頻繁，戰爭的樣式較前代增加，火器已在戰爭中普遍運用。爲適應新的軍事形勢，明政府開始重視兵學。在朝廷的推動下，兵學研究和兵書傳播在明代盛極一時，形成了學習兵法、研究軍事、著述兵書的社會風氣。

明代兵學的繁榮，既得益於明廷提倡兵學的政策和制度，也得益於當

時社會經濟文化的發展和印刷技術的提高。兵學在明代的繁榮，主要表現

明萬曆十一年（西元一五八三年）繪印的長城圖，所示係河北省遷安縣冷口關管段的一段。

在兩方面：一是兵學研究者的隊伍擴大；二是兵書數量增多，品質提高，內容豐富且有特色。

明朝建國初期就設祕書監丞搜集兵書，朱元璋要求軍官子弟講讀兵書，選拔通曉兵法的軍事人才。明朝還以《武經七書》為教材，興辦武學，開設武舉；所以在當時不僅領兵將帥研習兵法，就連文臣幕僚、文人學者、山野隱士也加入著述兵書的行列。明代統兵將領大多諳熟兵法，他們善讀古代兵書，闡發古代兵學思想，結合自己作戰指揮的經驗，著述成書，大大提高了軍事理論，湧現了一批善讀兵書、作戰靈活的將帥，如朱元璋、于謙、戚繼光等。

明代的文臣幕僚也重視兵學研究，有的還寫出一些軍事專著，如呂坤為振興邊防，著《安民實務》一書，專講練兵固防的舉措。胡宗憲聘鄭若入府編輯《籌海圖編》以抗倭寇侵擾。此外，明代學者游士為濟時艱，紛紛棄詩從兵，發憤研究注釋兵書。還有些山林野客，傾畢生心血於兵書著述，寫出了《投筆膚談》、《草廬經略》等具有較高兵學價值的作品。明代著名哲學家王守仁投筆從戎、散文家唐順之編《武編》、文學家茅元儀編著《武備志》。明代還出現《武經七書》的最好注本——《武經七書直解》。

明中葉以後，兵學研究走向群體化，山現了一些兵學家群體。俞大猷與其師合著《續武經總要》，戚繼光的《紀效新書》、《練兵實紀》代表

了明代兵學發展的最高水準。明末還出現了一批與外國傳教士合作，研究、譯述西方先進軍事技術的兵家群體，產生了中國最早介紹望遠鏡的專著——《遠鏡說》。

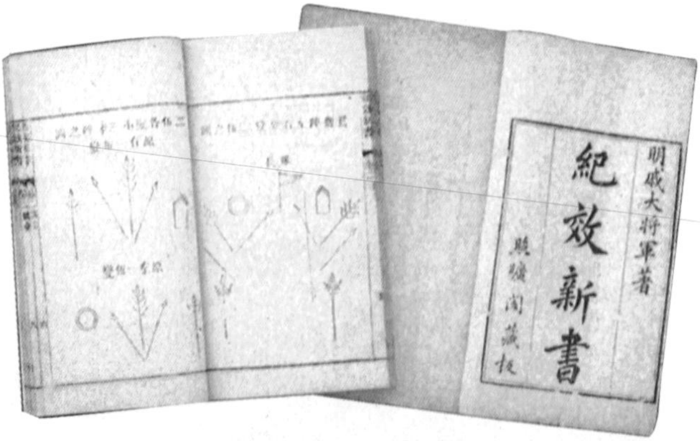

戚繼光在抗倭戰爭期間寫成的《紀效新書》

明代兵書數量大，內容豐富，思想價值也高。據《中國兵書總目》著錄，明代兵書有一一六四部，約佔中國古代兵書總數的二七・五％，主要有大型綜合性與分科專業性兩類。大型綜合性兵書在明代空前發展，它集治軍、訓練、陣法、指揮及兵器製造和使用爲一體，兼有高度的學術價值和實用價值；《登壇必究》、《武備志》是這類兵書的代表。專業性兵書對軍事訓練、海防、江防、邊防、城防、陣法、火藥製造及使用等各方面進行專門論述，這類書在明代也大量問世。此外，明代的一些奏疏、奏章中也有許多精闢的軍事思想，甚至文人的雜記、文集中也有不少軍事內容，可見兵學在明代曾盛極一時。

明代兵書表現出鮮明的時代特點：首先，明代已進入冷熱兵器並用時代，此期兵書中有許多關於火器、火藥、新戰法、新軍制等內容，出現了《紀效新書》等反映軍事改革思想的代表作；其次，明代邊患迭起，抗外族侵略的兵書應運而生，如《籌海圖編》、《登壇必究》等；再次，明代開始介紹西方軍事技術，《火攻挈要》是這方面的代表作。可以看出，明代兵書普遍重視實用，從哲理方面探究兵法的書相對減少。

《神童詩》、《千家詩》成爲流行課本

《神童詩》、《千家詩》是中國古代專爲學童編寫或選編的，在小學、書館、私塾村學等蒙學中進行啟蒙教育的課本。

中國古代的蒙學課本是從字書發軔的，早在周代就有了供學童識字、習字用的書。此後歷代幾乎都有編

寫。尤其唐宋以後，蒙學教育進一步發展，印刷術發明後，蒙學課本更加豐富。其內容有以識字教育爲主的綜合性識字課本；以道德教育爲主的蒙學論理課本；以社會、自然常識教育爲主的知識性課本；以提高閱讀能力爲主要目的的故事課本；以陶冶兒童性情的詩歌讀本等，《神童詩》、《千家詩》屬於最後一類。

古代蒙學教育十分重視用詠歌古詩「以養其性情」。唐宋以後，詩歌成了蒙學教育學中固定的教學內容。較早爲學童編寫的詩歌集是唐胡曾的《詠史詩》。宋以後，尤其是明代，《神童詩》、《千家詩》和《唐詩三百首》成爲蒙學的流行課本。

《神童詩》的思想性和藝術性均屬低劣，第一首就宣揚「萬般皆下品，唯有讀書高」。但由於統治階級的提倡，曾長期在蒙學中傳誦。

《千家詩》有多種體裁和版本，南宋劉克莊編選的詩集《分門纂類唐宋時賢千家詩選》爲最早的版本。克莊號稱「後村居士」，故《千家詩》又稱《後村千家詩》，共二十二卷。後來作爲蒙學詩歌讀本的《千家詩》就是在此基礎上選錄編訂的。署名爲王相選注的《新鐫五言千家詩》和署名爲謝枋得選、王相注的《重訂千家詩》流傳較廣泛。後來這兩種《千家詩》被合而爲一，成爲五七律絕的《千家詩》，流傳不衰。《千家詩》共選詩二百餘首，包括不少膾炙人口的名篇，如李白的《靜夜思》、蘇軾的《飲湖上初晴後雨》等。大部分語言流暢，詞句淺近，易讀易記，使《千家詩》成爲蒙學中主要的詩歌教材。後來，清代孫珠又擇唐詩中膾炙人口之作，編成《唐詩三百首》，署名蘅塘居士印行。該書出版後「風行海內，幾至家置一編」，不僅在蒙學，也成爲社會上十分流行的詩歌集。

番薯、玉米、馬鈴薯、番茄引進

明代中後期，農業生產發展，多種農作物如番薯、玉米、馬鈴薯、花生、西紅柿等的引進發揮大用。它們都原產美洲。

番薯在明代文獻中稱白蕷、紅蕷、紫蕷，紅薯、金薯、番芾、紅山藥等，產量高，極易栽種。十五、十六世紀，葡萄牙、西班牙人將它傳到非洲、印度和印尼、菲律賓等地，再由陸、海路傳進中國。

陸路是自印度、緬甸而雲南，約在十六世紀三〇、四〇年代；海路是由菲律賓到福建，還有越南到廣東，在十六世紀七〇、八〇年代。《閩小記》載：「萬曆中，閩人得之外國：：初種於漳郡，漸及泉州，漸及莆。」又據《金薯傳習錄》說：萬曆二十一年，福建長樂縣商人陳振龍從呂宋帶回薯蔓，在家鄉試種。清代《東莞鳳崗陳氏族譜》說東莞人陳益於萬曆十年（西元一五八二年）將薯種從越南帶回東莞。徐光啓則是最早把番薯從嶺南引種至長江流域的人。

玉米明代文獻稱御麥、玉麥、西番麥、玉蜀黍、玉高粱等。明代蘭茂所著《滇南本草》卷二中有關於玉米的記載：「玉麥鬚，味甜，性微溫，入陽明胃經……」可見最遲於十五世紀玉米已傳入中國，途徑一由緬甸、印度入雲南，一從東南沿海傳浙江、福建和廣東，此外也可能從中亞細亞沿絲路引進。在明代，玉米種植尚不廣泛。《本草綱目》稱：「玉蜀黍種出西土，種者亦罕。」

馬鈴薯或洋芋，大約在明末傳入中國。清順治七年（西元一六五〇年）荷蘭人在台灣曾見到當地人栽培馬鈴薯，稱之爲「荷蘭豆」（何炳棣〈美洲作物的引進、傳播及其對糧食生產的影響〉）。大陸開始栽培馬鈴薯在十七世紀後期，《致富紀實》載：「洋芋，出俄羅斯。」從俄國入中國東北，也是一條引進途徑。

嘉靖元年（西元一五二二年），葡萄牙人被驅出廣州後便在漳州、泉州等港非法通商，落花生也隨著輸入。花生的記載最早是嘉靖《常熟縣志》、萬曆《嘉定縣志》和黃省曾的《種芋法》、王世懋的《學圃雜疏》。

西紅柿又稱番茄，約在十六世紀末或十七世紀初萬曆年間引入。萬曆四十一年山西《猗氏縣志・物產・果類》和萬曆四十五年年趙山函所撰《植品》都有「西番柿」的記載。西番柿即番茄。番茄引進中國後，傳播十分緩慢。

利瑪竇定居北京

萬曆二十九年（西元一六〇一年），義大利傳教士利瑪竇二次進京，向明神宗獻自鳴鐘、八音琴、三稜鏡、天主像、聖母像、《萬國圖志》等物。萬曆皇帝接見了他，並允許他長駐北京傳教，在朝廷任職，賜他俸祿。利瑪竇感到無尚榮幸，自此定居北京。十年後去世，神宗下詔以陪臣禮葬於北京阜成門外。

利瑪竇（西元一五五〇～一六一〇年），字西泰，出生於義大利馬爾凱州馬切拉塔城。他二十一歲時加入

徐光啓（右）和利瑪竇論「道」

北京社會科學院內的利瑪竇墓碑

耶穌會；一五七七年從義大利航海東行來到澳門學習中國漢語文字；萬曆九年開始在中國傳教，在內地建立第一個傳教會所，同時也開始了他向中國傳播西方近代自然科學的生涯。

為了在中國順利傳教，他苦學漢語，改隨中國習俗，被稱為「四儒」。後來，為便於和明朝官員、仕紳交往，而改穿儒服、蓄鬚留髮，取中文名為利瑪竇。在他之後來華的傳教士，也仿效他起中文名，形成一種固定的習慣。

他先後在廣東肇慶、韶州、梅嶺及南昌等地傳教。其間，他繪製《山海輿地圖》（後以《坤輿萬國全圖》等名多次刊行），仿製地球儀、日晷等，為時人所重。在學習「四書章句」後，自行意譯成拉丁文，並加注解，成為《四書》最早的外文譯本，在譯本的序文中，他稱頌儒家的倫理觀念，把「四書」與羅馬哲學家塞涅卡的名著相提並論。他完成了第一部中文宗教論著《天學實義》（後易名《天主實義》）初稿。

一五九七年，他被命為耶穌會中國傳教會會長。次年，籌措貢物，以協助修正曆法為由，隨進京復職的禮部尚書王忠銘北上進京。後未被獲准在京居留，遂即南返。至第二次進京前，居於南京，結識李贄、徐光啓等，聲名益盛。定居北京後，他結交了許多官員貴族、學者名流，如李之藻、馮應京、沈一貫、楊廷筑、葉向高、曹予汴等，向他們介紹西方的地理、數學、天文等科學知識，由利瑪竇口述、徐光啓翻譯出版了數學著作

《幾何原本》前六卷、《測量法義》等；李之藻從利瑪竇問學，撰《渾蓋通憲圖說》、《圜容較義》、《同文算指》等。

他在《天學實義》中援引儒家經典來論證基督教教義，稱「我太費心思，從那儒教先師孔子身上覓取我們的見解；我援引書中有意義不明的章句，作有利於我們意見的解釋」；「如果我們毅然對（儒、道、佛）三教同時進攻，那麼我們就沒有迴旋的餘地了……」他容忍尊孔祭祖等中國的社會習俗，費盡心思對華傳教，招致西方和在華傳教士的許多爭議；但他卻在傳教過程中鑽研中國典籍，研究中國的政治、宗教、風俗，既把西方先進的科學知識傳入中國，又把中國文化介紹給歐洲，成為明代中西文化的溝通者，逐漸引起「西學東漸」之潮。

人物小事典

利瑪竇融匯二教

利瑪竇在傳教過程中，為使天主教迅速在華傳播，以一種職業宗教家的敏感，迅速找到了取得民眾好感，針對華人文化和宗教心理的方式。由於中國儒學的地位根深蒂固，利瑪竇就採取「排佛補儒」的戰略來取悅於儒生，研習儒家經典，把儒家經典和天主教義的相似之處歸納在一起，寫出《天主實義》等著作，選擇性地介紹天主教的知識，調合儒學與天主教的教義，把儒家創始人孔子的《詩》、《書》、《禮》、《易》等典籍中某些語焉不詳的字句，闡釋為天主教所用，極力用儒家經典中的文字來闡發基督教教義，消弭兩者差異。如儒家最重孝道，利瑪竇則附會宣揚孝道要盡三方面義務，即向至高無上的天父——上帝；向一國之父——君主；及向生身之父。把儒家的「仁」與天主教的「愛」，把儒家的「重義輕利」與天主教蔑棄現世物質利益、追求永恆天國劃上等號。他又對儒家及其他宗教中祭天、祭祖等活動採取寬容態度，允許中國天主教徒在家保留祖宗牌位，在官場參加祭孔等。

利瑪竇在傳教中把儒學和天主教融通一氣，不僅迎合了中國士大夫的心理，也迎合了下層民眾的心理，因此受到普遍歡迎，為他的傳教事業開啟方便大門。

西方地圖法傳入

萬曆二十九年（西元一六〇一年），義大利傳教士利瑪竇第二次來到北京，向皇帝呈獻禮物，其中有《萬國圖志》一冊，引起萬曆皇帝的極大興趣，西方地圖法自此傳入中國。

利瑪竇在中國居留共二十八年，所編繪的地圖有《山海輿地全圖》、《世界圖記》、《山海輿地圖》、《輿地山海全圖》、《輿地全圖》、《萬國圖志》、《坤輿萬國全圖》、《兩儀玄覽圖》等多種。

自從利瑪竇的各種世界地圖編繪問世以後，引起朝野人士的重視。利瑪竇帶來了一系列有關地圖和地理學的西方近代科學方法，包括採用有等

積投影和方位等距地投影的地圖投影方法，首次打破了中國人「天圓地

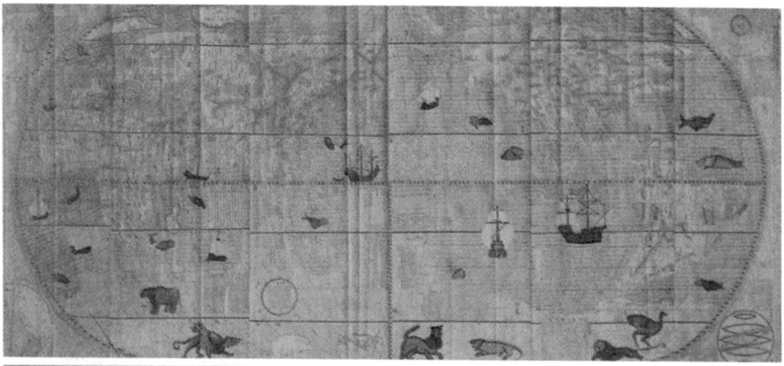

利瑪竇於明萬曆三十年（西元一六〇二年）繪製的《坤輿萬國全圖》

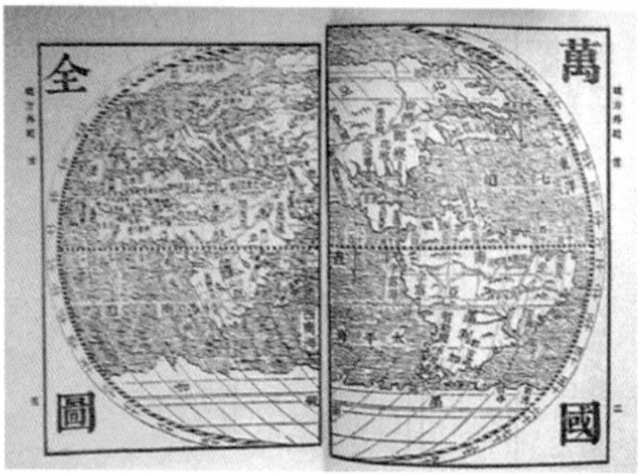

方」的傳統舊觀念，使中國學者認識到中國只是地球的一小部分。另外，在利瑪竇的地圖上已經以北極圈、晝長圈（即北回歸線）、晝短圈（即南回歸線）、南極圈等爲界，劃分爲熱、溫、寒五帶；再來就是圖上的海陸分佈，已大體反映了其基本輪廓；世界地圖上附有的日、月蝕圖，看北極法（即測定地理緯度法）、太陽每日赤緯表、中氣圖及地球的概念等，對於當時的中國知識界來說，都是十分新鮮、聞所未聞的事物，大大開拓了人們的眼界，使中國一、二千年流傳下來的地圖學受到了強烈的衝擊，並隨之開始改革。

當然，中國當時的地圖學知識也給了利瑪竇很大幫助，在他當初帶到中國來的世界地圖上，中國的輪廓是極含混不清的，不可能有中國詳細的行政區劃和山川形勢。後來利瑪竇在中國編繪世界地圖時，由於參考了許多的中國地圖，才得使世界地圖的內容得以充實和改進。徐光啓等人跟從利瑪竇學習並積極介紹近代西方先進科學知識，客觀上對中國的思想啓蒙起到了推動作用，並促進了中國近代科學包括地理學和地圖學的發展。

努爾哈赤建八旗

愛新覺羅・努爾哈赤的勢力不斷擴大，每「牛錄」由創設之初的十人擴大爲三百人，至萬曆二十九年（西元一六〇一年），努爾哈赤始創設八

八旗軍中的正黃旗甲衣

旗制度。

八旗制由牛錄製擴充而來，一牛錄爲三百人，首領稱「牛錄額眞」（漢譯「佐領」）；五牛錄爲一甲喇，首領稱「甲喇額眞」（漢譯「參領」）；五甲喇爲一固山，首領稱「固山額眞」（漢澤「都統」）。每一固山有特定顏色之旗幟，當時滿州軍共有四固山，分紅、黃、藍、白四種顏色。萬曆四十三年，滿洲軍建制擴大，又增設鑲黃、鑲白、鑲紅、鑲藍四固山，共有八固山，六萬人。「固山」即滿語「旗」之意，故八固山之建立，亦稱「八旗制度」。

努爾哈赤將全體女眞人都編入八旗之中，實行軍政合一的制度。每一旗的固山額眞皆有王貝勒擔任，稱爲「旗主」，一般百姓則稱「旗下」。旗民出則爲兵，入則爲民；有事徵調，無事耕獵。在行軍時，逢地廣則八旗分八路並行，逢地狹則合爲一路。征戰時，長矛大刀爲先鋒，善射者從後衝擊，精兵相機接應。八旗兵剽悍善戰，又紀律嚴明，此後二百年間，一直無敵於天下。在八旗制度下，旗主領御旗下；努爾哈赤則高居八旗主之上，自爲八旗部首領。

徐光啓譯成《幾何原本》

萬曆三十五年（西元一六〇七年）初，由義大利利瑪竇口譯、徐光啓筆授的《幾何原本》前六卷中文譯文完成，並在北京付印，使這部總結希臘古典時期數學成就的著作得以在中國刊行，對中國近代數學發展產生了重大的影響。

《幾何原本》爲古希臘數學家歐幾里得所著。全書十三卷，開卷便提到了二十三條定義、五條公式和五條公理。他運用嚴格的邏輯推理，將精心選擇的四百六十多個數學命題組織成了一個龐大而嚴密的數學邏輯演繹體系，成爲最早用公理法建立數學演繹體系的典範。第一至四卷論述直線形和圓的各種性質，第五卷爲比例論，第六卷爲相似形，其中第二、六兩卷又被認爲發展了幾何化的代數；第七至九卷爲數論，第十卷爲不可通約量（無理量），第十一至十三卷爲立體幾何與窮竭法，後來又有人增添了第十四、十五卷。這部著作在世界上影響極大。

早年曾師從十六世紀德國著名數學家克拉維斯的利瑪竇，精通數學、天文、地理和音樂。他於一六〇〇年在南京與徐光啓交往，其淵博的知識爲徐光啓所折服。此後，他倆先後定居北京，徐光啓經常向利瑪竇請教包括天文、地理和數學在內的西方科學。爲了滿足徐光啓將西方科學著作，尤其是內容新奇而有證明的數學著作譯成中文的要求，利瑪竇選擇了《幾何原本》的克拉維斯的拉丁文譯注本作爲翻譯的底本，展開這一開創性工作。

徐光啓每天前往利氏住所，將其口述的內容記錄下來，並創制一套既切合科學涵義又易爲中國讀者接受的名詞術語。經過反覆推敲，三易其稿，終於在一六〇七年初春譯成前六卷，同年付印。「幾何」一詞在譯本中是拉丁文geometria（測量）的音譯，徐、利二人認爲數學是研究量的學問，便將書名譯成了《幾何原本》。從此這部古希臘數學名著始在中國傳播。徐光啓本希望譯完全書，但被利瑪竇阻止；後九卷直至清末才由李善蘭和偉烈亞力完成。

《幾何原本》是第一部譯爲中文的西方科學著作，雖然只譯出前六卷，但已充分顯現出西方公理化數學體系的思想、方法與特點，其抽象的陳述形式及嚴密的邏輯推理都是中國傳統科學中所缺少的。它的傳入，對中國近代數學發展產生了重大的影響，這以後，不僅幾何學知識在此地流傳漸廣，也出現了不少中國人自己撰寫的幾何著作。

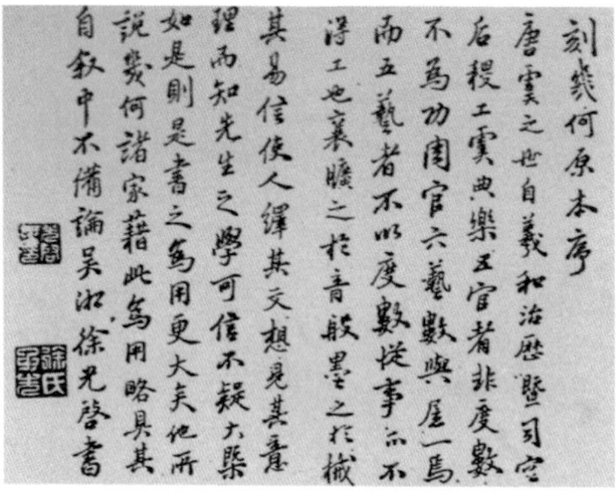

徐光啓手書《刻幾何原本序》

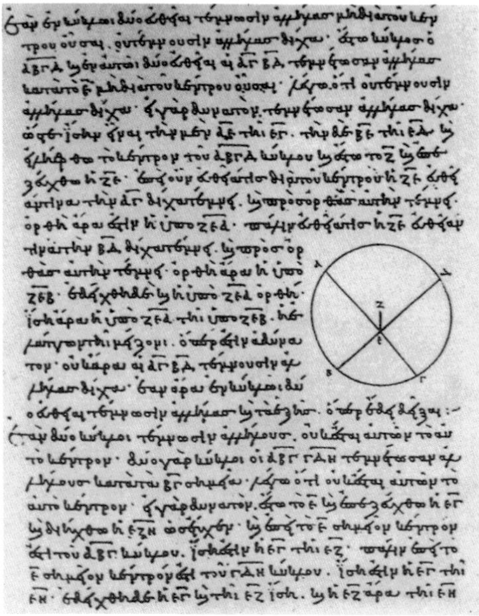

《幾何原本》（希臘文抄本）

徐霞客遊天下

萬曆三十六年（西元一六〇八年），二十二歲的徐霞客離家出遊，開始了他遍遊天下的偉壯旅程。

徐霞客（西元一五八七～一六四一年），名弘祖，字振之，號霞客，南直隸江陰人（今屬江蘇）。出身書香門弟的富室，自幼勤奮好學，博覽圖經地志。立志遍遊天下名山大川。因見明末政治黑暗，不願入仕爲官，專事旅遊。

在三十多年的旅遊歷程中，徐霞客備嘗艱險，足跡遍及今日的江蘇、浙江、安徽、河北、山東、陝西、山西、河南、湖北、湖南、福建、廣東、江西、廣西、貴州、雲南等十六個省區。以五十歲（崇禎九年，西元一六三六年）爲界，前期北登恆山，南及閩粵，東涉普陀，西攀太華之巔，沿途搜奇訪勝，留下了膾炙人口的天台山、雁蕩山、黃山、廬山、嵩山、華山、五台山、恆山等名山遊記十七篇；後期西南地區之行，更是在探尋山川源流、風土文物的同時，重點考察記述了喀斯特地貌（石灰岩）的分佈及其發育規律，寫有《浙遊日記》、《江右遊日記》、《楚遊日記》、《粵西遊日記》、《黔遊日記》、《滇遊日記》等。

徐霞客摒棄利祿，畢生從事旅遊

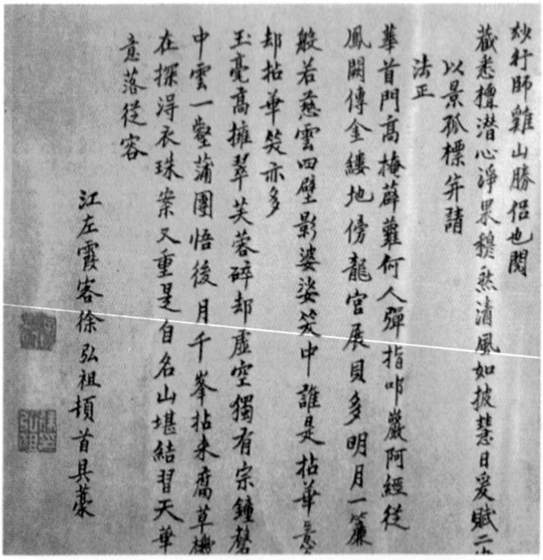

徐霞客手跡

江蘇江陰縣徐霞客墓前塑像

《華山圖冊》（之一、之二）。此圖冊是王履於洪武十五年（西元一三八二年）遊歷華山後所創作。描繪了華岳三峰奇險峻偉的景色，成功地表現出華山「秀拔之神，雄特之觀」及石骨堅凝的特質。筆力挺拔剛勁、渾厚沉著，墨氣明潤，濃淡虛實相生。

考察事業，詳細考察記述了喀斯特地貌的類型、特徵、分佈、成因及各地區間的差異。僅在雲、桂、黔三省區，他就親自探查過二七〇多個喀斯特洞穴，具體記載了洞穴的方向、高度、寬度和深度，指出一些岩洞是由水的長期侵蝕造成的，鐘乳石是含鈣質的水滴蒸發後逐漸凝固而成。還對文獻記載的關於中國水道源流的一些錯誤作了糾正，如確定金沙江是長江上源，否定流行了一千多年的《尚書・禹貢》關於「岷山導江」的舊說；正確指出河岸彎曲成岩岸近逼水流之處沖刷侵蝕厲害，河床坡度與侵蝕力的大小成正比等問題。科學地解釋了噴泉的發生和潛流作用的形成；對各地許多植物的生態品種作了仔細的觀察和記述，明確提出地形、氣溫、風速對植物分佈和開花時間的各種影響；對雲南騰衝打鷹山的火山遺跡進行了詳細調查，記錄並解釋了火山噴發物紅色浮石的產狀、質地及成因，是中國最早詳細描述地熱現象的人。

徐霞客每到一地，便把所到之處的所見所聞，生動而眞實地記載下來；死後由他人整理，形成一部以日記體裁爲主的地理名著——《徐霞客遊記》。霞客逝世後，原稿散佚。《遊記》先後有三十多種手抄本和刻印本，以一九八〇年褚紹唐、吳應壽整理的上海古籍出版社出版的《徐霞客遊記》最爲完善；共六十二萬字，存有日記一〇五〇天，包括名山遊記（佔七%）、西南遊記（佔九一%）、專題論文和遊記（佔二%），內容以地貌、水文、植物等爲主，涉及歷史地理、社會政治、經濟、民族風俗、城鎮聚落等，十分豐富。此書爲研究中國地理提供了稀有而寶貴的資料，兼之文筆生動，亦是一部上乘文學作品。

東林學派形成

明神宗萬曆年間，東林學派形成，其領袖是顧憲成、高攀龍。

萬曆三十二年（西元一六〇四年），因直諫而被貶回鄉的官吏顧憲成與其兄弟顧允成倡議修復東林書院，偕同高攀龍、錢一本、薛敷教、史孟麟、于孔兼等聚眾講學，並把讀書、講學和關心國事緊密地聯結在一起。「風聲雨聲讀書聲聲聲入耳，家事國事天下事事事關心」，這副對聯，就是他們讀書講學而不忘國家安危的眞實寫照。他們的講學活動，吸引了許多有志之士。這樣，以顧憲成、高攀龍爲首，以東林書院爲主的東林學派誕生了。並且在朝的不少正直官員，也與東林書院遙相應和。東林學派又漸漸擴大成爲一個政治派別，被當時的統治者斥爲「東林黨」。

顧憲成像

東林學派在政治思想上反對封建獨裁專制，極力抨擊宦官、官僚的弄權專政，提出具有民主思想色彩的口號。他們提出革新政治，把百姓看作社會的主體。顧憲成提出天下事情的是非曲直，當由天下的百姓定奪，而非聽從一個人的意願。顧憲成還認爲君子的所作所爲，要從全天下人的角度出發，而不能一意孤行。在改革朝政方面，他們抨擊科舉弊端，提倡用人不分貴賤；並提倡依法治國，提倡惠商恤民，把商與工農並舉，突破了以往重農抑商的傳統觀念。這一系列主張和觀點，反映出商人、市民的利益，與當時中國已出現的資本主義生產關係的萌芽相關聯。

東林學派的學術思想也具有新的特色，他們提倡能治國平天下的有用之學，反對言而無物、脫離實際的經院風氣。東林學派源自程朱理學，但仍表露出自由講學和自由結社的需

東林黨的根據地——「東林書院」舊跡

要，在某種程度上有衝破經院束縛、反對專制思想的進步意義。他們在一定程度上突破了理學固有的傳統觀念，批評王學只言本體，不說工夫，強調本體與工夫的合一；強調只有透過學習和思考才能達到良知良能。並針對王學之流的空言之弊，竭力反對空談心性，提倡貴實行。東林學派還反對學術上的門戶之見，從理學發展史的角度，予以程朱、陸王等不同學派應有的地位，開啓了後來以黃宗羲、全祖望爲代表對宋明理學進行整合的端緒。

東林學派的理學思想在一定程度上並未突破封建綱常和程朱理學的束縛，但在思想方面的某些進步因素，卻成爲後來早期啓蒙思想家的先驅，而且是明後期實學思潮的發端。

《針灸大成》集針灸大成

萬曆二十九年（西元一六〇一年），明代楊繼洲撰成集針灸學大成之名著——《針灸大成》。

明代以來，政府對針灸十分重視，針灸學有了較大的發展。首先，鑑於宋代王惟一所造針灸銅人因年久失修，難以辨認，明英宗特命人加以複製，以供太醫院考核醫生時使用。其次，當時的針灸學家也有鑄造針灸銅人的，如十六世紀著名的針灸學家高武鑑。他認爲男、女、兒童因生理差別會導致針灸穴的差異，因此精心設計鑄造了男、女、兒童針灸銅人模型各一座，以便臨證取穴；可惜未能流傳下來。再者，一些針灸學家對針刺理論和手法進行了深入的討論和研究，產生了「靈龜八法」和「子午流注」兩種學說，即按時辰不同而選用人體不同部位的經穴進行治療。這些學說與現代生物針學有驚人的相似之處，具有一定的科學價值。此外，出現了許多根據前人針灸論述彙編的針灸著作，如《針灸聚英》。其中影響最大、學術價值最高者，首推楊繼洲的《針灸大成》。

楊繼洲（西元一五二二～一六二〇年），名濟時，三衢（今浙江衢縣）人。他出身醫生世家，曾任太醫院醫官，行醫四十多年，特別擅長針灸。他曾總結家傳驗方，融會多家針灸著作，結合個人經驗，撰成《衛生針灸玄機祕要》三卷。在此基礎上，進一步博採群書，遂編撰成《針灸大成》一書。

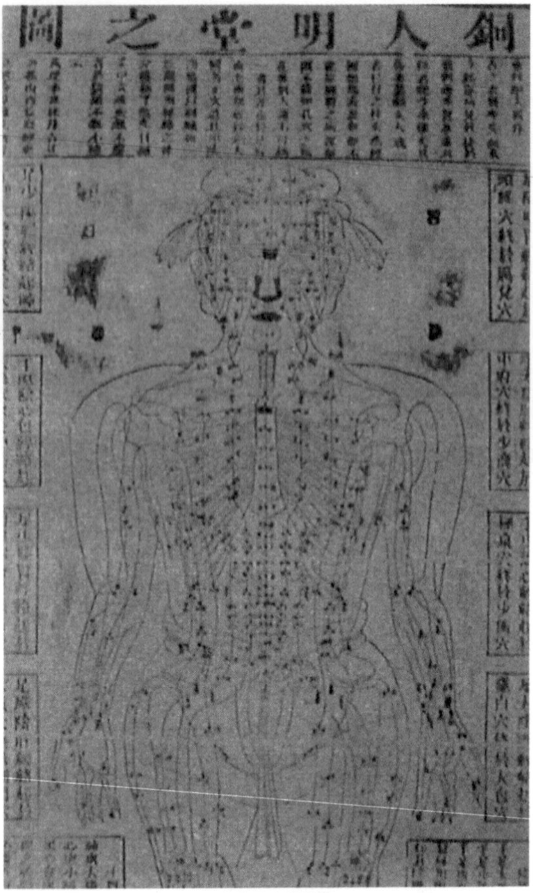

明代銅人明堂圖

《針灸大成》共十卷，內容豐富，是一部集針灸大成之作。該書廣泛收集了前人與針灸有關的論述，考證了經絡、穴位、針灸手法與適應論，發展了一針兩穴以上的透穴針法，並創造爪切、持針、口溫、進針、指循、爪攝、退針、搓針、撚針、留針、搖針、拔針等十二種楊氏針刺手法。除「口溫」外，其他十一種手法至今仍在使用。書中介紹了燒山火、透天涼、蒼龍擺尾、赤鳳搖頭、龍虎交戰、龍虎升降、子午補瀉等多種針刺手法，主張應用針灸與藥物對疾病進行綜合治療，並附有治療病例的記錄；同時，該書又論述了針灸療法的可行性及優越性，認爲「惟精於針，可以隨身帶用，以備緩急」，「劫病之功，莫捷於針灸」等。此外，書中還附有多幅供太醫院考繪之用的銅人明堂圖，圖文並茂，便於學習和直觀記憶。

《針灸大成》問世後，通行的版

本共有五十多種，成爲學習針灸學的重要參考文獻。書中所輯錄的古代針灸資料，有的原書已失傳，部分內容在本書中得以保留，因此該書在針灸學發展史上發揮了承前啓後的作用。

《針灸大成》在國外也有很大的影響，英、法、德、日等國均有全譯本或節譯本。

《字彙》創二一四部首

明代文字學研究的成就主要體現在字典的編纂上，梅膺祚的《字彙》，在編排和釋義上都有顯著改良，爲後代辭書的編寫開創新路。

漢代許慎的《說文解字》中首創了按部首編排漢字的方法。他的部首編排方法是根據漢字字源結構分析歸納出來的，這種編排方法的目的是爲了展示漢字的構形系統，適用於對漢字構形系統進行科學描寫的專家系統，雖爲創舉，但對普通缺乏漢字學專門知識的一般讀者來說，檢索起來就極爲不便。其後雖出現許多字典，如《字林》、《玉篇》、《類篇》等，但都是仿照《說文解字》而作，其編排方法沒有根本的變化。

《字彙》是明代出現的一部以便於檢索爲目的、以通俗實用爲原則，按檢索部首排列的新型字典。此書吸收了十七世紀以前字典編纂的經驗，比以往的字典大有進步，是自《說文解字》以來，中國字典編纂史上一部具有轉折意義的重要著作。

《字彙》對部首和部首屬字的排列次序作了改革，創立了二一四部首檢字法。梅膺祚把《說文解字》的五四〇部旨按照楷書筆畫歸併爲二一四個，並打破了《說文解字》部首「據形聯繫」、部屬字「依類相從」的排列方式，完全按照筆畫多少來排列部首和部屬字。由於這種方法符合漢字的特點，一般人極易掌握，即使對《字彙》不熟悉的普通讀者也可容易地根據筆畫多少找到所要檢索的字。《字彙》正文每卷首還有一個表，載明該卷部首及部首在卷內所在的頁碼，相當於分卷目錄。首卷後還附有「檢字」，排列不易辨明部首的難檢字。

此外，《字彙》收字適中、注音詳明、釋義全面，凡屬怪僻文字一律不收，所收三三一七九字都是經史中常用字。一字之下，往往先注讀音，注音一般先列反切，後加直音。然後注解字義，字義以基本的常用義列前，其他列後。釋義下列舉古書中的例證。

《字彙》創立的二一四部首檢字

法，完全按照筆畫的多寡來排列部首和部屬字，爲中國字典的編纂法奠定了基礎。從清代的《康熙字典》到現代的《辭海》、《辭源》、《漢語大字典》等，雖部首數目或有增減，但這種編纂法一直沿用下來。

徽派篆刻形成

明代中葉前後，文人畫家親手參與篆刻，使篆刻藝術得到了新的發展，出現一些篆刻流派，如以何震爲代表的「徽派」形成了。

何震（？～西元一六〇四年前後），字主臣，號雪漁，安徽婺源人。他住在南京時，與文徵明的長子文彭情同師友。文彭是著名的篆刻家，是篆刻流派中「吳門派」的代表，據說就是他開創了文人以石製印的風氣。何震與文彭一起精研六書，學習其刻印方法。他又從大收藏家項元汴處臨刻了數千方古印，技藝突飛猛進。何震刻印的篆法、章法變化很大，他能製銅印、玉印、小篆、繆篆，刀筆之外標韻無窮。他的仿漢滿白文印，刀痕顯露，天然渾樸；用單刀刻邊款，雄健欹斜，別有奇趣。

吳忠、程原、程樸父子是此派的傳人。程氏父子曾摹刻何震的篆刻原石一千餘方，於天啓六年（西元一六二六年）印成《忍草堂印選》一書。

①吳之鯨印　程樸
②笑談間氣吐霓虹　何震
③徽派篆刻印章
④無功氏　何震
⑤文彭之印　文彭
⑥文彭之印　文彭
⑦棲神靜樂　胡正言

董其昌開創松江畫派

明正德、嘉靖的一百年中，以吳門畫派爲主流，水墨山水畫所佔比例最大，淺絳次之，重彩絕少，而寫意花鳥畫有一定分量，人物亦不多見，總的是師承元四家，開始遠離生活，講求筆墨趣味，偶有創獲，也只能是表現在大寫意和臨摹領域方面。

當歷史進入明代後期萬曆年間，繪畫又有新的變化，由董其昌扮演主要角色，將中國繪畫發展脈絡分成王維、李思訓父子爲代表的南北宗，比附爲佛家的南北宗，推崇南宗爲「文人畫」，有書卷氣，是所謂「頓悟」的成果，非功力積累而能致；北宗爲「行家畫」，承認有深厚的根底，下過苦練工夫，但乏天趣，是所謂「漸修」的後果。

董其昌（西元一五五五～一六三六年），字玄宰，號思白，華亭（今上海松江）人，官至南京禮部尚書，他精於鑑賞，富書畫收藏，是明代後期的書畫大家。董其昌的歷史地位與沈周、文徵明相當，但在畫論上獨出心裁，一些畫家在其理論指導下，左右上下風從，盛極一時。董氏深明畫理，是士大夫中之佼佼者。董氏山水畫水墨、淺絳、重彩兼而有之，以水墨爲多。自運講求「生」、「拙」合作處自具風采，從這一點說，他是「發展」了的吳門派，即是所謂文人畫的繼續。

針對當時畫壇出現的弊端，董其昌強調作畫的「士氣」：要以書入

董其昌《山水小景八幅冊》（之二）

董其昌《秋興八景圖冊》（之四）

董其昌《晝錦堂圖軸》

畫，「下筆須有凹凸之形」；又強調山水畫布局中的「勢」，只三四分合而運大軸的章法，簡化了宋元以來擷取自然的樹石造型，他力主「畫欲暗不欲明」的含蓄性與生動性，聲稱要集古人之大成而自出機軸，以王蒙《青卞隱居圖》爲母本的《青卞圖》、《江幹三樹圖》和據關仝同名畫創作的《關山雪霽圖》是其傳世的水墨畫代表作，其中《江幹三樹圖》用潑墨法作平遠景，近處老樹三株，大墨點作葉，對岸霧山淡墨一抹，筆法拙中帶秀，氣勢赫然。畫上自題：「王洽潑墨，李成惜墨，兩家合之，乃成畫訣。」這種以題畫詩文闡述畫理的方式，是董其昌作畫的鮮明特徵。設色沒骨畫《晝錦堂圖》卷和小青綠《秋興八景圖》冊一般認爲是他設色畫的代表，或細秀工整、溫潤醇厚，或淡雅俊麗、沉著痛快。

董其昌最初學畫，追隨同鄉，文入畫家顧正誼（字仲方，號亭林）和莫是龍（字雲卿），作元人法，又與陳繼儒（字仲醇，號眉公）爲莫逆之交，他們愛好相近，藝術興趣相投，畫史習慣按他們的籍貫稱之爲「松江畫派」。他們的藝術主張與創作實踐，被後人奉爲繪畫的正統傳派，受到清代統治階級的喜愛與推崇，影響深遠。

董其昌藝術主張的實踐者，有程嘉燧、李流芳、楊父驄、張學曾、卞文瑜、邵彌、王時敏、王鑑等，他們與董其昌一起被稱爲「畫中九友」。其中王時敏和王鑑還是清初繼承光大「南北宗」說的得力主將。

明瓷暢銷世界

明代的陶瓷工藝，除了景德鎮聞

名天下的青花瓷外，還有浙江龍泉窯青瓷、福建德化窯白瓷、山西琺花器、江蘇宜興窯紫砂器等瓷器也獨具特色。明初鄭和下西洋的壯舉，雖其主要目的是爲了宣揚國威，但客觀上使溝通中西的海運達到空前的繁榮，瓷器從海上大量輸出到國外。

華瓷是明代具有世界市場的傳統產品。發色明豔、幽靚雅潔的青花瓷，在永樂、宣德年間已成一代奇葩，行銷舊大陸。當時外銷瓷式樣繁多，雙耳扁瓶、雙耳折方瓶、天球瓶和盤座、有梁執壺、八角燭台是當時創新之作。永樂年間燒製的青花盤座，上下兩端敞口成喇叭形，瘦腰中空，用於盛放花盆、水罐。永樂、宣德時期，景德鎮燒造的青花瓷土已開始使用回文（阿拉伯文、波斯文）和梵文作爲裝飾圖案；正德年間的「回器」，更在盤、碗、筆山、爐、盒、深腹罐上採用阿拉伯文、波斯文銘文。伊斯蘭繁褥的纏枝圖樣和變幻無窮的幾何形紋飾，更成外銷青花瓷不可或缺的裝飾，流風所被，同一時期各地民窯所造青花瓷也競成風尚。

五彩鳳紋鏤空瓶（萬曆）

五彩龍紋鏤空瓶（萬曆景德鎮窯）

明代燒造青花瓷的呈色劑鈷藍，大多從伊斯蘭進口原料，是永樂、宣德製造青花瓷的上等色料，因來自索馬里而稱作蘇麻離青。十五世紀以來，青花瓷、青白瓷已代替青瓷，成爲外銷瓷的主流。明代青花瓷大量運銷亞、非、歐、美各地，海運路線往亞、非各地，陸上更有駱駝商隊輸往中亞和西亞。伊朗的阿德比爾神廟和土耳其伊斯坦堡東南的塞拉里奧宮是收藏華瓷的精萃之所，位於伊朗古都大不里士以東阿德比爾德的阿德比爾神廟，是爲紀念一五〇二年統一伊朗的薩法維朝先祖而立。阿巴斯王在一六一一年將珍貴的中國陶瓷一千六百多件獻給神廟，其中華瓷一一六二件，闢有專室收藏；現歸德黑蘭考古博物館珍藏的仍有八〇五件，藏品中以元青花瓷三十五件、明青花瓷五八一件、明代五彩瓷二十三件最受世人矚目。土耳其的塞拉里奧宮收藏明代的青花瓷有二千五百件以上。

在紅海、亞丁灣和東非沿海的考古發掘中，明瓷是不可或缺的常見出土物，從十四世紀到十六世紀，由中國運去的白瓷、青瓷、醬釉和青花瓷，在一九六三年完成東非海岸的系統發掘和調查時，已有了十分可觀的收穫。一九六三年在南非德蘭士凱海岸的四處居民點，特別在聖・約翰附近和姆西卡巴，都發現了十五世紀到十六世紀初期，相當於明代初期和中期的青花瓷片。索馬里的摩格迪沙大量使用青花白瓷，已被出土物所證實。出土青花瓷碗直至十五世紀末，一直處於顯著地位，說明了當地居民普遍樂於採用。當地發現的祭紅瓶，被發掘者坎克曼認為是中國鄭和寶船隊贈送的禮品。在坦噶尼喀的基爾瓦・基西瓦尼，亦即明代歷史上有名的麻林蘇丹國的首都，出土的明瓷足以說明，在姆里馬地區華瓷已壓倒伊斯蘭陶瓷。

華人入南洋開始

十六世紀在海禁與反海禁之爭中形成的南洋移民潮，使每年都有成千上萬的福建、廣東移民進入南洋各地。菲律賓的呂宋、印尼的巨港（舊港）、萬丹，蘇魯馬益、杜板、暹羅，馬來西亞的麻六甲、北大年、吉蘭丹，上緬甸的江頭城（傑沙）、下緬甸的勃固、加里曼丹西部和美洛居（馬魯古群島），都有成批華人聚居地，出現了近代東南亞的華僑社會。

馬來半島的麻六甲是十六世紀東南亞最繁榮的國際市場，當地有許多泰米爾人、馬來人，也有華人。西爪哇萬丹王國的首都萬丹，聚集著來自亞洲各地的商人。華人居住在城外西郊用土牆圍集的居住區，歐洲人稱作唐人街。十七世紀初，萬丹華人約有三、四千人，等候每年一月到來的中國帆船，大量收購胡椒和香料。華人開設的店鋪出售各色生絲、綢緞、瓷器、漆箱、色紙、金裱的書籍、眼鏡、刀、扇、唐傘、硫黃。一六一九年荷蘭人佔領雅加達後，將它改建為巴達維亞城，數以千計的華人從萬丹遷往該地。原籍福建同安的蘇鳴崗當上了第一任頭領，稱甲必丹。華人在此開辦蔗糖廠，提高了爪哇白糖的品質和產量。華人又用曲和酵母釀造美酒，使釀酒業大有進展。

麻六甲的衰落以及西班牙殖民勢力自一五六五年後在宿霧、呂宋的擴張，刺激了中國帆船和商人轉向呂宋。成批移居馬尼拉的華人被限制居住在城東的「澗內」，那裡有大規模的絲綢市場。馬尼拉的華人居住區迅速擴大，一五七一年時華人僅有一五〇人，至一五九〇年時至少已有七千人，到一六〇二年便增加到了三萬人。中國帆船包攬了菲律賓各地的生活需求品，中國船運去菲律賓的有絲綢、米穀、麵粉、水果、金屬、陶瓷、硫黃、水銀、香料，甚至牛、馬等力畜。馬尼拉依賴華人移民而成爲一座熱鬧城市，西班牙人把澗內稱爲「巴連」市場。

一五九〇年西班牙派往菲律賓的首任天主教大主教沙拉薩，在他寫給國王的報告中說：住在「巴連」內的華人有裁縫、修鞋匠、麵包師、蠟燭匠、糖果商、藥劑師、畫師、銀匠，住在「巴連」外的有漁民、果農、織工、磚瓦匠、泥水匠、木工、鐵匠。「巴連」每天都供應豬肉、雞、鴨、魚、蛋、牛肉、蔬菜和中國食品。中國工匠製造的產品不但工巧勝過西班牙，而且價格低廉。當地居民對深入各島的華人零售商，尤其因爲買賣公平、供應對口、服務周到而熱忱歡迎。中國的園藝、手工技術成爲開發菲律賓不可或缺的寶貴財富。一五九三年華人龔容在馬尼拉開辦了第一家印刷廠，印刷了菲律賓第一部書《基督教教義》，並刻過《無極天主正教眞傳實錄》的中文書籍。龔容又使用過活字印刷機，是將中華印刷文化引入菲律賓的第一人。

一五九三年福建人陳振龍私自將薯蔓運回福州，從此被廣泛種植。華人還將菸草等作物引入家鄉，推動了農業生產的發展。

俗曲流行

俗曲是明代的民間歌曲，它又常常被稱做俚曲、時曲、時調等。俗曲的歌詞題材反映城鎮市民生活，流行於廣泛的社會階層。俗曲大多經過專業人士加工，因此藝術性較高，曲調細膩流暢，結構謹嚴，它大多配置伴奏，使用的樂器包括琵琶、箏、三弦、阮、月琴、胡琴、箜篌、笛、簫、笙、方響、鼓、板等。

俗曲在明代的流傳盛況，明末文學家沈德符（西元一五七八～一六四二年）在其《萬曆野獲編》卷二十五《詞曲》中有記載：從宣德到弘治年間（西元一四二六年至一五〇五年），中原盛行「鎖南枝」、「傍妝台」、「山坡羊」；弘治以後，流行「耍孩兒」、「駐雲飛」、「醉太平」；嘉靖、隆慶間（西元一五二二年至一五七二年），又興起了「鬧五更」、「寄生草」、「哭皇天」、「乾荷葉」、「桐城歌」、「銀紐絲」之類。明代的這些俗曲，由於有歌詞傳世，往往又有流傳至現代的曲譜，所以它們比以往各朝代的民歌有可能顯現出較為清晰的風貌。明代刊刻傳世又有年代可考的俗曲歌詞，以成化七年（西元一四七一年）正北宋出版的《新編四季五更駐雲飛》為最早。

關於俗曲的面貌，我們可以看幾首歌詞：

《山歌》卷五收錄的〈月子彎彎照幾州〉是一首著名的當地民歌，其原詞面貌為：「月子彎彎照幾州，幾家歡樂幾家愁，幾家夫婦同羅帳，幾家飄散在他州。」它以非常樸實的語言，傾訴了親人離散的悲痛，揭示人間的不平，哀思縈繞，意境含蓄。

以曲牌「鎖南枝」演唱的《泥捏人》歌詞是這樣的：「傻俊角，我的哥，和塊黃泥兒捏咱兩個，捏一個兒你，捏一個兒我，捏的來一似活托，捏的來同床上歇臥。將泥人兒摔碎，著水兒重和過，再捏一個你，再捏一個我。哥哥身上也有妹妹，妹妹身上也有哥哥。」所表現的戀情熾熱坦率而不粗陋，幽默而不庸俗。

《山歌》卷二中的〈偷〉：「結識私情弗要慌，捉著子姦情奴自去當，拼得到官雙膝饅頭跪子從實說，咬釘嚼鐵我偷郎。」這首詞表現出堅決衝破封建牢籠的叛逆精神和自我犧牲的情操。

以上三例是俗曲中的佼佼者，但畢竟很少。從歌詞題材來說，俗曲大多表現戀愛、私情、閨怨、旅愁等，比較狹窄。

俗曲還有不少在思想境界和文采方面較優秀的作品，但也有不少風格不甚高的，春怨秋懷，感傷呻吟，套語濫詞，陳陳相困。除此之外，還有的是猥褻庸俗，放蕩邪欲，趣味低級，甚至是嫖妓嘲妓等下品。

俗曲良莠不齊的實際情況是由明代市民階層的複雜心態造成的。客觀上從文藝潮流來觀察，其優秀部分反對傳統的，要求婚戀自主，歷來得到進步文藝評論的重視和支持。俗曲中表現出的庸俗粗陋、放縱肉欲的一面，和當時的社會風氣有關，和當時進步思潮中讚賞「率性而為」（李贄《道古錄》上）、忽視理性的傾向這一弱點也是互相呼應的。因此，俗曲中消極因素的一面常受到另一些文人的批評，也是不足爲怪的。

推拿定名

在明代，將前代按摩術易名爲「推拿」。明代推拿主要是小兒推拿，代表作是龔廷賢的《小兒推拿祕旨》和周于蕃的《小兒推拿祕訣》。

龔廷賢，字子才，號雲林、悟眞子，江西金溪人，約生活於十六、十七世紀。世代業醫，他隨父習醫，又訪賢求師，遂從醫術聞名。後被選任太醫，獲「醫林狀元」匾額。生平撰述內、外、婦、兒各科醫書十餘種。其中刊於萬曆三十二年（西元一六〇四年）的《小兒推拿祕旨》是現存較早、較完善的小兒推拿專書。他認爲小兒「體骨未全，血氣未定，臟腑薄弱，湯藥難施」，因而推拿術對小兒保健醫療更具有其獨特的療效。書中穴位與推拿治法還用歌訣表述，言簡意明，易記可用。此外，藥物療法也有所記載，是一部非常具有實用價值的兒科著作。

周于蕃，字岳夫，蒲圻（今屈湖北）人，通曉醫理，尤精推拿術。其《小兒推拿祕訣》撰成於萬曆三十三年，以指代針治療嬰兒疾病，甚爲後世兒科學家所推重。

書中論述推法、拿法、陽掌（掌面）訣法與陰掌（掌背）訣法，介紹了手上推法九則的名稱、功用和操作，還簡明扼要地指出「身中十二拿法」的穴位與功效。周于蕃臨床診治小兒病也頗具特色，他常用葱薑湯推，用艾絨敷臍，用葱搗細捏成餅敷貼穴位進行治療。清代名醫張振鋆參訂周于蕃之書爲《小兒按摩術》，並據此改編寫成《釐正按摩要術》一書。

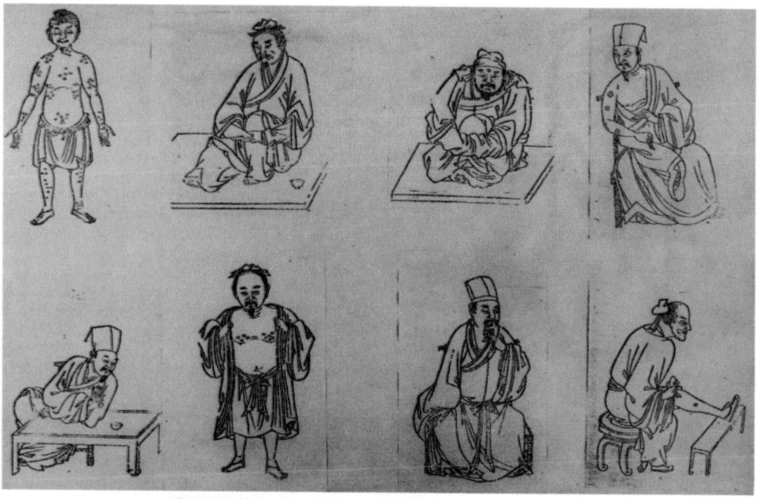

明代王思義繪《三才圖會．身體圖會》一書中的幾種瘡瘍圖

《金瓶梅》成書

長篇小說《金瓶梅》是明代小說中的「四大奇書」之一，約成書於明隆慶至萬曆年間，作者眞實姓名不可考。從所署「蘭陵笑笑生」一名來看，作者大約是山東人；因蘭陵今屬山東嶧縣，且書中存在著大量的山東方言。

《金瓶梅》的版本可歸納爲兩個系統：一是明萬曆丁巳（西元一六一七年）年間「東吳弄珠客」序的《金瓶梅詞話》系統；一是明天啓（西元一六二一年至一六二七年）年間《原本金瓶梅》系統。前者與原書的本來面目更接近。

《金瓶梅》借用《水滸傳》中的一個枝節——西門慶與潘金蓮的關係，由此鋪衍成一部藉宋代人物和故事展現明中葉社會現實的百回長篇。全書以富商、惡霸、官僚西門慶一家的興衰榮枯爲中心，描繪了上至朝廷權貴，下至地方官僚、惡霸，乃至市井無賴、地痞所構成的世界，深刻地呈現出炎涼世態。

西門慶是市儈人物的代表。他本是個破落財主，生藥鋪老闆，既善鑽營，巴結權貴；又心狠手辣，巧取豪奪，於是「發跡有錢，專在縣裡管些公事，與人把攬說事過錢，交通官吏，因此滿縣人都怕他」。在地方上，他不擇手段聚斂財富，開了幾個店鋪，又與「幫閒抹嘴不守本分的人」結拜兄弟，橫行一方。在官場上，他「與東京楊提督結親」，又賄結宰相蔡京爲義父，並與太尉、巡撫等權貴有私交。由於有官府作靠山，所以儘管壞事做盡仍然左右逢源、步步高升，由一介鄉民升到了山東理刑正千戶的官職。在家庭中，他的一妻五妾多由誘姦拐騙而來。

爲了滿足自己貪得無厭的享樂欲望，他仍不斷地與婢女僕婦發生淫亂關係，並霸佔良家婦女，做了不少傷天害理之事，終至縱欲暴亡。西門慶身上集中了明中葉以後由地方惡霸、商人組成的市儈勢力的醜惡特點：兇狠、貪婪、野心勃勃且恬不知恥。西門慶的一段話很能體現這些特點，在捐款助修永福寺後，他對吳月娘說：「咱聞那佛祖西天，也止不過要黃金鋪地，陰司十殿，也要些楮鏹營求，咱只消盡這家私，廣爲善事，就使強姦了嫦娥，和姦了織女，拐了許飛瓊，盜了西王母的女兒，也不減我潑天富貴。」這話是以金錢爲社會主宰的一種肆無忌憚的心態反映，表明西門慶這樣的豪富，以非凡的野心謀求建立和鞏固自身的社會地位。由此可見明中葉以後地方豪紳富商與權貴官僚勾結，欺壓人民、無惡不作的社會黑幕。

小說中對西門慶家的描寫，也暴露出另一番社會寫照。西門慶的一妻五妾因爭風吃醋，彼此勾心鬥角，互相陷害，使盡了卑鄙殘酷的手段。這些錯綜複雜的激烈衝突，是現實社會中爾虞我詐、爭權奪利的丑劇在另一場合的上演。西門慶家的興衰榮枯，亦生動地再現了封建社會後期婚姻制度、家庭制度、奴婢制度和私有財產制度；同時展示了人情冷暖，反映了封建社會中人際關係的虛偽和冷酷。

《金瓶梅》書影

《金瓶梅》插圖：王婆子貪嘴說風情

《金瓶梅》插圖：潘金蓮毆打如意兒

小說對西門慶家生活中腐朽糜爛的情形恣意渲染，尤其是津津樂道地展開大量汙心穢目的色情描寫，常使它難登大雅之堂。

但《金瓶梅》注重人物性格描寫，使之複雜化，具立體感，可謂十分突出。

主要人物西門慶既狠毒又陰險，謀財害命時毫不手軟，詭計多端。潘金蓮淫蕩、好妒亦心狠手辣。一些配角也予人留下鮮明印象：應伯爵趨炎附勢的嘴臉；吳月娘工於心計、後發制人的深沉；孟玉樓從容閒雅的大家氣派；李瓶兒小家碧玉式的溫厚可人等等，都躍然紙上。在語言運用方面，《金瓶梅》以日常口語敘事狀物，生動傳神，風格平實又潑辣爽朗，人物語言亦充分個性化。在結構方面，《金瓶梅》兼取《西遊記》的單線式結構和《三國演義》、《水滸傳》的組合式結構，造成一種網狀結構——將分散的世相人情透過西門慶一家的興衰史聯繫起來，形成意脈相連、渾然一體的社會生活圖景。此外，《金瓶梅》大量描寫了日常生活場面，對當時的飲食、服飾、器玩及西門慶一家的日常起居都作了細緻的描寫，這些細節的眞實使小說具有濃厚的生活氣息。

建於明代的寧夏中衛縣高廟，集儒家大成殿、道家祖師殿及佛家大雄寶殿於一處，可謂三家合流趨勢的歷史見證。

《金瓶梅》是中國文學史上第一部由文人獨創的長篇小說。在此之前，長篇小說都是由作家在民間說講故事的基礎上加工提煉而成。《金瓶梅》之後，文人創作逐漸取代了經上述處理的宋元「話本」而成爲小說創作的主流。《金瓶梅》又是第一部以家庭生活爲題材的古典長篇小說。它結束了此前章回小說大多取材於歷史故事和神話傳說的局面，開了以現實社會及家庭日常生活爲題材、著重描摹市井世俗情態的「世情小說」的先河。《金瓶梅》在題材、寫實手法和細節刻劃等方面都明顯地影響了後來的《紅樓夢》。

方言俗語受到重視

方言俗語的研究，自漢代以後就很少受人重視；魏晉隋唐以來，從事大規模的方言辭彙研究的人亦寥若星辰，一些方言資料也無人過問。到了明代，方言俗語受到重視，並出現了許多專著，這成爲明代訓詁學的最大特色。

這些專著有一種是專門考證某一

地區方言的，如李實的《蜀語》，記錄了四川方言辭彙，全書收詞五六四條，不分卷，也不分類，一般每條之下有釋義、注音，有的還有考釋和引證。該書是研究漢語史和蜀方言的重要參考資料，且爲中國現存最早的分地考證方言俗語的著作。它開了分地考察方言俗語之先河，對後代影響很大。

另一種則是考證一般常言俗語的，其採輯範圍很廣，包括經、史、子、集、類書、歷代筆記、雜著，以及小說、戲曲、里巷瑣言，且偏重於引證、標目分門，近似於百科知識詞典，用處較大。這類書數量較多，代表作有：

楊慎的《俗言解字》，共收詞目五十二條，篇幅不大，主要探求一些俗語的本源。

陳士言的《俚言解》，作者稱有六六八章，而實際刊行只有三百多章。該書不標門類，大致按時令、人事、酒食、衣服、居室等分別輯錄詞語；所收詞語主要採自史傳及筆記雜說，其次是類書，也偶爾引及子書、經書、字書。此書因體例不夠完善，引文多不標注出處，故查對不便。

岳元聲的《方言據》，成書於明萬曆四十三年（西元一六一五年），分上、下卷及「續錄」，共有二六一條詞目，其釋詞一般包括注音、釋義、書證三方面內容。作者認爲方言口語多有來歷，故以「據」命書名。

張存紳的《雅俗稽言》，約刊行於明天啓三年（西元一六二三年），共四十卷，分天文、天時、地理、人倫、飲食、宮室、冠服、器用、禮制、音樂、人事、人物、經說、史說、子說、詩文、字學、動物、植物等十九門，輯錄範圍極廣。但體例未善，疏漏也甚多。

《易筋經》出現

《易筋經》（中國古代健身法）出現於明天啓四年（西元一六二四年），標誌著中國導引發展進入了一個新的歷史階段。

導引具有數千年的歷史，傳至明清，在繼承前人的基礎上，透過整理校訂前代的著述，並廣泛採用繪圖說明，有了很大的發展和創新。梁代陶弘景所著《養性延命錄》曾記述東漢華佗創編的五禽戲，但僅敘述肢體動作，缺少行氣方法的記載。明人關於五禽戲的著述中，則增補了行氣的內容。如周履靖《赤風髓》中提到「閉氣」、「放氣」、「吞氣」等，突顯了行氣的要求。宋代的八段錦，僅有

「武八段」之記述，明人王圻《三才圖會》與高濂《遵生八箋》才有「文人段」的圖文記載。「十二月坐功」雖爲宋人陳希夷創編，但至明代始有具體方法之記載。

導引發展與道家有密切的關係。晚明以前，目前所見導引著述中的插圖，練功人均著道裝，所冠名稱如「靈劍子導引」、「逍遙子導引」、「二十四氣修眞圖」等，亦爲道家所專有。《易筋經》創始於晚明，所謂「達摩創傳」之說實乃清人之附會。王祖源《內功圖說》中「十二段錦」圖，只是「八段錦」變式而已，所不同者只是將練功者的道裝改爲僧服。清道光年間來章氏《易筋經》中的「十二勢」和咸豐四年（西元一八五四年）得自少林寺藏書的《內功圖》中「易筋經十二勢」圖，練功者亦均爲僧人形象，充分說明佛門導引與道家導引有著淵源關係。

佛門研習導引術後，內容和形式都有了顯著的發展變化。《易筋經》提出了「內壯神勇」和「外壯神勇」之說，在以前導引主要修練「內功」的基礎上，增加了「外功」，亦即在「行氣」的基礎上，增加了「力」的練習。「外功」則有八法：曰舉、曰提、曰推、曰拉、曰揪、曰按、曰抓、曰墜。

《易筋經》的出現改變了導引多爲文人修習的傳統，從此亦爲武術家所實行。《清史稿·甘鳳池傳》載江南名武技家甘鳳池善導引術，並用氣功爲人治病。

李之藻等介紹西方數學

徐光啓、利瑪竇合譯《幾何原本》，開創了譯介西方數學成就的先河，並引起了許多學者對西方數學研究的極大興趣。明朝後期，撰寫、編譯數學著作一時蔚然成風，李之藻、徐光啓、孫元化等一批學者致力於介紹西方數學。

李之藻（西元一五六五～一六三〇年），字振之，號我存，浙江仁和（今杭州）人。與當時衆多思想開明的學者一樣，他很早即與來華傳教的利瑪竇接觸，學習西方曆算，並合作翻譯了許多天文曆算著作；曾於一六一三年奏請開設館局翻譯西方科學著作，編成《天學初函》，包括二十種西方著作，並被廣泛傳播，其中有《幾何原本》、《同文算指》等數學著作。《同文算指》是繼徐光啓與利瑪竇合譯《幾何原本》出版後，又一部重要的西方數學著作。全書分爲「前編」、「通編」、「別編」三部分，是第一部系統介紹歐洲筆算的著作。

此後不久，徐光啓編撰了《定法平方算術》二卷，書中對開平方和解二次方程各給出十五個例題，並結合圖形論證了相應演算法的幾何意義。在此基礎上，徐光啓的學生孫元化（?～一六三二年）撰寫了《太西算要》一卷，內容爲筆算四則運算、比例和開二至五次方。這兩部著作都是最早由中國數學家撰寫的筆算著作。

骷髏面具裡面葡萄牙文《聖經》。西元一六二四年，天主教耶穌會神父、葡萄牙人安東里奧．德．安德拉德受印度果阿教區總主教的派遣，到西藏阿里地區傳教。因當地人信奉喇嘛教，傳教四年僅發展教徒近百人。本面具是喇嘛教跳神用的，但裡面裱糊的紙張為葡萄牙文《聖經》片段，除三片是印刷字外，其餘全為手抄字，是葡萄牙傳教士深入當地傳教的最佳物證。

在崇禎二年（西元一六二九年）開始編製的《崇禎曆書》中，有由鄧玉函（西元一五七六～一六三〇年，瑞士人）編譯的《大測》、《割圜八線表》、羅雅谷（西元一五九〇～一六三八年，義大利人）編譯的《測量全義》，這是用中文寫成的最早的三角學著作。當時歐洲尚無專門的三角函數符號，各三角函數的意義由線段長規定。而用文字表達的有關公式。《大測》二卷是根據德國畢笛斯克斯的《三角法》和荷蘭斯台文的《數學記錄》編譯的，分爲六篇，主要說明八線的性質，造表方法和用表方法。書中還包括平面三角的正弦、餘弦及正切定理和解三角形的方法。《割圜八線表》六卷是一個有度有分的五位小數三角函數表。《測量全義》十卷，是根據義大利瑪金尼《平面三角測量》、《球面三角學》、德國克拉維斯《實用幾何學》及丹麥第谷《天文學》編譯的，其中還包括了作者補入的內容，比《大測》更爲豐富。

《崇禎曆書》中還介紹了一些新的幾何知識，包括圓錐曲線、阿基米德求圓面積、橢圓面積、球體積的方法等一些立體幾何內容等。此外，由羅雅谷撰寫的《比例規解》介紹了伽利略發明的比例規及其各種計算方法。這是十七世紀流行於歐洲和中國的計算工具。

西方數學的傳入，給中國傳統數學注入了新的活力，其內容、方法和思想不僅深刻地影響著由明至清的數學發展，也對朝鮮和日本產生了影響。

馮夢龍編成三言

馮夢龍（西元一五七四～一六四六年），字猶龍，又字耳猶，別號墨憨子，龍子猶，長洲（今江蘇吳縣）人，明代通俗文學家、戲曲家。他博學多識，才情橫溢，爲人曠達，治學不拘一格，在通俗文學的各個方面都有重大貢獻，尤以編選「三言」影響最大。

「三言」即《喻世明言》（舊題《古今小說》）、《警世通言》、《醒世恆言》三部短篇小說集。明代出現了文人模擬話本創作的「擬話本」。「三言」就收入不少擬話本。

天啓二年（西元一六二二年），宦遊在外的馮夢龍因言論得罪上司，歸居鄉里。天啓六年，閹黨逮捕周順昌，馮夢龍也在迫害之列。於是馮夢龍居於鄉間，發憤著書，在廣泛收集宋元話本和明代擬話本的基礎上，完成了「三言」的編纂工作。

「三言」中每個短篇小說集各四十篇，共一百二十篇，其中明代擬話本約有七八十篇。「三言」題材廣泛，有對官僚醜惡的譴責和對正直官吏德行的讚揚，有對友誼、愛情的歌頌和對背信棄義、負心行爲的斥責，其中不少的作品描寫了市民的生活，如《杜十娘怒沉百寶箱》、《賣油郎獨佔花魁》等，這些作品強調了人的感情和價值。「三言」裡也有一些描寫神仙道化，宣揚倫理綱常的作品。這種進步和落後交織的現象，正

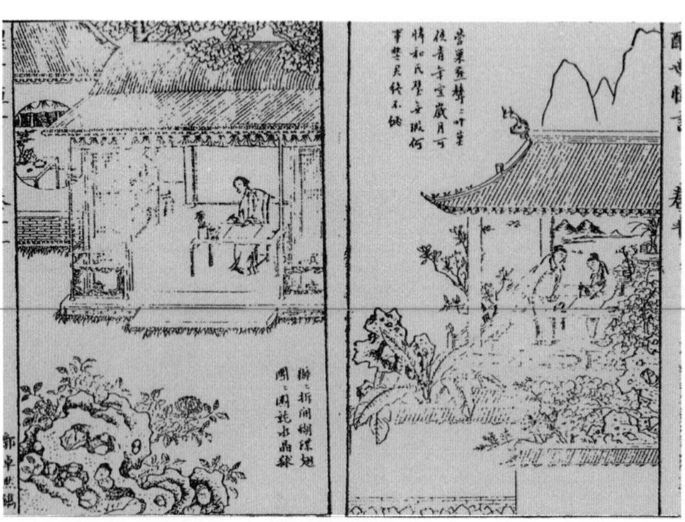

明崇禎本《醒世恒言》

是新興市民文學的基本特徵。

在藝術表現方面，「三言」中那些優秀作品，既重視故事完整、情節曲折和細節豐富，又調動了多種表現手段，刻劃人物性格。「極摹人情世態之歧，備寫悲歡離合之致，可謂欽異拔新，洞心戒目。」（《今古奇觀序》）「三言」標誌著中國短篇白話小說的民族風格和特點已經形成。「三言」的出現，不僅使許多宋元舊篇免於湮沒，且推動了短篇白話小說的發展和繁榮。

餖版印刷興起

彩色套印技術發展到明代中期，出現重大突破，發明了餖版印刷和拱花技術。

餖版印刷是分色分版的套印方法，因其使用幾十塊如釘一樣的小印版進行套印、疊印而得名。它不用油墨，只用水調顏料印刷，相當於今人的木版浮水印。其工藝過程是：把同一版面分成若干個大小不同的顏色，逐個印在同一張紙上。一幅圖畫往往要刻上三、四十塊版，分先後輕重印刷六、七十次之多，一花一葉，都要分出顏色的深淺和陰陽向背來。透過多種色調的套印、疊印，以求達到與原稿同樣的藝術神韻。因此所用顏料和紙張均與原畫稿一致，故最能保持中國傳統繪畫藝術的本色。

萬曆三十三年（西元一六〇五年），安徽歙縣程氏（君房）蘭堂刊刻的《墨苑》內有一幅《天姥對庭圖》，用五色墨，有紅色、黃色的鳳凰和綠色的竹子。次年，新安黃一明刊刻的《風流絕暢圖》彩印本，人物的衣履及膚色、日光都印得非常出色。此後，吳發祥、胡正言又對餖版套印作了許多改進。

《十竹齋箋譜初集》一幅

天啓六年（西元一六二六年）吳發祥在金陵用木版浮水印印出彩色的《蘿軒變古箋譜》，全帙兩卷，計一八八面，是中國現存最早的一部版、拱花印刷（把雕板壓印在紙上，使紙面呈現凸出的花紋，使彩印更有韻味）的箋譜，與現代凹凸壓印相似。其刻印之精良，堪稱稀世珍品，在世界印刷史上也是絕無僅有的。胡正言刊刻的《十竹齋畫譜》和《十竹齋箋譜》則是餖版印刷最突出的代表作。

溫補學派糾偏

歷代醫家都是依據各自所處的時代、地域及臨床病案的總結，歸結其學術思想的，難免有些疏漏或局限。時代的不斷推移，知識積累也隨之豐富，因而，後起的學派不斷對先前的學術思想進行補充和修正是完全必要的。在明代，醫學家們不僅繼承和進一步光大了金元四大家的學術思想，且開始對其學術思想進行補充和糾偏，形成了溫補學派。

溫補學派的代表人物爲薛己、張介賓、趙獻可等。

薛己（西元一四八七～一五五九年），江蘇吳縣人，繼承家學，曾任太醫院御醫，他的著作大多收在《薛氏醫案》二十四種中。精通內、外、兒、眼、齒等科，其中《內科摘要》是中國醫學史上最早以內科命名的醫籍。強調內科雜病多爲脾腎虛損，故治療多用溫補藥物。

張介賓（約西元一五六三～一六四〇年），其代表著作爲《景岳全書》。最初，他推崇丹溪學派，但隨著其臨床經驗的不斷豐富，認識也不斷提高，他認識到丹溪學說存在一些局限，因而對其進行批評和糾正，在《景岳全書》中，提出了「陽非有餘」、「眞陰不足」的思想，認爲人體虛多實少，因此創立了甘溫固本的治療大法，代表方爲左、右歸丸。

《食物本草》插圖

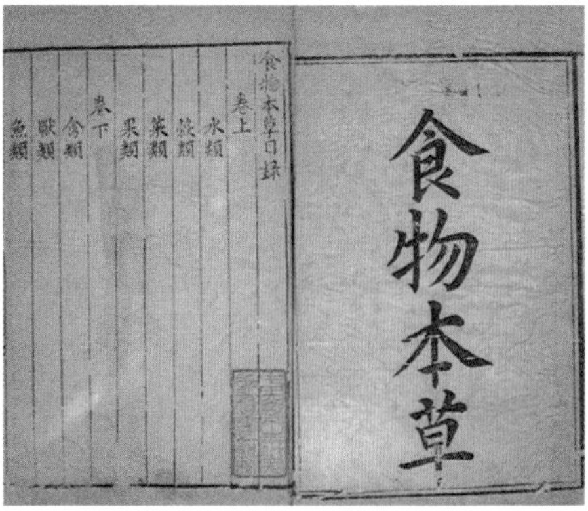

明末胡文煥校刊本《食物本草》書影

著名儒醫張介賓塑像

趙獻可（十七世紀），深受《易經》影響，以易理闡發命門之說，認爲命門是人身之主和至寶，強調「命門之火」的重要性，並將保養「命門之火」的論點貫穿於養生與治療等醫學問題之中，故所撰著作稱《醫貫》。

在明代溫補派醫家中，受《易經》影響者不在少數，如孫一奎和李中梓等，他們在以易理闡釋醫理方面頗有建樹。孫一奎的《醫旨緒餘》，李中梓的《內經知要》、《醫宗必讀》等，都頗有見地。

以薛己、張介賓、趙獻可爲代表的溫補學派，總結金元四大家的學術思想，並結合自己的臨床實踐，認識到劉河間、朱丹溪用寒涼藥往往會使腎陽受到傷害，有損人體正氣，因而強調溫補腎陽。並將這一學術觀點貫穿於其養生和治病的實踐之中。明代溫補學派的糾偏，不僅推動了中國傳統醫學的進步，而且，其不墨守成規，大膽修正前入學術思想局限的務實精神，也直接啓示著後世學人。

宋應星著成《天工開物》

宋應星（約西元一五八七～一六六一年），字長庚，江西奉新人。萬曆四十三年（西元一六一五年）中舉。先後出任江西分宜縣教諭、福建汀州推官、安徽亳州（今亳縣）知州。清兵入關後，辭官歸里，專心著述。任官期間，留心觀察學習勞動群眾的生產技術，注意搜集科技資料，並親自參與各種生產實務和調查研究。鄙視功名利祿，《天工開物序》有「此書於功名進取毫不相關也」之語。厭惡空談性理，究心實學。主要著作有《天工開物》、《卮言十種》、《畫音歸正》、《雜色文》、《原耗》、《春秋戎狄解》、《美利箋》、《觀象》、《樂律》等十多種。除《天工開物》外，均已失傳。

《天工開物》是宋應星任江西分宜縣教諭時著成。崇禎十年（西元一六三七年），宋應星的朋友涂伯聚為之刊行，是為初刻本；明末由楊素卿再為刊印。

《天工開物》分上、中、下編。全書依「貴五穀而賤金玉」的原則，分為十八個類目，每類一卷，分別為：乃粒（穀類）、乃服（衣類）、彰施（染色）、粹精（糧食加工）、作咸（製鹽）、甘嗜（製糖）、陶埏

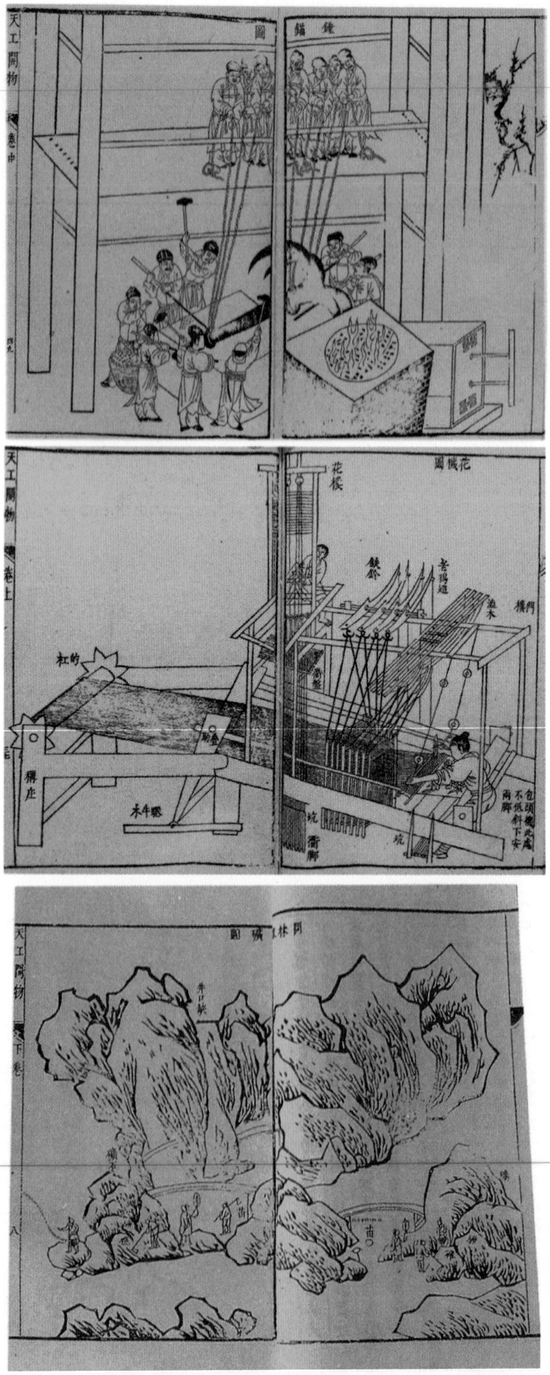

《天工開物》插圖

（製陶）、冶鑄（鑄造）、舟車、錘鍛、燔石（燒煉礦石）、膏液（製油）、殺青（造紙）、五金（金屬冶煉）、佳兵（兵器）、丹青（朱墨）、曲藥（釀造）、珠玉，幾乎涵蓋了古代中國工農業各個部門的生產技術。書中附有作者自繪的插圖一二〇多幅，畫面生動、線條清晰、比例適當、有立體感，眞實而直觀地反映了古代各種器物的形狀、結構及其原理，以及各種工藝的生產工序或生產過程。上編記載穀物豆麻的栽培和加工方法，蠶絲棉苧的紡織和染色技術，以及製鹽、製糖的工藝等；中編記載磚瓦陶瓷的製作、車船的建造、金屬的鑄鍛，煤炭、石灰、硫黃、白礬的開採或燒製，以及榨油、造紙的方法等；下編記載金屬礦物的開採和冶煉，兵器的製造，顏料、酒麴的生產，以及珠玉的採集和加工等。

《天工開物》廣泛地總結和記錄了中國古代農業和手工業生產技術等方面豐富的生產實務經驗，反映了中國的某些工藝技術水準處於當時世界領先地位，如陶瓷製造，從選料、製坯、入窯燒製等一系列生產設備、方法和程序，製造竹紙和皮紙的設備和方法，絲綢紡織和提花技術，礦藏開採過程中的井下巷道支護、通風、礦井充填及選洗技術，用銅和鋅兩種金屬煉製黃銅等等。該書在科學技術上多有創見，如「種性隨水土而分」，說明物種可以發生變異，爲品種改良提供了理論根據，比歐洲早了一百二十多年。

該書記述和總結的一些方法、技術或經驗，直到今天還在使用或有重要的參考價值，如用砒霜拌麥種防治蟲害，施用骨灰、石灰改良土壤，用壓榨法和水代法提製油脂，用曬鹽法代替煎鹽法製取海鹽，用石灰中和蔗法的酸性和除去雜質等措施，以及在金屬鑄造過程中金屬熱處理技術等。

《天工開物》是瞭解中國古代科技成就的重要文獻資料，是國際公認的世界科學名著。

徐光啓《農政全書》刊行

崇禎十二年（西元一六三九年），徐光啓所著《農政全書》刊行。明末傑出的科學家徐光啓從天啓五年（西元一六二五年）開始撰著《農政全書》，到逝世時完成初稿。後經門人陳子龍修訂整理，於崇禎十二年刊行。該書與後魏賈思勰的《齊民要術》、元官修的《農桑輯要》、王禎的《農書》及清代官修的《授時通考》，並稱爲中國的「五大農書」。但其篇幅最長，比《齊民要術》多七倍，比王禎的《農書》也多六倍。

徐光啓（西元一五六二～一六三三年），字子先，號玄扈，南直隸松江府上海縣（今上海市）人，萬曆三十二年進士，官至禮部尚書兼東閣大學士、文淵閣大學士。他一生著譯頗多，如翻譯著作《幾何原本》、《泰西水法》等，成爲介紹西方近代科學的先驅。同時，他還從事天文、曆法、數學、軍事等方面的研究工作。但他一生用力最勤、影響深遠的要數農業與水利方面的研究，除《農政全書》外，還著有《甘薯疏》、《吉貝疏》、《蕪菁疏》、《北耕錄》等書，而以《農政全書》最爲著名。

《農政全書》分十二目，共六十卷，七十多萬字，包括農本、田制、農事、水利、農器、樹藝、蠶桑廣類、種植、牧養、製造和荒政等，對當時農業生產經驗進行了系統化的總結。全書條理分明，層次清晰，其結構體系可說是對中國幾千年傳統農業所作的最好概括。

《農政全書》體現了徐光啓先進的學術思想，包含他對科學認識和研究方法的獨到見解。首先，徐光啓重視農政措施和農業技術兩方面的研究，這是其他綜合性農書中所沒有的。其「農政」部分包括屯墾、水利、備荒三項，篇幅幾乎佔全書的一半。這是他企圖針對明末朝政腐敗、生產凋蔽、農民無法生存的嚴重情況所提出的補救措施，他認爲這三項是保證農業生產和勞動者生活安定必備的條件。徐光啓認爲：「墾荒足食，萬世永利。」而要使各地特別是西北地方荒廢的田地恢復生產，水利是必

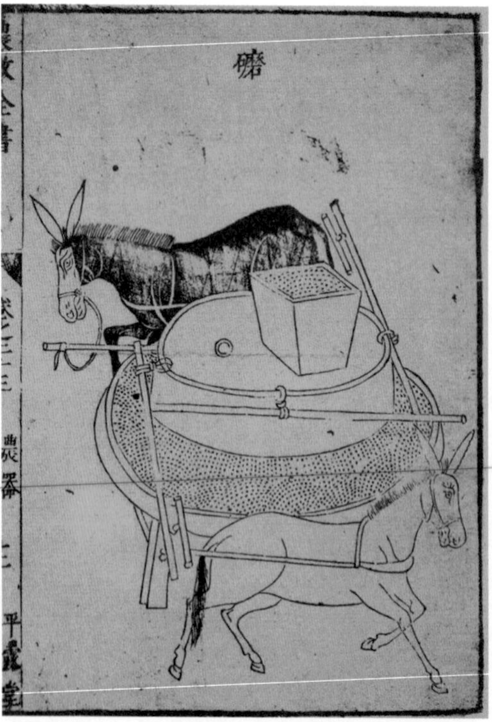

《農政全書》插圖

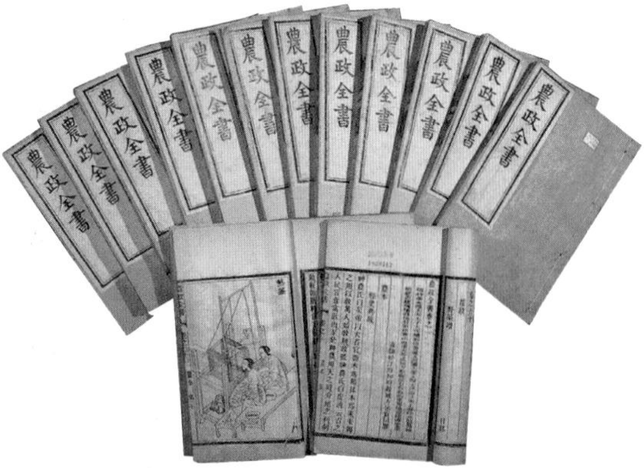

《農政全書》書影

要的生產條件，故此書中討論水利問題便用了九卷的篇幅。所謂荒政是治標，水利是治本，二者均是徐光啓農學思想的組成部分。書中「荒政」類多達十八卷，綜述和分析了歷代備荒政策和救災措施等，並全部附錄《救荒本草》和《野菜譜》二書。其次，徐光啓重視人的作用，反對條件決定論。他既有風土論，又不唯風土論。認爲品種的引種其中亦有不宜者，則是寒暖相違，天氣所絕，無關於地，順利引種及推廣新作物種類和品種。第三，徐光啓在書中克服了前代農書對作物栽培技術敘述得不完整的缺點，吸收了穀、蓏、果、蔬、雜等分類法，對各種農作物的栽培技術進行了詳細、較爲完整的描述。書中還首次全面總結了棉花和番薯的栽培經驗。此外，書中還引入數理統計方法來研究蝗蟲發生規律，在研究方法上進行了一次大膽的創新。

徐光啓在撰寫《農政全書》時，除搜集了大量前人的文獻資料外，還記下了他本人在農學上許多寶貴的心得。如講梧桐，說「江東江南之地」如何如何：講椒子，便說「晉中人多以炷燈也」等，論述比其他農書更爲貼切深刻。他把理論與親身實踐結合起來，掌握了農作物特性及栽培的第一手材料。對前人的文獻不是盲目抄錄，而是經過精心的剪裁，去其糟粕，取其精華。書中僅農作物類，便有近八十種寫有「玄扈先生曰」的注文或評語，闡述自己獨到的見解，這在古代農書中也是別具一格的。

晚明草書盛行

從隆慶、萬曆年間到崇禎十七年（西元一六四四年）明王朝滅亡，這是明代書法藝術發展的第三個階段。在這一階段，飛動的草書和氣象奇偉的狂草崛起於書壇；這種書體能夠充分地展露藝術家的個人性情，流宕不羈，連綿遒勁，代表著晚明個性化書法藝術的大勢。

晚明中草書寫得好的有張瑞圖、黃道周、倪元璐及徐渭。

張瑞圖（西元一五七〇～一六四一年），字長公，號二水、果亭山

徐渭《七言律詩》

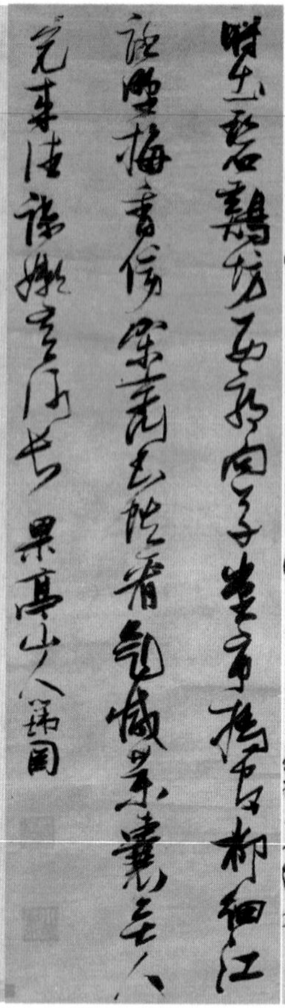

張瑞圖《五言律詩》

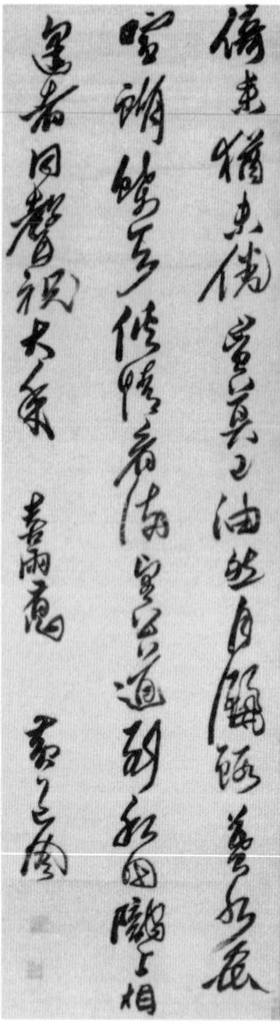

黃道周《喜雨詩》

人，晉江（今福建泉州）人。萬曆年間進士，官至中極殿大學士。他擅長行書、草書，書法奇逸，在師法鐘繇、王羲之的基礎上，卻又能脫出鐘、王之外，另闢蹊徑，參以北碑筆勢以標風骨。他的書法體勢方而欹側，用筆扁側而又能取圓潤之意。特點是泯功力於拙樸，藏欹媚爲醜怪，風格奇宕，若層巒疊嶂。傳世作品有《行草五律詩》軸、《前後赤壁賦》等。

黃道周（西元一五八五～一六四六年），字幼玄，號石齋，漳浦（今福建漳州）人。南明時曾官至禮部尚書，抗清失敗被俘，英勇就義。他的古體草書，峭厲圓渾，緊勁聯綿，帶有隸味，自成一體，人稱之爲「隸草」。他的草書傳世作品有《行書王律詩》、《草書七言詩》等。

倪元璐（西元一五九三～一六四

倪元璐《自書詩》

三年），字玉汝，號鴻寶，浙江上虞人。官至禮部尚書，翰林院學士。李自成攻入北京時，倪元璐自縊身死。他也工於行書、草書，其草書風格也參入古隸之味，超逸靈秀。草書與黃道周齊名，代表作有《舞鶴賦》卷、《行草七絕詩》。

徐渭（西元一五二一～一五九三年），字文長，號天池山人、青藤道士，或署名田水月，山陰（今浙江紹興）人。他生活於明代中後期。

他的書法在明代是很特殊的，袁宏道稱其爲「八法之散聖，字林之俠客也」。徐渭的書法大多出於己意，很難看出他得法於誰，是一個無法之法的典型。他擅長行書、草書，尤以狂草著名。他的草書縱橫散亂，連行間字距都難以分清，看上去猶如滿幅龍蛇，雲煙紛繞；儘管如此，卻又筆劃分明，筆筆到家，絕無苟且之處。他運筆渾圓，兼有隸書風貌。其草書代表作爲《七言律詩》。

外科手術發展

在明代，中國傳統醫學在各方面都有全面發展，前代僅局限於診治瘡瘍類疾病的外科其範圍已大大擴展，理論、診治技術及其醫療器械都有長足進步，透過手術方法治療外科疾病的病例大爲增加，使得外科手術發展躍進。

中國歷史上的許多醫家，都反對濫用外科手術方法治療癰疽、瘡瘍等外科疾病，認爲這類疾病雖表現於外，卻根源於內，因而多採用內科方劑調整肌體。時至明代，這種情況有所轉變，出現了一大批傑出的外科醫學著作和醫家，如薛己《外科樞要》

把瘡瘍分了三十多種，陳實功所撰《外科正宗》，雖也重視調理脾胃功能，但主張用刀、針等擴創引流和用藥物清除壞死組織以治療膿腫。

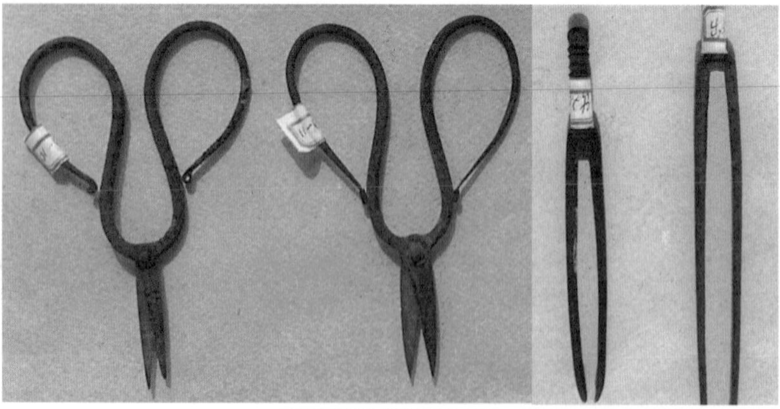

明代外科手術器械剪子、鑷子

王肯堂是明代最著名的外科醫師之一，幼年曾因母病而研習醫學，罷官後更潛心於此，著成《證治準繩》四十四卷，其中《瘍醫證治準繩》集中體現了其在外科方面取得的成就，記載了氣管吻合術、耳廓外傷整形術等多種外科手術。其他如唇、舌外傷後整形手術、甲狀腺切除術、肛門閉鎖症開通術等都在書中被詳細介紹，而其與手術相關的消毒方法和護理措施都十分精謹，有獨到之處。

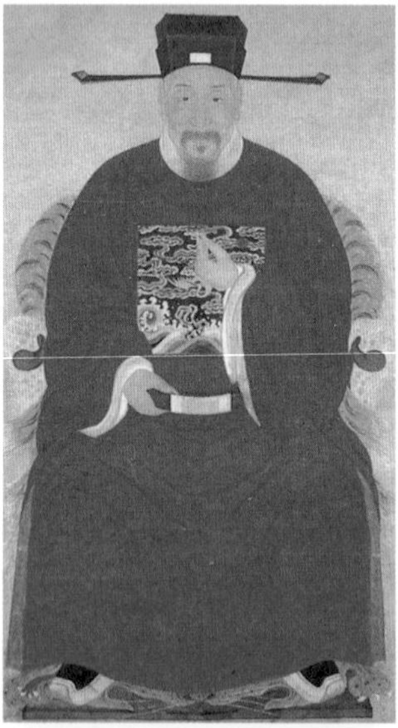

明代著名外科醫師王肯堂（江蘇金壇王氏家傳，明代所繪）

爲了實施手術，明代的一些外科醫生還設計和製作了許多外科手術及治療器械。如陳實功在實施鼻息肉摘除術時，先用茴香散對鼻腔局部麻醉，然後用二根一端鑽有小孔、穿著約五分長絲線的銅箸伸入鼻息肉根部，用箸頭絲線束縛息肉根蒂，然後絞緊並向下拔，息肉即被摘除。爲了施行咽喉食道內異物剔除術，陳實功設計製造一種烏龍針，這種針是在燒軟的細鐵絲的兩頭裹以龍眼大小的黃

明代外科學家陳實功

臘丸，並用絲棉包裹；手術時，將其推進食道鯁骨部位，骨便自然下滑。當遇到針刺進入咽喉的患者時，便將亂麻搓成龍眼大小的圓團，用線穿著，讓患者用湯、水吞下後立刻將其扯出，針頭便刺在麻中被拉了出來。這些方法和器械均非常簡便易行。

在明代，金屬外科手術刀具已十分常見，並被普通醫家所習用。明代醫療器具，包括柳葉式鐵質外科刀、牛角柄鐵質圓針、鐵質小剪刀、鐵質和銅質製鈒、平刃式鐵質外科刀等，已普遍用在臨床實踐中。而與現代疝氣托的作用大致相仿的治療疝氣的輔助醫療器具，在當時已被使用於臨床上。

凌濛初創作二拍

凌濛初（西元一五八〇～一六四四年），字玄房，號初成，別號即空觀主人，浙江烏程（今湖州）人，明末小說家。曾以副貢授上海縣丞，後擢升徐州通判並分署房村，後參與鎮壓農民起義，最後嘔血而死。凌濛初著作有擬話本小說集《拍案驚奇》初刻和二刻（人稱「二拍」），戲曲《虬髯翁》及《音詩異》、《詩逆》等二十多種，其中以「二拍」影響最大。

「二拍」刊於崇禎年間，包括初刻和二刻各四十卷，共有小說七十八篇，是凌濛初在當時馮夢龍所編選的「三言」極爲盛行的情形下應「肆中人」的要求而作的。作品多半是在古籍中搜求「可新聽睹、佐談諧者」，「演而暢之」（見於《初刻拍

明本《二刻拍案驚奇》插圖

案驚奇序》），同時寓有勸懲之意。

「二拍」的許多篇章充斥著色情的描寫、因果報應思想和說教，唯其部分作品還有相當的參考價值。如呈現明代市民生活風俗的《轉運漢巧遇洞庭紅》、《疊居奇程客得助》、《烏將軍一飯必酬》等，反映出明中葉後商品經濟的蓬勃發展和人民對錢財的欲望。又如描寫愛情和婚姻的作品：《李將軍認舅》、《宣徽院仕女秋千會》、《錯調情賈母詈女》等，歌頌了堅貞不渝的愛情，表現了在愛情婚姻中要求男女平等的觀點。而《青樓市探人蹤》、《進香客莽香金剛經》一類則暴露了有司者的貪婪兇殘、荒淫好色。

「二拍」善於組織情節，多數篇章都有一定吸引力，語言也還生動。但整體來看，「二拍」的藝術魅力比「三言」稍遜色。

《桔中祕》集象棋大成

明代中期以後，由於經濟文化的發展，象棋也進入了新的發展階段。當時象棋風靡一時，可從《金瓶梅》略窺一斑。第二回說西門慶「雙陸、象棋、抹牌、道字，無不通曉」；第三回說潘金蓮「雙陸、象棋，無般不知」；第七回說孟月娥「雙陸、棋子，不消說」；第十回說應伯爵「雙陸、棋子，件件皆同」。其他各回亦有敘說。

在象棋活動普遍開展的基礎上，湧現了不少著名的棋手。如嘉靖進士李開先就是當時著名的象棋手之一。他棋藝造詣極深，一些被稱爲象棋手的棋藝家，如吳唐、吳桔隱、吳升甫、陳國用、蔡榮、張希秋等人，與李開先較量，或讓三先，或讓一馬，仍爲李開先所敗。吳桔隱和吳升甫，都是明中期著名的專業象棋手，被稱爲「棋客」和「棋十」。二吳憑象棋遍遊全國各地，與當時名手比賽，被公認爲天下名棋手。萬曆間官至南京太常博士的臧懋循嗜棋如癡，每逢外出總是把棋盤掛在車上。

明代最著名的象棋譜是崇禎五年（西元一六三二年）江左書林刊本《桔中祕》，由東海（今江蘇東海）朱晉楨輯著，其侄朱爾鄴、朱景蕭校閱。首有《仝首》，書分四卷，卷一、卷二共五十二個全局，取自《金鵬祕訣》；卷三、卷四共一三三個實用殘局，取自《適情雅趣》。但整理認眞，交代清楚，實際上是綜合前人戰果，並加以發展，可稱集明代全局和殘局譜的大成，概括了第一階段的象棋藝術，對當頭炮開局戰術作出劃時代的總結。

人物小事典

柳敬亭說書

柳敬亭（約西元一五八七～一六七〇年），原姓曹，名逢春，江蘇泰縣人，是明末清初說書家。少年曾因犯法而被定罪，幸有泰州府尹李三才為他周旋開脫罪名，於是免死罪，但在本地難以待下去，便到外地去謀生。在人地生疏、生活無著的狀況下，他就經常到市井上聽江湖藝人說書，時間長了，就留意藝人說書的技巧，自己再加以總結，形成自己的風格，從此在江湖上以說書賣藝來維持生計。

柳敬亭曾拜在對說書藝術有深刻研究的文人莫後光的門下潛心學藝，由於莫後光的精心指導和柳敬亭的虛心刻苦，技藝日益有所精進，名聲漸起，由此而結識了一些官僚和文人墨客，一邊當藝人說書，一邊做幕客出謀劃策，走南闖北，晚年生活仍以說書來維持，暮景淒涼。

柳敬亭的說書藝術精湛圓熟，技藝高超，得心應手，口出成章，受到明末清初文人們的高度賞識和重視。他說書的效果能達到「縱橫撼動，聲搖屋瓦，俯仰離合，皆出己意，使聽者悲泣喜笑」的效果，被後世說書藝人奉為一代宗師。

顧繡產生

明中葉以後，日常生活漸趨奢靡，宮廷衣物中刺繡品相當流行；形成北繡系統的衣線繡、魯繡、輯線繡等實用性刺繡，而以畫繡爲主的南繡系統則以「顧繡」最負盛名。

明朝嘉靖年間，進士顧名世的內眷繆氏長於刺繡，自繡人物和佛像，形象逼眞。顧名世曾在上海築「露香園」，故世稱其家刺繡爲「露香園顧繡」或「顧氏露香園繡」，簡稱「露香園繡」或「顧繡」。顧繡繼承宋代刺繡的傳統手法，並加以創新發展，形成了獨特的風格，繡針細小如毫，將繡線細劈成絲，每次只用一、二絲，精工刺繡，針腳細密，不露邊縫，除傳統針法外，還創造出散針、套針、滾針、鋼針等針法，配四色淡雅協調，暈色自然，以繪補繡，繡繪結合繡品生氣迴動，五色爛發，並具有繪畫的水墨韻味。

顧名世的次孫顧壽潛師從董其昌學畫，其妻韓希孟工於花卉，精於刺繡。韓希孟刺繡，常「覃精運巧，寢寐經營」，注重收集、臨摹宋元名人的書畫，以作爲刺繡的粉本，同時也表現眞實景物；她能用各種針法刺繡，針法靈活、絲理平順、富有質感。曾於崇禎七年（西元一六三四年）春搜訪宋元名跡，摹繡《洗馬圖》、《百鹿圖》、《女后圖》、《鶉鳥圖》、《葡萄松鼠圖》、《扁豆蜻蜓圖》、《花溪漁隱圖仿黃鶴山樵筆》等八種古畫，彙作方冊，名《宋元名跡方冊》。董其昌極爲欣賞，遂逐幅題詞。顧氏家族中如顧名世的曾孫女張來妻、顧會海妾蘭玉等，都以刺繡著名。蘭玉的刺繡人物尤爲氣韻生動，她曾設幔授徒，擴大了顧繡的影響。

顧繡的特點是繡稿多選古人名跡，如《宋元名跡方冊》中的《洗馬圖》便有趙子昂風格，《女后圖》爲宋畫格調。在繡法上，凡針絲不及之處，皆以彩筆接色。劈絲細過髮絲，落針用線無針痕線跡，配色深淺濃淡精妙得宜，自然渾成。

因顧繡多仿繡名人字畫，故又稱「畫繡」或「繡畫」，深受文人士大夫的喜愛，生動地體現了文人藝術對工藝美術的影響。

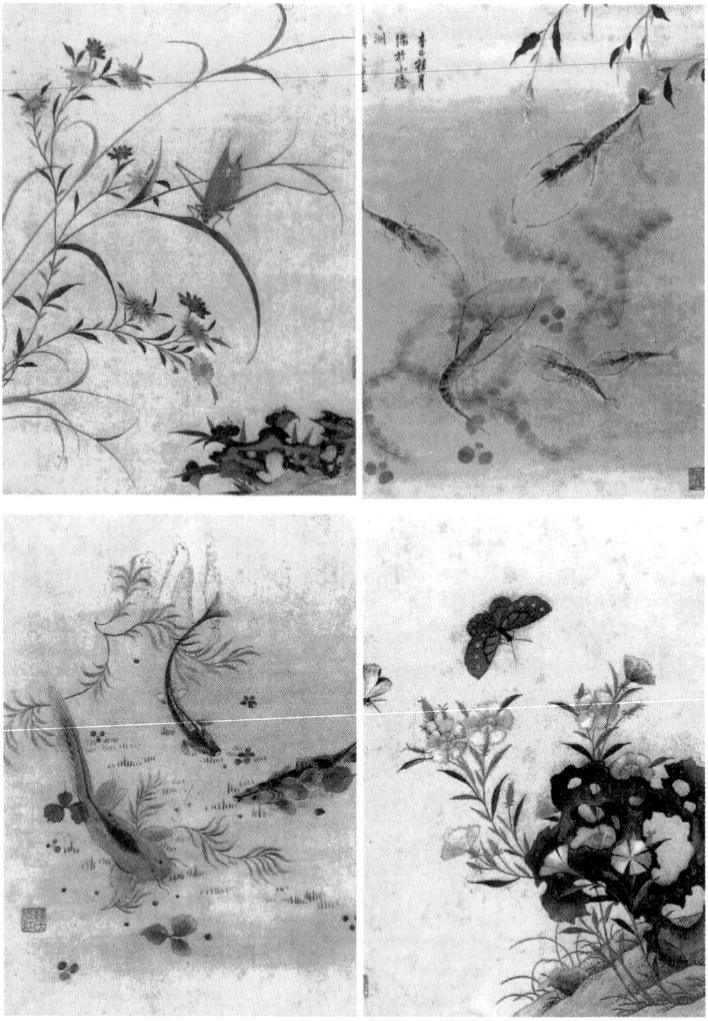

顧繡：韓希孟刺繡花鳥冊（四幅）

方以智著《物理小識》

明崇禎年間，傑出學者方以智著成《物理小識》。

方以智（西元一六一一～一六七一年），明清之際的傑出學者，字密之，號浮山愚者，桐城（今屬安徽）人。曾任明朝翰林院檢討，明朝滅亡後輾轉於西南地區，棄家爲僧，法名行遠，號無可、藥地。

《物理小識》是作者在汲取前人知識精華的基礎上，加上親身經歷和實驗，闡述自己的理論觀點，寫成的一部百科全書式的自然科學著作。這裡的「物理」指的是事物之理，而非現在物理學的物理。全書內容共分天、曆、風雷雨暘、地、占候、人身、醫藥、飲食、衣服、金石、器用、草木、鳥獸、鬼神方術和異事等十五類，記錄了近千條自然科學的知識，涉及範圍包括天文、曆算、物理、礦物、植物、動物、醫藥等方面，其中主要還是物理學方面的知識，對力學、磁學、熱學、聲學都有不同程度的涉及，如力學的虹吸現象、潮汐與月球運動的關係，地方時及時間和空間的聯繫等；磁學如磁針指南、磁偏角等；熱學如凝固、凝結、蒸發、熔解等；聲學如聲的發生、反射、共振等，都有較爲精闢的論述和記錄。

《物理小識》的著寫及其中所記錄的豐富內容，表明了當時中國人在自然科學方面已取得一定的成就。

顧炎武編《天下郡國利病書》

崇禎十二年（西元一六三九年），顧炎武開始編撰明朝地方志書輯錄《天下郡國利病書》。

顧炎武（西元一六一三～一六八二年），字寧人，初名絳，曾自署蔣山傭，學者稱亭林先生，明末清初江蘇崑山人。早年曾參與復社反宦官權貴之爭。順治二年（西元一六四五年）清兵南下，參加蘇州、崑山保衛戰，後往山東、河北、山西、河南等地實地調查。其學識廣博，於天文、曆算、輿地、音韻、金石、考古等均有深湛研究，是清代樸學之開山祖。一生著述甚豐，《天下郡國利病書》、《日知錄》爲其代表作。

《天下郡國利病書》是作者根據「經世致用」觀點，按明朝行政區分類彙集資料，並從明朝地方志中輯錄有關各地民生利害、政治經濟利弊、軍事得失等部分編撰而成，其目的在於鑑往知來。該書從其收搜資料至粗略成書，費時二十餘年，後仍不斷修改。

該書首爲輿地山川總論，次以明代兩直隸、十三布政使司分區，因而歷來被視爲地理著作。其實，該書對各地建置、賦役、屯田、水利、軍事、邊防、關隘等都有較詳細的論述，並涉及少數民族、農民起義等情況，是一部兼有社會政治、經濟、地理之用的著作。但其重點在郡國利病上面，如賦役即爲該書的重要內容。該書編撰之時正值明亡之際，士大夫痛定思痛，因而內容取捨有一定的針對性，是一部很有價值的社會政治經濟資料。

該書有《四部叢刊》三編的顧氏原稿影印本和道光三年（西元一八二三年）四川龍萬育刊本。

孫雲球製造光學儀器

明末清初，孫雲球製造光學儀器七十餘種，「巧妙不可思議」，成爲當時著名的光學儀器製造專家。

孫雲球，字文玉，又字泗濱，吳江（今江蘇吳江縣）人，自小喜歡鑽研、玩弄器械之類，曾設計創製「自然晷」來測定時刻。明末清初，隨著傳教士大批來華和貿易的發展，許多物品由國外傳入中國，其中眼鏡當時也由國外傳入，尤以遠視眼鏡爲主。這種遠視眼鏡質料爲玻璃，對中國來說，是一種稀有的貴重物品，孫雲球根據這種遠視玻璃眼鏡，用手工磨製水晶石代替玻璃，製成遠視和近視眼鏡，並採用「隨目對鏡」驗光製鏡，使患者配到合適的眼鏡，蘇州以此爲開端，成爲中國製造眼鏡的重要地方之一。孫雲球在磨凸、凹透鏡的基礎上加以改進，製造出中國第一台望遠鏡，並創出存目鏡、多面鏡、幻容鏡、放光鏡、夜明鏡等七十餘種光學儀器，並進一步總結了製造各種光學儀器的經驗，寫成《鏡史》一卷，在各地推廣，使當時許多市場「依法製造，各處行之」，大大促進了光學儀器事業的發展及科技水準的提高。

絲綢之路通往美洲

西元一五七一年，西班牙人開始營建馬尼拉城，他們從中國商人那裡獲得大批生絲和綢緞、瓷器、安息香、麝香、肉食、水果、金屬製品和各種貨物，於是西班牙人在馬尼拉就地打造的大帆船滿載這些中國貨駛向墨西哥西岸的阿卡普爾科。漳州月港——馬尼拉——阿卡普爾科的貿易航線從此誕生。

這條萬里之遙的創記錄航線，被稱爲馬尼拉帆船（Manila Galleon）貿易線，它每年裝載的貨物中，數量最多、價值最高、貨色最吸引人的是生絲和絲織品。馬尼拉帆船從西元一五七一年開始，到一八一五年終止，除了少數年份裝貨有變，絕大部分年代

安迪爾河下游沙漠深處的提莫木古城，曾是絲綢之路上的一個重鎮。圖為該城殘存的城牆和佛塔遺跡。

中都以裝載絲貨爲主，因此被阿卡普爾科所屬的新西班牙人稱爲中國船。精緻的羅紗、廣東縐紗、號稱「春天」的廣東繡花綢、天鵝絨、線緞、優質花緞、絲毛混紡物、嵌有金銀花的浮花錦緞、絲單被、手帕、台布、指嘴布、襪子、斗篷、裙子，以及天鵝絨女上衣、長袍、晨服，供教堂育嬰堂用的法衣，名目繁多，品質粗細都有。馬尼拉帆船貿易吸引了成千上萬的中國人到馬尼拉經商、定居，就地製作各種銷往太平洋彼岸的商貨。

馬尼拉帆船貿易也使終點港阿卡普爾科從一個僅有二百五十戶人家的荒僻小鎮，擴展到三、四千人的城鎮。西班牙在美洲的兩大總督轄區，新西班牙和祕魯總督區，都將視線集中到了每年定期開到阿卡普爾科的大帆船身上。祕魯總督區由於被禁止派船參與馬尼拉帆船貿易，也定期到阿卡普爾科收購中國貨。十七世紀上半葉，每艘馬尼拉帆船運到美洲的絲貨總在三、四百箱左右，在一六三六年有的船甚至裝載了一千箱、一千二百箱絲綢。這些絲綢運到了墨西哥城，也成爲祕魯首府利馬大商店裡的壓台貨。有些中國貨更透過墨西哥東岸的維拉克魯斯遠銷西班牙的塞維爾，將漳州發運的貨物通過墨西哥運到了卡斯提爾。

國家圖書館出版品預行編目資料

老師沒教的中國史—細數元明繁華／李默主編.——
初版.——臺中市　：好讀, 2008[民97]
面：　公分，——（圖說歷史；26）

ISBN 978-986-178-098-6（平裝）

1.元史 2.明史 3.文化史

635　　97020186

好讀出版

圖說歷史 26

老師沒教的中國史—細數元明繁華

作　　者／李　默
總 編 輯／鄧茵茵
文字編輯／林碧瑩
美術編輯／徐明瑞
發 行 所／好讀出版有限公司
台中市407西屯區何厝里19鄰大有街13號
TEL:04-23157795　FAX:04-23144188
http://howdo.morningstar.com.tw
（如對本書編輯或內容有意見，請來電或上網告訴我們）
法律顧問／甘龍強律師
承製／知己圖書股份有限公司　TEL:04-23581803

總經銷／知己圖書股份有限公司
http://www.morningstar.com.tw
e-mail:service@morningstar.com.tw
郵政劃撥：15060393 知己圖書股份有限公司
台北公司：台北市106羅斯福路二段95號4樓之3
TEL:02-23672044　FAX:02-23635741
台中公司：台中市407工業區30路1號
TEL:04-23595820　FAX:04-23597123

初版／2008年12月15日
定價：350元
特價：299元
如有破損或裝訂錯誤，請寄回知己圖書更換

Published by How-Do Publishing Co., Ltd.
2008 Printed in Taiwan

ISBN 978-986-178-098-6

讀者回函

只要寄回本回函，就能不定時收到晨星出版集團最新電子報及相關優惠活動訊息，並有機會參加抽獎，獲得贈書。因此有電子信箱的讀者，千萬別吝於寫上你的信箱地址

書名：老師沒教的中國史—細數元明繁華

姓名：____________ 性別：□男 □女　生日：____年____月____日

教育程度：____________________

職業：□學生 □教師 □一般職員 □企業主管

□家庭主婦 □自由業 □醫護 □軍警 □其他____________________

電子郵件信箱（e-mail）：____________________ 電話：______________

聯絡地址：□□□ ____________________________________

你怎麼發現這本書的？

□書店 □網路書店（哪一個？）______________ □朋友推薦 □學校選書

□報章雜誌報導 □其他____________________________________

買這本書的原因是：____________________________________

□內容題材深得我心 □價格便宜 □封面與內頁設計很優 □其他__________

你對這本書還有其他意見嗎？請通通告訴我們：

____

你買過幾本好讀的書？（不包括現在這一本）

□沒買過 □1～5本 □6～10本 □11～20本 □太多了

你希望能如何得到更多好讀的出版訊息？

□常寄電子報 □網站常常更新 □常在報章雜誌上看到好讀新書消息

□我有更棒的想法____________________________________

最後請推薦五個閱讀同好的姓名與E-mail，讓他們也能收到好讀的近期書訊：

1. ____

2. ____

3. ____

4. ____

5. ____

我們確實接收到你對好讀的心意了，再次感謝你抽空填寫這份回函

請有空時上網或來信與我們交換意見，好讀出版有限公司編輯部同仁感謝你！

好讀的部落格：http://howdo.morningstar.com.tw/

請填妥後對折黏貼，直接投郵即可，無須貼郵票。

廣告回函
台灣中區郵政管理局
登記證第3877號
免貼郵票

好讀出版有限公司　編輯部收

407 台中市西屯區何厝里大有街13號
電話：04-23157795-6　傳眞：04-23144188

沿虛線對折

購買好讀出版書籍的方法：

一、先請你上晨星網路書店http://www.morningstar.com.tw檢索書目或直接在網上購買

二、以郵政劃撥購書：帳號15060393 戶名：知己圖書股份有限公司並在通信欄中註明你想買的書名與數量

三、大量訂購者可直接以客服專線洽詢，有專人爲您服務：客服專線：04-23595819轉230 傳眞：04-23597123

四、客服信箱：service@morningstar.com.tw